dtv

20 Tage im 20. Jahrhundert

Herausgegeben von
Norbert Frei
Klaus-Dietmar Henke
Hans Woller

Hans Mommsen

Auschwitz, 17. Juli 1942
Der Weg zur europäischen »Endlösung der Judenfrage«

Deutscher Taschenbuch Verlag

Ein Überblick über die gesamte Reihe findet sich auf S. 237/238

Originalausgabe
Mai 2002

www.dtv.de

Umschlaggestaltung: christof berndt & simone fischer
Umschlagfoto: © AKG, Berlin
Satz: Oreos GmbH, Waakirchen
Druck und Bindung: Druckerei C. H. Beck, Nördlingen
Gedruckt auf säurefreiem, chlorfrei gebleichtem Papier
Printed in Germany · ISBN 3-423-30605-X

Inhalt

Auschwitz, 17. Juli 1942

Einem Bericht von Rudolf Höß, dem Kommandanten des Konzentrationslagers Auschwitz, zufolge stattete Heinrich Himmler dem Lager am 17. und 18. Juli 1942 einen ausgedehnten Besuch ab, in dessen Verlauf er sich über die verschiedenen Einrichtungen des Lagers eingehend informierte.[1] Darüber hinaus beobachtete der Reichsführer-SS in Auschwitz-Birkenau die Vergasung eines eben eingetroffenen Transportes deportierter niederländischer Juden. Sein Besuch stand im Zusammenhang mit der Absicht, einen weiteren Ausbau des Konzentrations- und Vernichtungslagers in die Wege zu leiten und es zu einer umfassenden Häftlingsumschlagszentrale zu machen, mittels derer die Rüstungsindustrie mit Arbeitskräften versorgt werden sollte.

Am folgenden Tage erklärte Himmler gegenüber Höß, daß das Deportationsprogramm Eichmanns weitergehe und von Monat zu Monat gesteigert werde. Höß habe dafür zu sorgen, daß der Ausbau von Birkenau vorankomme und daß die arbeitsunfähigen Juden vernichtet würden. Himmler stellte dafür in Aussicht, größere Kontingente arbeitsfähiger Juden an Industriebetriebe abzugeben und dadurch eine Entlastung des Lagers Auschwitz-Birkenau herbeizuführen, das nach den Angaben von Höß überbelegt war und dem die für ein Lager dieser Größe erforderlichen sanitären Einrichtungen abgingen. Himmler verwies Höß in der üblichen nationalsozialistischen Manier darauf, daß unter den Bedingungen des Krieges die Personallage und die Versorgung sich eher verschlechtern als verbessern würden und er in geeigneter Weise mit den bestehenden Engpässen fertig werden müsse.[2]

Himmlers Inspektion stand im Zusammenhang mit der angestrebten Erweiterung des Konzentrationslagersystems und der Verwendung der Häftlinge für den Arbeitseinsatz. Dabei ging es jedoch auch darum, die erforderliche Aufnahmekapazität für die aus dem

Generalgouvernement und den besetzten Ländern zu deportierende jüdische Bevölkerung bereitzustellen. Einen Tag darauf besuchte Himmler im Distrikt Lublin auch die Vernichtungslager Belzec und Sobibor, wo er erneut eine Selektion deportierter Juden und eine anschließende Vergasung beobachtete. Von dort erteilte er dem Höheren SS- und Polizeiführer (HSSPF) im Generalgouvernement und Staatssekretär für Sicherheitsfragen, Friedrich Wilhelm Krüger, die Anordnung, daß die »Umsiedlung« der gesamten jüdischen Bevölkerung aus dem Generalgouvernement am 31. Dezember 1942 abgeschlossen sein müsse.[3]

Himmlers Initiative waren die seit dem Frühjahr 1942 in Gang gesetzten Aktionen zur Liquidierung der im Generalgouvernement noch bestehenden Ghettos vorausgegangen.[4] Diese Maßnahmen wurden nach der Aufhebung der Transportsperre der Reichsbahn seit dem Juni 1942 forciert und ausgeweitet, wobei nun die SS auch die jüdischen Zwangsarbeiter ihrer Zuständigkeit unterwarf mit dem Ziel, sie bis auf wenige Facharbeitergruppen zu liquidieren. Schon am 22. Juli setzten dann die Transporte zur Liquidierung des Warschauer Ghettos ein.[5]

Seit Juli 1942 war man in Auschwitz zu dem Verfahren übergegangen, die neu eintreffenden Transporte sofort der Selektion zu unterwerfen und die nicht arbeitsfähigen Juden unverzüglich zu liquidieren. Offensichtlich war Himmler daran interessiert, die relative Effektivität der Vergasungsprozeduren kennenzulernen, die eine Voraussetzung dafür zu sein schien, das noch von Reinhard Heydrich angelegte beschleunigte Deportationsprogramm zu realisieren. Allerdings beschränkte sich Himmler bei der zweitägigen Inspektion keineswegs auf diesen Aspekt. Der Gedanke des Einsatzes der arbeitsfähigen Häftlinge in der Industrie stand vielmehr im Vordergrund.[6]

Im Sommer 1942 erreichte die Vernichtungspolitik gegen die im deutschen Herrschaftsbereich befindlichen Juden einen neuen Höhepunkt. Der Aufbau des Vernichtungsapparates war in vollem Gang, die technischen Voraussetzungen der Massentötung waren durch die Verwendung von Zyklon B und den Bau bzw. die Planung neuer Vergasungsanlagen und Krematorien weit fortgeschritten. Himmler vergewisserte sich, daß, wenngleich unter überhöhten Anforderungen an seine Untergebenen, die seit dem Frühjahr eingeschlagene Linie, die endgültige »Lösung der Judenfrage« nicht länger im Wege einer nach dem Krieg zu schaffenden Reservatsbildung jenseits des Urals anzustreben, sondern die systematische Liquidierung unverzüglich einzuleiten, umgesetzt wurde. Dies war der Hintergrund des an HSSPF Krüger erteilten Auftrages, das Generalgouvernement bis Ende des Jahres »judenfrei« zu machen, was zugleich Bestandteil des von Himmler nachdrücklich forcierten gigantischen Ostsiedlungsprogramms war.

Der Befehl Himmlers implizierte den definitiven Übergang zur Deportation der in den von Deutschland besetzten oder von ihm abhängigen europäischen Ländern lebenden jüdischen Bevölkerung in die Vernichtungslager des Ostens. Diese Zielsetzung hatte sich zwar spätestens im Sommer 1941 in ersten Planungsschritten niedergeschlagen, war aber nicht förmlich festgelegt worden. Erst ein Jahr später wurde sie systematisch verfolgt. Nach der Ausrottung des ost- und ostmitteleuropäischen Judentums diente sie auch der Inganghaltung des Vernichtungsapparates. Himmlers Besuch in den beiden zentralen Vernichtungszentren im Juli 1942 symbolisiert daher eine wichtige Zäsur auf dem Weg zur Verwirklichung der »Endlösung der europäischen Judenfrage«, die Himmler und Heydrich spätestens im Juli 1941 von Hermann Göring übertragen worden war. In Anbetracht der veränderten militärischen Lage, die nicht mehr an eine rasche Beendigung des Ostkrieges glauben ließ und die Schimäre einer jenseits des Urals anzustrebenden Reservatslösung in imaginäre Ferne rückte, entschloß sich Himmler, gestützt auf die positiven Signale Adolf Hitlers, die europäische »Endlösung« nicht mehr weiter aufzuschieben.

Kapitel 1

Antisemitismus in der Weimarer Republik und der Aufstieg der NSDAP

Die Ursprünge und ideologischen Verzweigungen des Antisemitismus liegen in der Periode zwischen der Reichsgründung von 1871 und dem Ausbruch des Ersten Weltkrieges. Zwar gehen die antisemitischen Strömungen bis in den Vormärz zurück, politische Virulenz erhielten sie jedoch nicht vor der Gründerzeit, die 1873 von einer Rezession abgelöst wurde. Mit der sogenannten Berliner Bewegung des protestantischen Hofpredigers Adolf Stoecker wurde zum erstenmal systematisch versucht, antisemitische Ressentiments politisch zu mobilisieren.[1] Stoeckers Erwartung, durch das Ausspielen des Antisemitismus die Masse der Industriearbeiterschaft dem Einfluß der Sozialdemokratie entwinden zu können, erfüllte sich jedoch nicht.

Im frühen Kaiserreich waren antisemitische Einstellungen in bürgerlichen Kreisen, vor allem aber in der Akademikerschaft, weit verbreitet, und kein Geringerer als Heinrich von Treitschke hat diesen Stimmungen öffentlich Ausdruck gegeben, was eine scharfe öffentliche Entgegnung seines Fachkollegen Theodor Mommsen zur Folge hatte.[2] Insbesondere bei studentischen Korporationen, so dem Verein Deutscher Studenten (VDSt), war der Ausschluß von Juden eine Selbstverständlichkeit, und das sollte sich in den Weimarer Jahren fortsetzen.

Demgegenüber waren die Versuche, den Antisemitismus im Parteiensystem heimisch zu machen, weitgehend erfolglos. Zwar bildete sich eine Reihe antisemitischer Parteien, darunter Stoekkers Christlichsoziale Partei, die Deutsch-Soziale Partei Otto Böckels und die Deutsche Reformpartei Max Liebermanns von Sonnenberg, aber sie blieben von marginalem Einfluß und lösten sich nach der Jahrhundertwende auf.[3] Wichtiger war, daß sich in den konservativen Parteien antisemitische Einflüsse geltend machten. So wandte sich das Tivoli-Programm der Deutschkonservativen Partei von 1892 gegen die überproportionale Vertretung von Juden in bestimmten Professionen und verlangte die Schließung der Grenzen, um eine weitere Einwanderung von Juden aus Osteuropa zu unterbinden.[4]

Die auf konservativer Seite vertretene Variante des Antisemitismus richtete sich in erster Linie gegen die nicht assimilierten Juden und entzündete sich an der im Zuge der industriellen Revolution anwachsenden Zuwanderung von Ostjuden nach Deutschland. Die antisemitischen Einstellungen dieses Typus bildeten einen gleichsam unerläßlichen Bestandteil des deutschen Nationalgefühls und umfaßten vor allem Gruppen, die gegen eine Modernisierung eingestellt waren. Man hat daher von einer Art »kulturellem Code« gesprochen, der die Funktion hatte, die bürgerliche Mittelklasse in das konservative Lager zu integrieren.[5]

Diese im Kaiserreich in den Vordergrund tretende Variante des Antisemitismus enthielt in der Regel keine rassistische Komponente, sondern pflegte das assimilierte einheimische Judentum davon auszunehmen. Sie war bei der gebildeten Oberschicht weit verbreitet, die den völkischen Radau-Antisemitismus vom Schlage Theodor Fritschs ablehnte. Parallel zu diesem vorherrschenden dissimilatorischen Typus stand der vor allem im katholischen Raum lebendige traditionelle Anti-Judaismus, der die Juden nach wie vor als Christus-Mörder betrachtete und vor allem den katholischen Klerus bis in die dreißiger Jahre beeinflußte.[6]

Demgegenüber war der völkisch-rassistische Typus des Antisemitismus auf verhältnismäßig kleine Gruppierungen beschränkt. Er ging in erster Linie auf Autoren wie Houston Stewart Chamberlain, Eugen Dühring und Julius Langbehn zurück und fand weniger in den antisemitischen Parteien, die sich als instabil erwiesen, als in den Richard-Wagner-Vereinen, dem Alldeutschen Verband und verwandten imperialistischen Organisationen einen organisatorischen Rückhalt.[7] Dieser Typus zeichnete sich dadurch aus, daß alle Personen jüdischer Abstammung, unabhängig davon, ob sie konvertiert waren oder nicht, verteufelt wurden. Die völkischen Antisemiten verlangten daher die Entfernung der Juden aus Deutschland, die sie für den Umstand verantwortlich machten, daß es den Deutschen nicht gelang, sich zu einer geschlossenen Nation zu entwickeln. Dahinter verbarg sich die Vorstellung vom inneren Zusammenhalt der Juden als Ethnie, der sie wiederum zum geheimen Vorbild für die deutsche Nationsbildung machte.

Während die antisemitische Unterströmung in den Vorkriegsjahren nur geringe Popularität besaß, änderte sich dies unter den innenpolitischen Auswirkungen des Ersten Weltkrieges. Vor allem bei der politischen Rechten führten die sich zuspitzenden sozialen und politischen Spannungen zu einem regelrechten Ausbruch antisemitischer Emotionen, die insbesondere die Militärs erfaßten. Der sogenannte Judenzensus, den das Preußische Kriegsministerium 1916 einführte, um die Teilnahme von Juden am Militärdienst zu überprüfen, spielte öffentlichen Ressentiments in die Hände, wonach sich die Juden als rücksichtslose kapitalistische Profiteure hervortaten und sich der Wehrpflicht zu entziehen suchten.[8] Das war die erste offizielle Bekundung antisemitischer Vorurteile seitens des Preußischen Kriegsministeriums und der Obersten Heeresleitung. Sie spiegelte die vor allem im konservativen Lager verbreitete Bestrebung, Schuldige für die verbreitete öffentliche Mißstimmung zu finden, die durch die mangelhafte Versorgung mit Lebensmitteln und die ungünstige Kriegslage ausgelöst worden war.

Die deutsche Revolution von 1918 war von einer Verstärkung nationalistischer und antisemitischer Gefühle bei der politischen Rechten begleitet, die sich mit dem eskalierenden Antibolschewismus und Antisozialismus verquickten, der sich des Vorwands bediente, daß Juden überproportional in der Sozialdemokratischen Partei und dem kleinen Spartakus-Bund vertreten waren, welcher zur Jahreswende zur Kommunistischen Partei umgegründet wurde. Die antisemitische Agitation war nicht zuletzt vom Alldeutschen Verband entfacht worden, in dem extreme Judengegner, darunter der Justizrat Heinrich Claß, eine führende Rolle spielten, obwohl der Verband selbst von jüdischen Honoratioren mitfinanziert wurde.

Die Revolution von 1918 konfrontierte den Alldeutschen Verband mit einer unerwarteten Konstellation. Um seine formell überparteiliche Stellung zu bewahren, hatte der Verband den

Versuch gemacht, durch die Gründung extrem nationalistischer und antisemitischer Tarnorganisationen wie dem Reichshammerbund oder der Thule-Gesellschaft in München politischen Einfluß auszuüben. Diese ordensähnlich aufgebauten Geheimorganisationen, die überwiegend aus bürgerlichen Honoratioren bestanden, spielten in der aktivistischen antisemitischen Bewegung eine maßgebende Rolle, die sich vor allem in München am Ende des Krieges und nach dem Zusammenbruch vom November 1918 herausgebildet hatte. Der Alldeutsche Verband unterstützte zugleich die Deutsche Vaterlandspartei, die von rechtsstehenden Politikern im Umkreis des Generallandschaftsdirektors Wolfgang Kapp 1916 ins Leben gerufen worden war, um die Fortführung des Krieges gegenüber den anwachsenden Protesten in der Arbeiterschaft und dem unteren Mittelstand propagandistisch durchzusetzen, und die ebenfalls dem Antisemitismus das Wort redete.[9]

Die Vaterlandspartei stellte einen neuen Typ der Massenorganisation dar, indem sie im Unterschied zu bürgerlichen Vereinen auf individuelle Mitgliedschaft verzichtete und statt dessen einen Zusammenschluß des Verbandswesens im rechtsbürgerlichen Spektrum anstrebte, zu dem die Christlichen Gewerkschaften, der Deutschnationale Handlungsgehilfenverband, sowie die Patriotischen und Kriegervereine gehörten. In dieser Hinsicht nahm die Vaterlandspartei Organisationsmuster der faschistischen Parteien vorweg, während ihre Führungsgruppe der Tradition des Wilhelminischen Kaiserreiches verhaftet blieb und insofern den Schritt zu offen populistischen Agitationstechniken verfehlte. Sie nahm eine defensive Position gegenüber dem vordringenden Einfluß der Sozialdemokraten ein, die für einen Frieden ohne Annexionen und die Reform des preußischen Wahlrechts eintraten, unterstützte aber gleichzeitig völkisch-antisemitische Bestrebungen.

In der begründeten Erwartung, daß die bevorstehenden Wahlen zur Nationalversammlung, die nun auf der Grundlage des allgemeinen und gleichen Wahlrechtes erfolgten, die bisherige bürgerlich-konservative Majorität zerbrechen würden und die Konservative Partei dadurch ihren früheren Rückhalt in der öffentlichen Verwaltung einbüßen würde, reagierte der Alldeutsche Verband mit der Gründung einer neuen nationalistischen Organisation, dem Deutsch-Völkischen Schutz- und Trutzbund, der die Aufgabe haben sollte, die Arbeiterschaft für das rechte Lager zu gewinnen. Als Mittel der Massenmobilisierung, die sich vor allem gegen die sozialistische Mehrheit richtete, sollten die verbreiteten antisemitischen Ressentiments im Nachkriegsdeutschland ausgespielt werden.[10]

Parallel zu der Initiative entschloß sich eine Reihe von alldeutsch gesinnten Honoratioren, die der Münchner Thule-Gesellschaft angehörten, unter ihnen der völkische Journalist Karl Harrer, eine kleine nationale Arbeiterpartei ins Leben zu rufen und finanziell zu unterstützen. Diese Splittergruppe wurde von Anton Drexler gegründet, der von der Thule-Gesellschaft kam und deren extrem antisozialistische und antisemitische Vorstellungen teilte. Seine Deutsche Arbeiterpartei stellte eine von vielen gleichartigen Organisationen dar, die im gegenrevolutionären Klima Münchens wie die Pilze aus dem Boden schossen. Drexler wäre heute vergessen, wenn nicht Hitler sein Angebot angenommen hätte, dem Ausschuß der Partei beizutreten, mit der er als V-Mann des Bayerischen Reichswehrgruppenkommandos in Verbindung gekommen war.

Eine weit größere Stellung im völkischen Lager besaß der Deutsch-Völkische Schutz- und Trutzbund, der sich anschickte, zum Zentrum des organisierten Antisemitismus in der frühen Weimarer Republik zu werden. Als verdeckte Nebenorganisation des Alldeutschen Verbandes wurde er von diesem finanziell massiv unterstützt. Mit dem Aufbau eines ausgedehnten Netzwerks von mehr als 400 Ortsgruppen gelang es dem Bund, sich rivalisierende antisemitische Initiativen einzuverleiben. Auf dem Höhepunkt seiner Entwicklung – er wurde 1922 von der preußischen Regierung im Gefolge des Rathenau-Mordes verboten – umfaßte er mehr als 200 000 Mitglieder und damit das Gros des aktivistischen Antisemitismus.

Die Initiative zur Gründung des Schutz- und Trutzbundes war von Justizrat Heinrich Claß, dem Führer des Alldeutschen Verbandes, ausgegangen. Er verfolgte dabei das Konzept, die in der Bevölkerung vorhandenen antisemitischen Ressentiments für die Erzeugung einer breiten Volksbewegung auszunützen, die unter demokratischen Bedingungen als Gegengewicht gegenüber der Sozialdemokratie fungieren und die Arbeiterschaft in das nationale Lager zurückholen sollte. Claß' Kalkül erwies sich jedoch als verfehlt, da die Industriearbeiterschaft gegenüber dem völkischen Antisemitismus weitgehend unempfänglich war.

Zugleich ebbte die antisemitische Bewegung nach dem Ende der Hyperinflation von 1923 rasch ab und sollte erst wieder unter den Bedingungen der Weltwirtschaftskrise größere politische Relevanz gewinnen. Zwar blieb eine antisemitische Unterströmung durch die Zeit der Weimarer Republik hindurch erhalten und beeinflußte die politischen Diskurse. Zugleich blieb der dissimilatorische Antisemitismus der deutschen Oberklasse virulent, der schon im Tivoli-Programm der Deutschkonservativen Partei zum Ausdruck gekommen war. Aber als politisches Organisationsprinzip erwies sich der Antisemitismus als wenig erfolgreich.

Es war indessen von kaum zu überschätzender Bedeutung, daß die NSDAP – die Namensänderung von DAP (Deutsche Arbeiterpartei) zur NSDAP wurde 1920 unter dem Einfluß der parallelen Bewegung in Österreich vorgenommen – als Sammelbekken der aktiven Antisemiten der Kriegs- und Nachkriegsjahre fungierte. Fast alle der vom Deutsch-Völkischen Schutz- und Trutzbund und verwandten Organisationen herkommenden antisemitischen Aktivisten fanden in der NSDAP ein neues Wirkungsfeld, und sie formten den inneren Kern der Parteiführung. Viele von ihnen sollten sich später als Gauleiter einen Namen machen.

Auch die Deutschnationale Volkspartei (DNVP) verfolgte einen eindeutig antisemitischen Kurs, wenngleich sie sich vom radikal-völkischen Lager distanzierte. Die Partei nahm 1920 eine Prinzipienerklärung an, die eine sorgfältig abgefaßte Bejahung anti-jüdischer Politik enthielt und sich »gegen jeden zersetzenden undeutschen Geist, mag er von jüdischen oder anderen Kreisen ausgehen«, und gegen »die seit der Revolution immer verhängnisvoller hervortretende Vorherrschaft des Judentums in Regierung und Öffentlichkeit« wandte. »Der Zustrom Fremdstämmiger über unsere Grenzen ist zu unterbinden«, hieß es darin weiter.[11] Damit setzte die Partei die Linie des Tivoli-Programms fort, ohne jedoch so weit zu gehen, Juden von der Parteimitgliedschaft auszuschließen (was dann 1924 geschah), und bei gleichzeitiger Zurückweisung gewaltsamer Übergriffe gegen Juden.[12]

Dies genügte jedoch dem ausgeprägt antisemitischen Flügel der DNVP nicht, der bestrebt war, die Gesamtpartei auf einen radikaleren Kurs in der »Judenfrage« festzulegen, ohne damit Erfolg zu haben, da die Parteimehrheit ihre Koalitionsfähigkeit nicht gefährden und ebensowenig auf die finanzielle Unterstützung jüdischer Sympathisanten verzichten wollte. Das machte einen Bruch unvermeidlich. Nach der Ermordung Walter Rathenaus, des deutschen Außenministers, die eine breite öffentliche Protestwelle gegen die antisemitischen Propagandisten auslöste, zu denen insbesondere Wilhelm Henning, Reinhard Wulle und Albrecht von Gräfe-Goldebee gehörten, suchte die Parteimehrheit Druck auf den rassistischen Flügel auszuüben, um die antisemitische Agitation zu mäßigen, und griff zu disziplinarischen Maßnahmen. Daraufhin verließ der extremistische Flügel 1922 die Partei und konstituierte sich als Deutsch-Völkische Freiheitspartei unter Erich Ludendorff als Galionsfigur. In der Folge knüpfte sie enge Verbindungen zu den Nachfolgeorganisationen der 1923 verbotenen Hitler-Bewegung und ging 1925 in der neu begründeten NSDAP auf.[13]

Im gleichen Zeitraum nahm die NSDAP einen raschen Aufstieg, nachdem Hitler 1921 als Propagandaredner der Partei Drexler erpreßt hatte, ihm die alleinige Führung zu übertragen und er, gestützt auf seine eng verschworene Münchner Anhängerschaft, eine förmliche Diktatur über die Partei begründet hatte.[14] Die unablässige antisemitische Hetze, die Hitler und seine Münchner Gefolgsleute betrieben, trug unzweifelhaft zu der wachsenden Popularität der NSDAP bei, aber sie war im wesentlichen auf München, Oberbayern und Franken beschränkt und weit davon entfernt, eine nationale Bewegung zu sein.

Das 25-Punkte-Programm, das die DAP/NSDAP im Februar 1920 verabschiedet und das Hitler öffentlich verkündet hatte – er sollte es auf der Bamberger Führertagung 1926 als »unabänderlich« hinstellen – unterschied sich allenfalls im Ton vom völkischen Antisemitismus, wie er gleichzeitig von der bürgerlichen

Rechten und vom Alldeutschen Verband artikuliert wurde. Es bestritt Juden unabhängig von ihrer Konfessionszugehörigkeit die Fähigkeit, Volksgenosse zu sein, woraus die Aberkennung öffentlicher Ämter und ihr Ausschluß aus der Presse abgeleitet wurden. Zugleich wandte sich das Programm gegen »den jüdisch-materialistischen Geist in und außer uns«.[15] Es war von den Grundsätzen der Deutsch-Sozialistischen Partei, ebenfalls ein Thule-Ableger, und nicht zuletzt von Dietrich Eckart und Gottfried Feder beeinflußt. Hitler selbst hatte keinen Einfluß auf den Inhalt genommen und scheint es nicht wirklich ernst genommen zu haben.[16]

Der frühe Aufstieg der NS-Bewegung in Bayern muß in den Zusammenhang der konterrevolutionären Vorgänge gestellt werden, die sich bei der Niederschlagung der Münchner Räterepublik abspielten. Diese wurde von der Rechtspresse als jüdisches Machwerk denunziert, wobei darauf abgestellt wurde, daß neben dem Sozialdemokraten und bayerischen Ministerpräsidenten Kurt Eisner, der 1919 ermordet worden war, eine Reihe von Führern der Räterepublik jüdischer Abstammung waren.

In diesem spezifischen politischen Klima tat Adolf Hitler seine ersten politischen Schritte, nachdem er in der Phase der Räterepublik eine eher neutrale und sogar prosozialistische Haltung eingenommen hatte. Er war zu dieser Zeit noch immer Mitglied des Bayerischen Reichswehrkommandos und war zu militärischen Ausbildungskursen kommandiert worden, in denen er jenen vitriolischen Antisemitismus entwickelte, der dann einen unerläßlichen Bestandteil der nationalsozialistischen Weltanschauung bilden sollte.

In seiner Wiener Zeit wurde Hitler zwar vom zeitgenössischen Wiener Antisemitismus beeinflußt, insbesondere von der rassistischen Propaganda Georg Schönerers, jedoch vollzog er die Wendung zum extremistischen Antisemitismus nicht vor den Münchner Jahren, in denen er unter den prägenden Einfluß völkischer Ideologen, insbesondere des nationalistischen Dichters Dietrich Eckart, gelangte.[17] Gleichzeitig kam er in Kontakt mit dem Historiker Karl Alexander von Müller, der Hitlers rhetorische Begabung frühzeitig erkannte. Sowohl Dietrich Eckart wie

Alfred Rosenberg, mit denen er 1919 in München zusammentraf, haben Hitlers Weltanschauung maßgeblich geprägt und nicht zuletzt dessen antisemitische Einstellung gefördert. Beide waren Mitglied der Thule-Gesellschaft gewesen.

Es ist allerdings nicht leicht, die tatsächliche Verbreitung und den realen Einfluß der völkischen Bewegung in den Anfangsjahren der Weimarer Republik zu bestimmen. Organisatorisch wurde sie in erster Linie vom Alldeutschen Verband und der Deutschvölkischen Freiheitspartei repräsentiert und erlangte einen beträchtlichen Einfluß auf die öffentliche Meinung über die Medien. So gehörte der ›Münchner Beobachter‹, der später von der NSDAP erworben und als ›Völkischer Beobachter‹ weitergeführt wurde, der Thule-Gesellschaft und fungierte als Propagandaorgan für das völkische Lager. Die antisemitische Presse fand vor allem in Teilen Bayerns und in Franken beträchtliche Resonanz und wirkte mit Sicherheit auf die nachhaltig antisemitisch eingestellte Freikorpsbewegung ebenso wie auf die Bayerischen Heimwehren. Es kann als sicher gelten, daß auch die Reichswehr davon nicht unberührt blieb und in ihrer Propagandaarbeit – wie im Falle der Aufklärungsabteilung, der Hitler angehörte – antisemitisch geprägt war.

Gleichwohl gelangte die Phase, in der die frühe völkische Propaganda florierte, mit dem Ende der Hyperinflation zu einem gewissen Abschluß. Schon das Scheitern des Hitler-Putsches am 9. November 1923 bezeichnete einen Wendepunkt. Hitlers Umsturzversuch war als ein letzter Versuch zustande gekommen, das Ruder herumzureißen und die Initiative zurückzugewinnen, die der Parteiführer an die konservativen Frondeure im Umkreis der bayerischen Vaterländischen Verbände, der Freikorps und der Bayerischen Reichswehr verloren hatte. Während diese den geplanten Umsturz noch einmal aufschieben wollten, da sie auf eine Mitwirkung des Generals von Seeckt und anderer hoher Funktionäre in Berlin hofften, entschied sich Hitler, auf eigene Faust zu handeln und die bayerischen Honoratioren, mit denen er verbündet war, darunter Erich von Ludendorff, durch den geplanten Propagandamarsch am 9. November mit sich zu ziehen.[18]

Der Putsch vom 9. November 1923 war der letzte Versuch der politischen Rechten, die Weimarer Republik mit militärischen

Mitteln und in einer frontalen Attacke zu stürzen. Das vollständige Scheitern führte zu einer empfindlichen Schwächung der rechtsextremen Gruppen, die sich in den Ergebnissen der Reichstagswahlen vom April und September 1924 niederschlugen. Während sich der in Landsberg inhaftierte Hitler aus taktischen Gründen zurückhielt und darauf verzichtete, auf die völkischen Splittergruppen, die an die Stelle der offiziell aufgelösten NSDAP traten, unmittelbaren Einfluß zu nehmen, mußten diese unter der Führung des Generals Ludendorff eine spektakuläre Niederlage hinnehmen.

Für die 1925 anstehenden Reichspräsidentenwahlen nominierte der völkische Block Erich Ludendorff als gemeinsamen Kandidaten. Hitler gab seine formelle Zustimmung in der berechtigten Erwartung, daß sein einziger ernsthafter Rivale im völkischen Lager eine empfindliche Niederlage davontragen würde. In der Tat endete Ludendorff im ersten Wahlgang als aussichtsloser Mitbewerber, indem er nur 0,06 Prozent der abgegebenen Stimmen erhielt. Dies zeigte, daß die völkische Idee ihre Stoßkraft weitgehend eingebüßt hatte. Auch späterhin, bis zu den Reichstagswahlen vom Dezember 1928, erhielt das völkische Lager einschließlich der NSDAP nie mehr als acht Prozent der Stimmen.

Für den Aufstieg der NSDAP als Massenbewegung spielten offensichtlich andere Faktoren eine wichtigere Rolle als der Einfluß rassisch-völkischer Ideen in der deutschen Öffentlichkeit. Von entscheidender Bedeutung war zunächst der Aufbau einer wirksamen Parteiorganisation nach der Neugründung der NSDAP von 1925. Die neuen Statuten sicherten Hitler uneingeschränkte Macht über die Partei zu und etablierten die Herrschaft des Führerprinzips auf allen Ebenen der Partei. Darüber hinaus setzten Hitler und die Münchner Gruppe durch, daß die Partei alle verfügbaren Energien in die Propaganda steckte und sich nicht dem Leerlauf programmatischer Debatten hingab oder ihre Kräfte durch die Teilnahme an konstruktiver parlamentarischer Arbeit aufbrauchte.

Zugleich untersagte Hitler jede Zusammenarbeit mit den bürgerlichen Rechtsparteien. Er legte vielmehr den Nachdruck darauf, die Partei als ausschließliche Alternative zu dem angeblich

»verrotteten« Weimarer Parteiensystem herauszustellen. In der Tat sollte sich dies auf die Dauer als erfolgreich erweisen.[19] Aber diese Taktik sicherte nicht einen raschen politischen Durchbruch, wie er von Hitler und seiner Umgebung ursprünglich ins Auge gefaßt worden war. Es bedurfte erst der Krise und Erosion der bürgerlichen Mittelparteien unter den Folgewirkungen der Inflation und dem Druck der Weltwirtschaftskrise, bevor die NSDAP die Chance erhielt, das aufbrechende politische Vakuum auszufüllen und sich dem Wahlvolk als Verkörperung des »neuen Deutschland« zu präsentieren.[20]

So wenig es gerechtfertigt ist, den Einfluß völkischer Ideengänge und insbesondere den des Rassenantisemitismus für den Aufstieg der NS-Bewegung zu unterschätzen, so sehr ist es notwendig, deren indirekte Auswirkungen zu erkennen und das intellektuelle und politische Umfeld zu beachten, in dem sich ihr Aufstieg vollzog. In der Phase der relativen Stabilisierung von 1924 bis 1928 war die antisemitische Agitation, obwohl sie sich vorübergehend in spektakulären Übergriffen der SA gegen jüdische Bürger ausdrückte, noch ohne größere Bedeutung.

Die Ausweitung der nationalsozialistischen Wählerschaft vollzog sich erst nach den ganz unerwarteten Erfahrungen, welche die Partei vor allem bei den Reichstagswahlen vom Mai 1928 gemacht hatte. Während sie trotz größter Anstrengungen keine nennenswerten Wahlerfolge in den Großstädten hatte und nur Randgruppen der Industriearbeiterschaft für sich einzunehmen vermochte, war sie ganz unverhofft mit positiven Resultaten auf dem platten Lande konfrontiert, obwohl die Parteiorganisation in den agrarischen Gebieten Nord- und Ostdeutschlands erst rudimentär entwickelt war. Die Schlußfolgerung daraus bestand in der Erkenntnis, daß es sinnvoll war, den agrarpolitischen Rückhalt der Partei, auch durch die einzige Änderung des 25-Punkte-Programms, auszubauen und nicht länger primär auf die Eroberung der urbanen Zentren zu setzen.[21]

Es war symptomatisch für die strategische Konstellation, in der sich die NSDAP befand, daß die Reichswahlkampfleitung, die ursprünglich in den Händen von Heinrich Himmler, dann von Gregor Straßer lag, sich rasch darüber klarwurde, daß eine Akzentuierung der antisemitischen Propaganda keine neuen

Wähler anziehen würde, weil die sozialen Schichten, die für antisemitische Schlagworte empfänglich waren, bereits überwiegend zur NSDAP-Wählerschaft gehörten. Daher spielte die Partei in den entscheidenden Wahlkämpfen vom September 1930 bis zum November 1932 den Kampf gegen das Judentum eher herunter, so daß die Deutschnationalen zeitweise in stärkerem Umfang antisemitische Slogans benutzten als die NSDAP selbst.

Die gelegentlich geäußerte Vorstellung, die nationalsozialistische Massenbewegung sei von einer Welle des Antisemitismus nach oben geschwemmt worden[22], überschätzt die Bedeutung des rassistischen Moments bei weitem. Der Aufstieg der NSDAP nach den Septemberwahlen von 1930 beruhte überwiegend auf der geschickten Ausnutzung der Krise des parlamentarischen Systems von Weimar und dem allgemeinen Bedürfnis, zu neuen Ufern zu gelangen, ohne daß klare Vorstellungen darüber bestanden, welche politischen Strukturen die Republik ablösen sollten. Der NSDAP gelang es, sich als die säkulare Alternative zu dem bestehenden System überzeugend zu präsentieren und die vielfältigen und widersprüchlichen Hoffnungen der Deutschen auf einen nationalen Neuanfang zu bündeln.

Das heißt jedoch nicht, daß die sich verstärkende antisemitische Unterströmung in der Weimarer politischen Kultur bedeutungslos gewesen wäre. Einerseits war sie ein Indikator für das allgemein vorhandene Krisengefühl, andererseits bereitete sie in mancher Hinsicht den Boden, auf dem der nationalsozialistische Aufstieg möglich wurde. Während gewaltsame Übergriffe auf Juden und jüdische Einrichtungen, die in den Jahren vor 1923 gang und gäbe geworden waren, in der zweiten Hälfte der zwanziger Jahre fast völlig zurücktraten – die Pogromen vergleichbaren Exzesse im Berliner Scheunenviertel stellten eher eine Ausnahme dar[23] –, vollzog sich eine schrittweise Durchdringung der öffentlichen Diskurse mit anti-jüdischen und antisemitischen Einstellungen, die mit der virulenten konservativen Kulturkritik eine enge Verbindung eingingen.

Insbesondere im akademischen Bereich spielten antisemitische Strömungen eine herausragende Rolle. Die rechtsextremen Einstellungen in der deutschen Studentenschaft reichten in die nachrevolutionäre Periode zurück und hielten die ganze Weimarer Zeit hindurch mit unverminderter Stärke an. Schon die 1920 vollzogene Gründung des »Hochschulrings deutscher Art«, der alle deutschen Studentenschaften unter Einschluß Österreichs und des Sudetenlandes umfaßte, zeigte die Dominanz von völkischen Gruppierungen an den Hochschulen. Der Konflikt mit dem preußischen Kultusministerium entzündete sich an der Frage des Ausschlusses jüdischer Mitglieder, der sowohl in Österreich wie in der Tschechoslowakei satzungsgemäß festgelegt war, während dies dem Hochschulrecht in Preußen und den anderen Bundesstaaten zuwiderlief. Trotz des öffentlichen Widerspruchs durch das preußische Kultusministerium beschloß der vierte Studententag in Würzburg 1922, Juden weiterhin auszuschließen, was auch für jüdische Studenten gelten sollte, die konvertiert waren. Das preußische Ministerium reagierte auf die unverhüllte Kampfansage 1927 mit der Aufhebung der Studentenschaftsverfassung.[24]

Der Konflikt spiegelte den wachsenden Einfluß des völkischen Flügels auf die Gesamtstudentenschaft, in der ohnehin republikanische oder sozialistische Strömungen in einer extremen Minderheit waren. So gelang es dem Nationalsozialistischen Studentenbund, die Mehrheit in der deutschen Studentenschaft zu erobern. Übergriffe gegen jüdische Professoren wurden zwar überwiegend von der Kollegenschaft abgewehrt, doch wies die Solidarität auch Bruchstellen auf. Allerdings gingen die völkischen Gruppierungen seit der Mitte der zwanziger Jahre etwas zurück. Aus den Absolventen dieser Phase sollten jedoch die maßgebenden Repräsentanten der SS-Bürokratie hervorgehen.[25]

Im gleichen Zeitraum spielten antisemitische Ressentiments in der Literatur des »soldatischen Nationalismus« eine herausragende Rolle, und das galt auch, wenngleich in etwas geringerem Maß, vom neokonservativen Schrifttum. Rechtsstehende Autoren wie Ernst Jünger, Ernst von Salomon, Hans Fallada und Hans Blüher repräsentierten, was Thomas Mann als »Bildungsantisemitismus« bezeichnete.[26] Auch der führende Verleger Eugen Diederichs, der die Zeitschrift ›Die Tat‹ herausbrachte, stand im antisemitischen Lager, und das galt für zahlreiche politische Schriftsteller, die sich von ihren zuvor emanzipatorischen Positionen abwandten.

Der antisemitische Diskurs fand sich insbesondere in den Publikationen von Schriftstellern wie Wilhelm Stapel, Edgar Jung und anderen neokonservativ eingestellten Autoren, die zwar den Rassenantisemitismus ablehnten, aber grundsätzlich für die Trennung von jüdischem und deutschem »Volkstum« eintraten und den Juden die volle Staatsbürgerschaft verweigerten. Repräsentativ für diese Auffassungen war Stapels Flugschrift von 1932, in der er für »eine praktische Lösung der Judenfrage« plädierte und für Juden die Schaffung eines eigenen Standes forderte.[27] Er setzte sich für weitgehende Dissimilation ein, lehnte aber jede Form gewaltsamen Vorgehens ab. Carl von Ossietzky kommentierte Stapels Vorstellungen mit der weitsichtigen Bemerkung, daß die Handlanger schon bereitstünden, um die Ideen Stapels und Hans Blühers – er war der Sprecher des antisemitischen Flügels des Wandervogels – mit Gewalt umzusetzen. »Der literarische Antisemitismus«, meinte er, »liefert nur die immateriellen Waffen zum Totschlag«.[28]

Der Antisemitismus Wilhelm Stapels, der für den Deutschnationalen Handlungsgehilfenverband publizistisch tätig war, stellte eine Mischung zwischen Rassentheorie und romantischem Volksbegriff dar und war insoweit von dem extremen völkischen Antisemitismus der Nationalsozialisten klar unterschieden.[29] Diese gemäßigte Spielart war im neokonservativen Lager weit verbreitet. Der ästhetische Antisemitismus, den Edgar Julius Jung mit stark kulturkritischem Akzent vertrat, gehörte dazu. Aber Gedankengänge dieser Art waren eben nicht bloß esoterisch, sondern trugen maßgeblich dazu bei, daß die politischen Diskurse im konservativen Lager immer mehr mit antisemitischen Klischees durchsetzt wurden.

Neben diesem überwiegend intellektuell geprägten Antisemitismus gab es eine mit gesellschaftlichen Interessen eng gekoppelte Judenfeindschaft, die sich häufig mit dem katholischen Antijudaismus vermischte. Ein klassisches Beispiel dafür waren die ausgeprägten antisemitischen Ressentiments des westfälischen Adels, der bereits Heinrich Brüning massiv beschuldigte, jüdischen Interessen dienstbar zu sein.[30] Nicht anders verhielt sich dies mit der Deutschen Adelsgenossenschaft. Sie transportierte antisemitische Inhalte von der wilhelminischen Periode in die zwanziger und dreißiger Jahre, nur daß sie sich zunehmend mit völkisch-rassischen Positionen vermengten.[31] Dies ist ein eindrucksvolles Beispiel dafür, daß der radikale Antisemitismus in Deutschland keineswegs allein im Lager der unteren Mittelklasse zu Hause war.

Die ursprünglich im Bürgertum vorherrschende liberale und tolerante Einstellung gegenüber dem Judentum verkehrte sich zunehmend in ein spezifisch antiliberales Klima, in dem das Vokabular des gemäßigten Antisemitismus weit verbreitet war. Insofern handelte es sich um einen »neuen Antisemitismus«, der die Judenfrage primär auf die Unterschiede zwischen Germanen und Juden bezog und ältere antisemitische Stereotype reaktivierte, nicht auf bestimmte gesellschaftliche Gruppen beschränkt war und auch Individuen, Parteien und Organisationen erfaßte, die man normalerweise nicht mit Judenhaß in Verbindung bringen würde.[32] Diese Einstellungen prägten seit der Mitte der zwanziger Jahre weite Bereiche der politischen Öffentlichkeit, und zwar in dem Maße, in dem die Erosion liberaler Werthaltungen voranschritt. Wichtiger als die wachsende Zahl von Übergriffen und Gewaltakten, die sich gegen Juden richteten, war die um sich greifende Tendenz zu einer stillschweigenden sozialen Segregation des jüdischen Volksteils und der Vorstellung, daß die Juden nicht zur »Volksgemeinschaft« zu rechnen seien.

Den Vorbehalten gegenüber jüdischen Mitbürgern stand jedoch eine weitreichende Ablehnung von Gewalt und Pogrom-Diskursen gegenüber, wie sie in den unmittelbaren Nachkriegsmonaten beobachtet werden konnten. Diese Einstellung war auch bei führenden Nationalsozialisten wie Hermann Göring, Wilhelm Kube und Gregor Straßer anzutreffen, die 1932 wiederholt versicherten, daß die NSDAP keineswegs beabsichtige, Pogrome in irgendeiner Form durchzuführen und daß sie den Ausschluß von Juden aus der öffentlichen Verwaltung und kulturellen Spitzenpositionen ausschließlich mit legalen Methoden betreiben werde, während ihre wirtschaftliche Stellung unangetastet bleiben solle.[33]

Äußerungen dieser Art muteten um so defensiver an, als die Partei gleichzeitig mit Vorwürfen überhäuft wurde, gewaltsame Übergriffe gegen Juden zu veranstalten, wie die Vorfälle auf dem

Kurfürstendamm in Berlin von 1931 unterstrichen.[34] Tatsächlich besaß die Parteiführung noch kein klares Konzept über ihre künftige anti-jüdische Politik und es war symptomatisch, daß einige Renegaten der DNVP sich daran machten, in der Parteizentrale Entwürfe für eine antisemitische Gesetzgebung zu formulieren.[35] Sie konnten sich dabei auf die entsprechenden Ausarbeitungen in der Obersten Heeresleitung von 1917 stützen, die von Erich Ludendorff als Generalquartiermeister angeregt worden waren.

Das generelle politische Klima der späten Weimarer Republik begann sich gegen das deutsche Judentum zu wenden, obwohl der Centralverein deutscher Staatsbürger jüdischen Glaubens nicht ohne Erfolg gegen die antisemitische Hetze vorging und dabei in begrenztem Umfang auf die Unterstützung der Gerichte und des Justizsystems zurückgreifen konnte, das in anderen Bereichen längst die Balance zugunsten der antirepublikanischen Kräfte eingebüßt hatte. Der gerichtliche Schutz sollte nicht unterbewertet werden, aber er konnte die dahinschwindende Bereitschaft der bürgerlichen Mittelparteien nicht wettmachen, die Ergebnisse der Emanzipation zu verteidigen.[36]

Weder Heinrich Brüning noch Franz von Papen waren bereit, die jüdische Sache öffentlich zu verteidigen, und die DDP zögerte nicht, 1932 mit dem Jungdeutschen Orden zu fusionieren, der Juden von der Mitgliedschaft ausschloß. Daher verlor das deutsche Judentum seine angestammte politische Heimat und büßte der linksliberale Flügel der DDP jeden Einfluß auf die Parteiführung ein. Selbst die Sozialdemokraten ließen gewisse Zeichen der Schwäche angesichts der fortdauernden antisemitischen Agitation der Rechtsparteien erkennen. Wäre die NSDAP nicht zur Macht gekommen, hätten die autoritären Präsidialkabinette sicherlich die Bürgerrechte der Juden eingeschränkt und die jüdische Einwanderung aus Osteuropa unterbunden.[37]

Symptomatisch für die veränderte Konstellation war der öffentliche Diskurs über die Ostjudenfrage. Zahlenmäßig machten die Ostjuden weniger als zehn Prozent der in Deutschland lebenden Ausländer aus und umfaßten ungefähr 100 000 Personen, also weniger als ein Fünftel der jüdischen Bevölkerung. Der von der Rechtspresse hochgespielte sogenannte »Barmat-Skandal«

gab den gegen die Ostjuden gerichteten rassistischen Emotionen neue Nahrung.[38] Forderungen, die Ostjuden zu repatriieren, waren keineswegs auf die NSDAP und DNVP beschränkt, und sie bezogen sich auch auf diejenigen, welche die deutsche Staatsbürgerschaft besaßen.

Vor den Reichstagswahlen vom Juli 1932 konstatierte Carl von Ossietzky, daß die deutsche Staatsangehörigkeit der Juden im öffentlichen Diskurs bereits in Frage gestellt sei.[39] Ossietzky wies darauf hin, daß eine derartige Einstellung zugleich die Legitimität der demokratischen Republik untergrabe. Er vermerkte erbittert, daß es der Konterrevolution gelungen sei, dieses Thema in den Vordergrund zu stellen, während die Demokraten erfolglos bemüht seien, es herunterzuspielen. Für ihn stellte die Haltung in der »Judenfrage« einen Indikator für die Lebensfähigkeit der Republik dar.

Es ist nicht einfach, ein eindeutiges Fazit aus der Komplexität dieser Vorgänge zu ziehen. Zunächst war es symptomatisch, daß die frühe NSDAP wichtige Impulse vom völkischen Lager erhielt, von dem sie sich in organisatorischer und propagandistischer Hinsicht bewußt distanzierte. Das formelle Parteiprogramm und die antisemitischen Schlagworte der NS-Propaganda unterschieden sich nicht grundsätzlich von denjenigen der völkisch-rassenantisemitischen Vorläufer im 19. Jahrhundert und ebensowenig vom rechten Flügel der DNVP. Der Unterschied lag in der spezifischen Dynamik der NSDAP als faschistischer Bewegung und dem Fehlen jeglicher moralischer Skrupel bei der Umsetzung der antisemitischen Zielsetzung, zumal ihr ein primär visionärer Charakter anhaftete. Die NS-Bewegung zog ihre Kraft nicht primär aus der Mobilisierung des Antisemitismus; ihre Wahlerfolge beruhten vor allem auf der Ausnützung der sozialen Spannungen und politischen Enttäuschungen im Nachkriegsdeutschland, die sich in der Abneigung gegen das parlamentarische System ausdrückten.

Die Durchdringung weiter Bereiche der öffentlichen Meinung mit antisemitischen Ressentiments, die nicht notwendig rassisch geprägt waren, bildete den Hintergrund für die Tolerierung der NS-Bewegung durch ihre bürgerlichen Partner. Die zunehmende Gleichgültigkeit gegenüber der antijüdischen Agitation spiegelte die extreme Erosion liberaler Werthaltungen in der deutschen Gesellschaft, die im Niedergang der DDP und ihrer Bereitschaft zum Ausdruck kam, mit Gruppen aus dem völkischen Lager zu fusionieren. Zugleich deutete die Indifferenz gegenüber rassistischen Übergriffen auf eine tiefgreifende Aushöhlung moralischer Prinzipien der deutschen Eliten hin, die sich im Zeichen eines überbordenden Nationalismus vollzog. Die christlichen Kirchen, nicht zuletzt das evangelische Lager, waren davon keineswegs ausgeschlossen.[40]

Die Haltung in der »Judenfrage« kann daher geradezu als Indikator für den Verlust der moralischen Grundlagen der deutschen politischen und gesellschaftlichen Eliten betrachtet werden. Schon im Mai 1931 gelangte Max Warburg, der so angesehene deutsche Bankier, zu der bitteren Schlußfolgerung, »daß eine ritterliche Behandlung der Juden überhaupt nicht in Betracht gezogen wird«. Und er fügte hinzu: »Ein Volk, das von den jüdischen Mitbürgern seit Jahrhunderten alles verlangt und der jüdischen Mitarbeit außerordentlich viel verdankt und dann duldet, daß in dieser rohen Weise Antisemitismus betrieben wird, indem jede Partei fürchtet, durch allzu scharfes Auftreten gegen diese Unritterlichkeit an Gefolgschaft zu verlieren, scheidet sich selbst aus der Reihe der Kulturvölker aus und ordnet sich in die Reihe der Pogromländer ein.«[41]

Den Hintergrund dieser Äußerungen bildeten die pogromartigen Überfälle durch SA-Leute auf dem Kurfürstendamm in Berlin, welche von der Polizei nicht energisch genug unterbunden worden waren. Sie lösten ein breites internationales Presseecho aus, dürfen allerdings für sich nicht überbewertet werden. Warburgs grundsätzliche Reaktion kann sicherlich als verfrüht bezeichnet werden, sie nahm jedoch exakt das vorweg, was nach 1933 geschehen sollte, und sie hilft zu erklären, warum die deutsche politische Rechte in der NS-Diktatur unterging.

Kapitel 2

Die Funktion des Antisemitismus in der NSDAP

Der wechselnde Einfluß antisemitischer Strömungen auf die politische Kultur der Weimarer Republik und die Entstehung und Entwicklung der NSDAP zieht die Frage nach sich, welche Funktion der Antisemitismus innerhalb der nationalsozialistischen Bewegung gehabt hat, inwieweit antisemitische Beweggründe für die Unterstützung der NSDAP bei Wahlen eine Rolle gespielt haben und ob der Mitgliederzustrom damit erklärt werden kann. Desgleichen ergibt sich die Frage, welche Bedeutung antisemitischen Vorstellungen für die aktuelle Politik der Partei beizumessen ist.

Die NSDAP war Nachfolgerin der zahlreichen völkischen Bünde und Vereinigungen, insbesondere des Deutsch-Völkischen Schutz- und Trutzbundes, die nach dem November 1918 entstanden waren. Hitlers Entscheidung von 1925, das Prinzip der individuellen Mitgliedschaft, die von der ihm ergebenen Münchner Ortsgruppe kontrolliert wurde, durchzusetzen, sorgte dafür, daß die völkischen Organisationen, die nach dem November 1923 eine gewisse Selbständigkeit erlangt hatten, gänzlich absorbiert werden konnten. Die Organisationsreform von 1925, die eine unbeschränkte Herrschaft des Führerprinzips sicherte, sollte auch in Zukunft die Entstehung autonomer innerparteilicher Fraktionen unterbinden.[1]

Nach der Auflösung des Deutsch-Völkischen Schutz- und Trutzbundes wandte sich ein großer Teil seiner Mitglieder der NSDAP zu und spielte bei dem Wiederaufbau der Bewegung nach dem Verbot Ende 1923 eine maßgebende Rolle. Vor allem für die Ausbreitung der NSDAP in Nord- und Westdeutschland, wo sie vorher fast überhaupt nicht vertreten gewesen war, besaßen die ehemaligen Völkischen große Bedeutung.

Die meisten Inhaber von Führungspositionen in der Partei,

die in den späten achtziger oder frühen neunziger Jahren geboren waren, gehörten ursprünglich völkischen Gruppierungen an. Im Unterschied zur Masse der Mitglieder, die erst in den frühen dreißiger Jahren zur Partei stieß, umfaßte diese Gruppe der »Alten Kämpfer« fast durchweg radikale Antisemiten. Adolf Hitler, Joseph Goebbels, Julius Streicher, Alfred Rosenberg und die Münchner Clique im Umfeld von Hermann Esser, Max Amann und Rudolf Heß waren typisch für diese Gruppe. Auch Reinhard Heydrich kam vom Schutz- und Trutzbund zur NSDAP; Heinrich Himmler stand der völkischen Sekte der Artamanen nahe.[2]

Eine präzise Eingrenzung dieser Kerngruppe des radikalen Antisemitismus begegnet einigen Schwierigkeiten. Immerhin bietet die sogenannte Abel Collection die Möglichkeit einer Annäherung. Es handelt sich um eine in den frühen dreißiger Jahren entstandene Sammlung biographischer Selbstaussagen von ungefähr 800 »Alten Kämpfern«. Sie enthält wertvolles Material zur sozialen Zusammensetzung und zum ideologischen Profil des frühen Führerkorps der NSDAP. Auf dieser Quellengrundlage hat Peter Merkl eine scharfsinnige Analyse vorgelegt, die auch Aussagen über den Grad und die Ausbreitung des Antisemitismus in der NSDAP zuläßt.[3]

Den Angaben von Peter Merkl zufolge gehörte eine Mehrheit von ca. 60 Prozent dieses Samples zu der Gruppe der gemäßigten und nicht aggressiven Antisemiten, während etwa 30 Prozent der Befragten bis zu einem gewissen Grad von extremen antisemitischen Affekten geprägt waren, die sich aus Erfahrungen der frühen Nachkriegsjahre, vor allem der Novemberrevolution, speisten. Merkl folgerte aus den ihm vorliegenden Daten, daß nicht mehr als 12 bis 13 Prozent derjenigen »Alten Kämpfer«, deren autobiographische Aufzeichnungen Rückschlüsse in dieser Beziehung zuließen, zur Gruppe der Radikalen und damit zu den paranoiden und gewalttätigen Judengegnern gehörten.[4]

Es ist daher davon auszugehen, daß etwa 53 Prozent der »Alten Kämpfer« antisemitische Parolen rezipierten und aggressiv reagierten, während etwa 33 Prozent als gemäßigt oder indifferent gelten müssen, da sie keine besonderen Vorurteile gegenüber Juden hatten und in die Partei aus anderen Gründen eingetreten waren.[5] Die Einstellungen der untersuchten Gruppe dürften weitgehend mit denjenigen der Parteielite übereinstimmen, die nach 1933 relativ stabil blieb, wenn man von den stärker technokratisch orientierten Parteimitgliedern absieht, die kurz vor oder nach der Machtergreifung eintraten. Dasselbe kann von den Führungskadern der SA vor der Säuberung des 30. Juni 1934 gesagt werden. Sie formten gleichsam einen harten Kern der antisemitischen Gewaltbereitschaft.

Weit schwieriger erscheint es, zu hinreichend verläßlichen Angaben bezüglich der Mitglieder und der Wähler der NSDAP zu gelangen, insbesondere in Anbetracht der ungewöhnlich hohen Fluktuation und des rasanten Wachstums der NSDAP vor dem 30. Januar 1933, die auf deren instabile Struktur hinweisen, die allerdings in der Regimephase einer weitreichenden Erstarrung Platz machte. Im Vordergrund der Entscheidung für die Wahl der NSDAP oder für den Parteieintritt vor der Machteroberung stand der Protest gegen angebliche oder tatsächliche Mißstände oder Unzulänglichkeiten des republikanischen Systems von Weimar. Der Faktor des Antisemitismus spielte, wenn er überhaupt präsent war, demgegenüber eine untergeordnete Rolle. Es besteht in der Forschung weitgehend Übereinstimmung darüber, daß die NS-Reichswahlkampfleitung dafür sorgte, daß in den entscheidenden Wahlkämpfen vom September 1930 bis zum November 1932 die antisemitische Propaganda eher in den Hintergrund trat zugunsten einer massiven Kritik an den »marxistischen« Parteien.[6] Auch in der Partei selbst waren während der Stabilisierungsphase von 1924 bis 1928 antisemitische Parolen weniger häufig als zuvor anzutreffen, was sicherlich auch mit der Beruhigung des innenpolitischen Klimas zusammenhing.

In seiner bahnbrechenden Studie über den Aufstieg der NSDAP in der in Niedersachsen gelegenen Stadt Northeim hat William Sheridan Allen die vor 1933 bestehenden Verhältnisse im Hinblick auf die »Judenfrage« dahingehend charakterisiert, daß eine soziale Diskriminierung von Juden praktisch nicht existent gewesen sei. Wenn dem Antisemitismus überhaupt eine öffentliche Resonanz zugesprochen werden könne, sei er nur in einer ausgeprägt abstrakten Form aufgetreten, während die alltäglichen Kontakte mit jüdischen Bürgern von dem üblichen antisemitischen Diskurs nicht betroffen waren. Allen gelangt daher zu der Schlußfolgerung: »Many who voted Nazi simply ignored or rationalized the anti-semitism of the party, just as they ignored other unpleasant aspects of the Nazi movement.«[7] Untersuchungen über die regionale Ausbreitung des Nationalsozialismus zeigen, daß die meisten NSDAP-Wähler der frühen dreißiger Jahre keine ausgeprägten Rassisten gewesen sind und daß die antisemitische Ausrichtung der Partei keinen primären Beweggrund für Sympathisanten darstellte, sich ihr anzuschließen.[8]

Ebensowenig darf die antisemitische Indoktrinierung der durchschnittlichen Parteimitglieder überschätzt werden, wenngleich es schwierig ist, verläßliche Daten zu finden, um diese Frage zu überprüfen. Die rasche Ausweitung der Parteimitgliedschaft Anfang der dreißiger Jahre war zum geringsten ein Resultat der antisemitischen Propaganda. Die Judengegnerschaft erscheint in vielen Fällen als eine Folge des Parteibeitritts und der anschließenden ideologischen Indoktrination.[9] So war sich die Reichswahlkampfleitung der NSDAP darüber im klaren, daß eine Zuspitzung der antisemitischen Programmpunkte mögliche Wähler eher abschrecken würde, nachdem die aktiven antisemitischen Gruppen bereits ohnehin zu ihr gestoßen waren. Jedenfalls vermied die Bewegung in der Zeit vor 1931 in der Regel gewaltsame Zusammenstöße und antijüdische Übergriffe, die ihrem Ansehen eher schadeten.

Diese Konstellation änderte sich nach der Machteroberung, die von zahlreichen antijüdischen Exzessen begleitet worden war. Dennoch sollte die Zunahme antijüdischer Vorfälle nicht überbewertet werden. Die Masse der Mitglieder oder Anhänger der Partei war eher durch Gleichgültigkeit gegenüber der »Judenfrage« geprägt, was sich nicht zuletzt darin ausdrückte, daß die Anweisungen des Stellvertreters des Führers, nicht in jüdischen Geschäften einzukaufen oder keine Beziehungen zu jüdischen Viehhändlern zu unterhalten, vielfach mißachtet wurden. Viele Anhänger der NSDAP lehnten sogenannte »wilde« Aktionen gegen jüdische Bürger ab und wandten sich gegen die vulgäre Boykott-Propaganda. Das schloß nicht aus, daß sich generell antisemitische Klischees zunehmend verfestigten, doch wurden sie in der Regel nicht auf die jüdischen Nachbarn übertragen. Es kam jedoch nur selten zu Protesten gegen anti-jüdische Übergriffe der Partei, und offene Solidarisierungen mit den Verfolgten blieben aus.

Desgleichen stieß extreme antijüdische Propaganda, wie sie insbesondere Julius Streicher mit dem umstrittenen ›Stürmer‹ betrieb, in weiten Teilen der deutschen Öffentlichkeit auf Ablehnung, wenngleich nicht viele wagten, gegen die Einrichtung der ›Stürmer‹-Schaukästen zu protestieren.[10] Die große Mehrheit der Bevölkerung verhielt sich, wie ein Stimmungsbericht aus Baden von 1935 zeigt, »vollständig apathisch«.[11] Gleichwohl ging die pausenlose antisemitische Propaganda auf die Dauer nicht wirkungslos an der Bevölkerung vorbei. Die Sopade, die sozialdemokratische Exilorganisation in Prag, berichtete 1936 aus Berlin, daß es der NSDAP gelungen sei, die Kluft zwischen dem Volk und den Juden zu vertiefen, so daß die Vorstellung, die Juden gehörten einer anderen Rasse an, sich allgemein durchgesetzt habe.[12] Dieser Wandel reichte in die Zeit der Weimarer Republik zurück, in der judenfeindliche Ressentiments zunehmend an Boden gewonnen hatten. Sie besaßen allerdings im allgemeinen keine spezifisch rassenantisemitische Färbung.

In der Parteimitgliedschaft verhielten sich die Dinge nicht viel anders. Dabei ist zu berücksichtigen, daß die Partei nach dem März 1933 trotz der vorübergehend verhängten Aufnahmesperre für neue Mitglieder zu einer Massenorganisation anschwoll, die 1939 mehr als acht Millionen Mitglieder umfaßte. Mit dem quantitativen Wachstum vollzog sich ein tiefgreifender Kaderwechsel auf den unteren Führungsebenen.[13] Dies veränderte die Zusammensetzung der Partei auch in ideologischer Hinsicht. Die Zahl der fanatischen Verfechter der NS-Ideologie ging im Verhältnis zu derjenigen der Mitläufer zurück.

Die informelle Befragung, die Michael Müller-Claudius nach dem reichsweiten Pogrom des 9. November 1938 unter Parteimitgliedern vornahm, ermöglicht keine gesicherten Aussagen, bietet jedoch einen Anhaltspunkt, um den Grad der antisemitischen Indoktrinierung abzuschätzen. Danach lehnten 63 Prozent die Vorgänge vom 9. und 10. November ab, während 32 Prozent sich gleichgültig zeigten. Nach einer 1942 vorgenommenen informellen Befragung veränderte sich dieses Verhältnis auf 26 zu 69 Prozent.[14] Bemerkenswert war in beiden Fällen der niedrige Prozentsatz derjenigen Parteimitglieder, welche die anti-jüdischen Maßnahmen des Regimes vorbehaltlos bejahten. Diese Ergebnisse finden eine Bestätigung in den Befragungen deutscher Kriegsgefangener durch das Office of Strategic Services (OSS) und in den einschlägigen OMGUS-Berichten.[15] In der Tat hatten Himmler und Heydrich allen Anlaß zu der Befürchtung, daß in der Bevölkerung und in der Partei das notwendige Verständnis für ein hartes Durchgreifen in der »Judenfrage« rückläufig sei, was sie dazu veranlaßte, das Liquidationsprogramm noch zu beschleunigen.[16]

Angesichts der relativen Unpopularität, die dem Vorgehen gegen den jüdischen Bevölkerungsteil anhaftete, und der indifferenten Einstellung eines vermutlich größeren Teils der Parteimitgliedschaft stellt sich die Frage, warum sich die extremistische Richtung nahezu widerstandslos hat durchsetzen können. Dies drängt sich um so mehr auf, als die beabsichtigte Ausschaltung, seit 1941 die physische Eliminierung der Juden, immer wieder konkreten materiellen Interessen zuwiderlief.

Abgesehen von spezifischen Interessengruppen wie dem von Adrian von Rentelen geführten Kampfbund des gewerblichen Mittelstandes, der schon 1933 in die Nationalsozialistische Handwerks-, Handels- und Gewerbeorganisation (NS-HAGO) umgewandelt wurde, und dem üblichen Neid spezifischer Berufssparten, von denen die angebliche jüdische »Überfremdung« beklagt wurde, gab es wenig unmittelbare Profiteure der Ausschaltung der Juden. Andererseits war die Bereitschaft verbreitet, sich an jüdischem Eigentum und Vermögen zu bereichern, ohne dabei Gewissensbisse zu haben.[17]

Unzweifelhaft war der ideologische Faktor für die Forcierung des Antisemitismus ausschlaggebend. Die Parteiführungsgruppen setzten sich durchweg aus extremen Antisemiten zusammen, und wie bereits gezeigt wurde, kamen die meisten führenden Positionsinhaber ursprünglich aus dem Lager des organisierten Antisemitismus. Das antisemitische Credo besaß darüber hinaus die Funktion, die innerparteilichen Divergenzen zu überdecken und die Energien der Partei auf ein »positives« Ziel zu bündeln, während die Interessen der einzelnen Verbände stark differierten. So betont Ian Kershaw nachdrücklich die integrierende Funktion des Antisemitismus in der Bewegung, in dem er den »gemeinsamen Nenner« erblickt, der in einer interessenpolitisch ausgeprägt differenzierten Bewegung wie der NSDAP unverzichtbar war.[18] In diesem Zusammenhang ist daran zu erinnern, daß der Antisemitismus schon im Wilhelminischen Kaiserreich die Funktion gehabt hatte, stark divergierende soziale und ökonomische Interessen im rechten Lager zu überbrücken.[19] Das galt insbesondere für den Antagonismus zwischen Kapitalismus und Sozialismus, die beide als jüdische Erfindungen hingestellt wurden. Ein Beispiel dafür war Hitlers Begründung, daß er die Partei auf einen Kurs gegen die Fürstenenteignung festlegte, indem er die Befürworter als jüdisch denunzierte.[20]

Die antisemitische Propaganda hatte die »objektive Funktion«, von akuten sozioökonomischen Problemen abzulenken und die pseudo-revolutionäre Energie der Bewegung durch antijüdische Übergriffe zu neutralisieren.[21] Das machte sich verstärkt seit der »Machtergreifung« geltend. Nach dem Abbremsen der spontan einsetzenden umfassenden Ämterpatronage zugunsten von »Alten Kämpfern« und verdienten Parteigenossen fungierte der Antisemitismus als eine Art Überdruckventil, durch das die aufgestauten sozialrevolutionären Energien abgeleitet werden konnten, ohne die neu gewonnene Machtverteilung zu gefährden. Dies galt um so mehr, als die nachgeordneten Kader der NSDAP ihre usurpierte Kontrolle über den Beamtenapparat einbüßten und die Partei gehalten war, in personalpolitischen Angelegenheiten nur über den Stellvertreter des Führers, Rudolf Heß, zu intervenieren, wodurch der Beamtenapparat Einsprüche der lokalen und regionalen Parteiorganisation leicht abwehren konnte.

Nur auf dem kommunalen Sektor war der NSDAP als Massenorganisation der Einbruch in den Bereich der öffentlichen Verwaltung gelungen, aber ihr politischer Einfluß wurde auch hier sogleich durch eine Verstärkung des staatlichen Aufsichtsrechtes eingeschränkt. Der eingeleitete Personalschub, der durch planlose Massenentlassungen beamteten Personals die öffentlichen Kassen extrem belastete, wurde gestoppt. Nach 1934 wurde das in der Machteroberungsphase durchgeführte Personalrevirement großenteils wieder rückgängig gemacht. Zahlreiche nationalsozialistische Stellenjäger wurden teils wegen mangelnder Qualifikation, teils wegen Unterschlagung und Korruption wieder entlassen. Die Unterbringung der »Alten Kämpfer«, die in der Regel über keine abgeschlossene Berufsausbildung verfügten, sollte das Reichsministerium des Innern daher noch jahrelang beschäftigen.[22]

Die SA, die sich auf Weisung Ernst Röhms bei der Ämterpatronage zurückgehalten hatte, da sie auf einen grundlegenden Staatsumbau vertraute, war von dieser Restabilisierung des Verwaltungsapparates besonders betroffen. Die von ihr eingesetzten Kommissare, die sich die Kontrolle der Betriebe anmaßten, mußten auf Weisung Görings zurückgezogen werden. Es ist daher erklärlich, daß die nach der Machtergreifung unzureichend integrierten Partei- und SA-Aktivisten ein Sammelbecken des gewalttätigen Antisemitismus bildeten. In den anti-jüdischen Übergriffen setzten sich zugleich die in der »Kampfzeit« eingeübten Allüren fort, die nun nicht mehr zeitgemäß waren. Die großenteils spontan unternommenen anti-jüdischen Aktionen und Demonstrationen hatten eine kompensatorische Funktion, und die Judenverfolgung bot den nach dem 30. Januar 1933 weitgehend überflüssig gewordenen aktivistischen Kräften in der Partei und SA ein Betätigungsfeld.[23]

In der Tat entsprach es der Einstellung der konservativen bürokratischen Eliten, der Partei gleichsam im Bereich der »Judenfrage« einen Spielraum zu belassen, während sie ansonsten systematisch aus dem öffentlichen Verwaltungsbereich ausgeklammert wurde, was Personalunionen auf der Ebene der Oberpräsidien und Zentralbehörden nicht ausschloß. Die Aufnahme von Rudolf Heß und – bis 1934 – von Ernst Röhm in das Reichskabinett war angesichts von dessen zunehmendem Kompetenzverlust kein Ersatz für die von der Partei angestrebte Verwaltungskontrolle, die schließlich nur auf dem Umwege über die Dienststelle des Stellvertreters des Führers wahrgenommen werden durfte.[24]

Die hohe Beamtenschaft teilte in der Regel die verbreitete Erwartung, daß die antisemitischen Übergriffe der NSDAP nach und nach zurückgehen würden. Die Bereitschaft, der Partei in diesem Bereich entgegenzukommen, beruhte auch auf einer vollkommenen Unterschätzung der Dynamik der »Judenfrage«. Noch auf einer von Hjalmar Schacht einberufenen interministeriellen Konferenz im Juli 1935 konnte Johannes Popitz, der das preußische Finanzressort weiterhin ausfüllte, bezüglich der antijüdischen Übergriffe bemerken: »Einen Grenzpfahl setzen. Dann aber Schluß!«[25] Daß die Ministerien, die »die Führung in der Judenfrage« nicht preisgeben wollten, mit dem partiellen Entgegenkommen gegenüber dem Drängen der Partei eine schiefe Ebene beschritten, die mit der völligen Aushöhlung rechtsstaatlicher Prinzipien endete, sahen sie nicht voraus.

Dergestalt kam ein Mechanismus in Gang, den Martin Broszat treffend mit der Formulierung einer »negativen Selektion der Weltanschauungselemente« umschrieben hat.[26] Während die große Mehrheit der materiellen Zielsetzungen der nationalsozialistischen Weltanschauung auf harte Interessen in der deutschen Gesellschaft traf und daher stillschweigend fallen gelassen wurde, zumal es Hitler vermied, Prioritäten zwischen antagonistischen Interessen zu setzen, tangierte die Verfolgung der Juden in der Regel keine etablierten gesellschaftlichen Interessen. Der jüdische Bevölkerungsteil war insofern völlig auf sich gestellt. Das erleichterte es, die Diskriminierung und die Ausschaltung von Juden zu forcieren, denn mit wenigen Ausnahmen – etwa Fragen des außenpolitischen Prestiges des Reiches – gab es keine gesellschaftlichen Gegenkräfte. Daraus ergab sich eine akzelerierende Wirkung für die antisemitischen Übergriffe der Partei und der Propaganda.

Bei den Attacken gegen das Judentum trat besonders Julius Streicher mit dem von ihm herausgegebenen Wochenblatt ›Der Stürmer‹ hervor. Streichers antisemitische Aktionen fanden die Unterstützung des Kampfbundes für den gewerblichen Mittelstand. Ihnen schlossen sich die aktivistischen Gruppierungen in NSDAP und SA an, ohne daß es zu einem koordinierten Vorgehen kam. Die zahllosen Übergriffe auf jüdische Einrichtungen, jüdische Geschäfte und jüdische Bürger, die unmittelbar nach der Machtergreifung einsetzten, vollzogen sich überwiegend spontan. Der nachträglich entstehende Eindruck, daß eine »Parteirevolution von unten« der »Parteirevolution von oben«

in die Hände gearbeitet habe[27], erlaubt nicht den Rückschluß auf eine vom Regime bewußt verfolgte Strategie, wenngleich es charakteristisch ist, daß die Ministerien gedrängt wurden, illegales Vorpreschen der radikalen Gruppen nachträglich zu sanktionieren. Die generelle Erscheinung, daß Behörden, Justiz und Polizei unter dem Druck der Partei zögerten, Recht und Ordnung zu gewährleisten und die ungesetzlichen Übergriffe auf jüdische Bürger entsprechend zu ahnden, mußte diesen Eindruck hervorrufen. Tatsächlich konnten anti-jüdische Gesetzesbrecher davon ausgehen, daß sie bei ihren Aktionen straffrei bleiben würden, da gesetzliche Sanktionen von der Partei und in vielen Fällen von Hitler persönlich blockiert wurden. Das politische System wies daher eine offene Flanke auf, die eine effektive polizeiliche und juristische Verfolgung von Straftaten gegen Juden verhinderte.

Dieser Mechanismus bewirkte, daß verhältnismäßig kleine Gruppen von Parteiaktivisten, die für eine Ausweitung der anti-jüdischen Maßnahmen eintraten und vor gewaltsamem Vorgehen nicht zurückscheuten – vermutlich nicht mehr als zehn Prozent der Parteimitgliedschaft –, Richtung und Geschwindigkeit des Vorgehens gegen die Juden angeben konnten, ohne dabei auf ernsthaften Widerstand in der Regierung zu treffen. Die Auflösung des Normenstaates und die Schwäche der Justiz machten sich zuerst auf dem Gebiet der »Judenfrage« geltend und bewirkten, daß effektive Sanktionen gegen gesetzwidrige Aktionen gegen Juden ausblieben. Das ermutigte die antisemitischen Scharfmacher, immer wieder vollendete Tatsachen zu schaffen und unter Berufung auf angebliche Proteste in der Öffentlichkeit gegen den Einfluß von Juden schärfere Maßnahmen zu ergreifen. Umgekehrt reagierten die Ministerialverwaltungen auf die ständig ansteigende Welle antisemitischer Radikalisierung in Teilen der Bewegung, indem sie nachträglich legale Grundlagen dafür zu schaffen bemüht waren und sich so in den Dienst einer nachholenden Legalisierung begaben.[28]

Hitler stand im Mittelpunkt der kaum unterbrochenen Mobilisierung anti-jüdischer Ressentiments in Propaganda und Politik des Dritten Reiches. Insofern war die Vorstellung mancher außenpolitischer Partner, daß die Zuspitzung des Antisemitismus nicht von Hitler, sondern den »Radikalinskis« in der NS-Bewegung ausginge, völlig verfehlt. Sie war trotz der Warnungen hochstehender alliierter Diplomaten, etwa von Sir Horace Rumboldt, dem britischen Botschafter in Berlin vom Mai, und von George S. Messersmith, dem amerikanischen Generalkonsul in Berlin seit Herbst 1933, weit verbreitet. Rumboldt betonte nachdrücklich, daß »Hitler selbst für die antijüdische Politik der deutschen Regierung verantwortlich ist«, und »daß es verfehlt wäre anzunehmen, es handle sich dabei um die Politik seiner ungezügelteren Männer, mit deren Kontrolle er Schwierigkeiten habe«. Der Diktator sei »in diesem Punkt ein Fanatiker«.[29] Der amerikanische Beobachter ergänzte dies mit der Bemerkung gegenüber dem amerikanischen Außenminister Cordell Hull, daß Hitler »unerbittlich ist und sich nicht überzeugen läßt und die eigentliche Spitze der antijüdischen Bewegung darstellt«.[30]

Stets fungierte Hitler als der ideologische Motor in der »Judenfrage«, während er in der praktischen Umsetzung der anti-jüdischen Maßnahmen durchaus unterschiedliche Rollen einnahm. Taktische Überlegungen, auch die Rücksicht auf die Schonung seines persönlichen Prestiges, wirkten dabei ein, aber auch ein instinktives Reagieren auf gewandelte Situationen. Charakteristisch war jedoch für ihn, daß die »Judenfrage« stets in einen visionär-propagandistischen Horizont gerückt war. Es fällt auf, daß die unerläßlichen anti-jüdischen Ausfälle in seinen Reden von den konkreten Umständen der Judenverfolgung weitgehend abstrahierten.

Das Studium gerade seiner späten Äußerungen zu diesem Komplex legt die Schlußfolgerung nahe, daß für Hitler der Propagandaaspekt und damit die Funktion des ideologisch geprägten Feindbildes völlig im Vordergrund stand. Auch in internen Äußerungen scheint Hitler niemals konkret zur Vernichtungspolitik gegen die Juden Stellung genommen zu haben. Stets beschränkte er sich darauf, den Sachverhalt in ideologischen Metaphern anzusprechen, ohne je die Existenz des systematischen Massenmordes zu erwähnen. Er kam nur indirekt in rhetorischen Wendungen, die das bekannte Vernichtungsvokabular meist in einem auf die Zukunft gerichteten Kontext wiederholten, zum Ausdruck.

Martin Broszat hat daher das Verhältnis von Theorie und Praxis, oder richtiger von Vision und Realität bei Hitler bezüglich der »Judenfrage« dahingehend umschrieben, daß schließlich die »Phraseologie« sich selbst »beim Wort« nahm, daß also die Beschwörung der Vernichtungsvokabeln schließlich die Einforderung der Vernichtung durch die Untergebenen nach sich zog und daß auf diesem Wege etwas, was visionäres Zukunftsziel war – die Auslöschung des Judentums überhaupt –, das bei Hitler in der Regel nur als Eventualität, meistens in drohender Form, angesprochen wurde, in Realität verwandelt werden konnte.[31]

Der Holocaust hat in Hitlers Weltbild oder in dem Syndrom weltanschaulicher Formeln, das er sich zu eigen machte, eine durchaus chiliastische Bedeutung. Saul Friedländer prägte, freilich mit etwas anderer Konsequenz, den Begriff des »redemptorischen Antisemitismus«, um die spezifisch nationalsozialistische Variante des Antisemitismus zu bezeichnen.[32] Gleichwohl ist die schrittweise Umsetzung der Vernichtungsforderung in eine extrem mörderische Praxis die Folge einer dynamischen Interaktion zwischen zentralen visionär-ideologischen Vorgaben und der Radikalisierung der Methoden und Zielsetzungen vor Ort und nicht monokausal von dem Willen des »Führers« und der regierenden Clique allein abzuleiten. Zwar war alle Zeit das mörderische Potential vorhanden und bedurfte nur der Aktivierung, aber die praktische Umsetzung war das Resultat eines komplexen politischen Prozesses, in dem Hitler gerade nicht die zentrale Rolle spielte.

Es spricht vieles dafür, daß die systematische Schulung im Polizeiapparat des Regimes zu einer fortschreitenden Festigung der antisemitischen Einstellungen in der Exekutive beigetragen hat. Daß dort ursprünglich vielfach noch Indifferenz in der »Judenfrage« anzutreffen war, erklärt sich schon daraus, daß sowohl in der Gestapo wie in der Sicherheitspolizei und im Sicherheitsdienst (SD) ein großer Teil des Personals aus der Weimarer Republik übernommen worden war und daß es erst schrittweise gelang, eine einheitliche Einstellung, nicht zuletzt durch systematische weltanschauliche Schulung, durchzusetzen, was vor allem für die späteren Kriegsjahre galt.[33] Entscheidend aber war die Einstellung der Angehörigen des Führungskorps von Sicherheitspolizei und SD, von denen die Mehrheit mit dem extremen rassischen Antisemitismus, der an den deutschen Hochschulen der Weimarer Zeit grassierte, während ihres Studiums in Berührung gekommen war.[34] Hier lag ein entscheidender Faktor für die schrittweise Penetrierung des Herrschaftsapparats mit rassischem Fanatismus, die eine notwendige Bedingung für die spätere Konzipierung und Implementierung der »Endlösung der Judenfrage« darstellte.

Kapitel 3

Die Entstehung der »Nürnberger Gesetze«

Am 15. September 1935 verabschiedete der Deutsche Reichstag durch Akklamation das »Gesetz zum Schutze des deutschen Blutes und der deutschen Ehre«, das »Reichsflaggengesetz« und das »Reichsbürgergesetz«. Das Parlament war dafür kurzfristig nach Nürnberg einberufen worden und tagte am Abend des 15. September, um in Anwesenheit des Diplomatischen Korps und anderer hochgestellter Honoratioren eine Erklärung des Reichskanzlers und die Verlesung der »Nürnberger Gesetze« durch Hermann Göring entgegenzunehmen.

Zur Promulgation der sogenannten »Nürnberger Gesetze« hätte es der Staffage einer öffentlichen Reichstagssitzung nicht bedurft, da das Ermächtigungsgesetz das Reichskabinett bevollmächtigte, gesetzesvertretende Verordnungen zu erlassen. Die erst am 9. September, unmittelbar vor dem Beginn des Parteitags gefällte Entscheidung Hitlers, den Reichstag nach Nürnberg einzuberufen[1], stellte eine Reaktion auf den von der deutschen Presse hochgespielten Zwischenfall in New York dar, wonach Hafenarbeiter die Hakenkreuzflagge von dem Passagierdampfer »Bremen« entfernt hatten und von einem jüdischen Richter freigesprochen worden waren.[2] Diese »Beleidigung der deutschen Nation« wurde der angeblich von jüdischer Seite betriebenen Boykotthetze zugeschrieben. Der an sich bedeutungslose Vorgang bildete den Auslöser für die Verabschiedung der »Nürnberger Gesetze«. In seinem Tagebuch notierte Goebbels: »Unsere Antwort: in Nürnberg tritt der Reichstag zusammen und erklärt die Hakenkreuzflagge zur alleinigen Nationalflagge. Führer ganz groß in Fahrt«.[3] Retaliation spielte im Politikverständnis der führenden Nationalsozialisten eine kaum zu überschätzende Rolle.

Die demonstrative Herausstellung der Farben der Bewegung

im »Reichsflaggengesetz« verband sich mit der Invektive gegen den jüdischen Volksteil, diesem das Zeigen der Reichsfarben zu untersagen. In der ersten Fassung hieß es entsprechend: »Die Reichsflagge ist zugleich auch die Nationalflagge. Zur deutschen Nation gehört nur, wer deutschen Blutes ist«.[4] Das implizierte eine problematische Festlegung des seit Jahren heftig umstrittenen Judenbegriffs.

Überdies erschien der Parteiführung das »Reichsflaggengesetz«, für das bereits eine Reihe von Entwürfen vorlag, zu mager für eine volle Reichstagssitzung, so daß Hitler Entwürfe für »Judengesetze« in Auftrag gab, die das Verbot rassischer Mischehen, des außerehelichen Geschlechtsverkehrs zwischen Juden und Nichtjuden sowie ein Beschäftigungsverbot für Hausangestellte unter 45 Jahren durch Juden enthalten sollten. Diese Konstellation rief eine Reihe von Interessenten auf den Plan, welche die Gelegenheit ergriffen, ihre bislang teilweise blockierten Vorstellungen zur Frage der Eheverbote, zur Verweigerung von Staatsbürgerrechten für Juden sowie zur Erbgesundheitsgesetzgebung zu realisieren.

Die informellen Beratungen, die am Rande des Parteitags stattfanden, führten schließlich zu dem Entschluß, die anstehenden Fragen in drei unterschiedlichen Gesetzesvorlagen zu regeln, während die von Artur Gütt, dem Leiter der Gesundheitsabteilung im Reichsministerium des Innern, verlangten Vorschriften zur Ehegesundheit ausgeklammert und in einem selbständigen Gesetz erlassen werden sollten.[5] Daher fiel die Entscheidung, die seit geraumer Zeit in Vorbereitung befindlichen Gesetzesvorhaben zur Unterbindung der Eheschließung von Juden mit Nichtjuden und eheähnlicher Beziehungen in aller Eile fertigzustellen. Daraufhin wurde eine Reihe von hohen Beamten des Innenministeriums, die mit der »Judenfrage« befaßt waren, nach Nürnberg beordert und mit der Aufgabe konfrontiert, aus den zahlreichen kursierenden Entwürfen sehr rasch verabschiedungsfähige Vorlagen zu erstellen.[6]

Die Bestimmungen des »Gesetzes zum Schutze des deutschen Blutes und der deutschen Ehre« gingen substantiell nicht über die schon in der antisemitischen Diskussion der zwanziger Jahre virulenten rassistischen Forderungen hinaus. Das Verbot rassischer Mischehen war nicht erst eine Forderung der NSDAP, sondern fand sich auch bei der bürgerlichen Rechten. Es kam bereits in den Verhandlungen zur Strafrechtsreform von 1933 zur Sprache. Schon im September 1933 verlangten sowohl Roland Freisler, der spätere Präsident des Volksgerichtshofs, als auch Reichskirchenminister Hanns Kerrl die Einfügung einer Strafvorschrift gegen »Rasseverrat« in das Strafgesetzbuch.[7]

Zu diesem Zeitpunkt hatte sich jedoch Reichsjustizminister Franz Gürtner gegen ein strafrechtliches Verbot von rassischen Mischehen ausgesprochen und geltend gemacht, daß ein solches Gesetz die auswärtigen Beziehungen des Deutschen Reiches tangieren werde, da jüdische Ehepaare, die ihren Wohnsitz in Deutschland hatten, aber ausländische Staatsbürger waren, davon betroffen sein würden. Selbst Freisler erkannte, daß eine Regelung im Rahmen der Strafrechtsreform nicht praktikabel war.[8]

Seit dem Sommer 1935 hatte sich jedoch der Druck des radikalen Parteiflügels, ein Verbot rassischer Mischehen zu verhängen, beträchtlich verstärkt, zumal das ›Schwarze Korps‹, die SS-Wochenzeitung Günter d'Alquens, diese Forderung in den Vordergrund spielte, nachdem eine Reihe von Gerichtsentscheidungen, die unter massivem Druck lokaler Parteiaktivisten zustande gekommen waren, sich für die Trennung rassischer Mischehen ausgesprochen hatten.[9] Gleichzeitig bezog sich die Zeitung auf das Reichswehrgesetz vom Mai 1935, das eine Klausel enthielt, die Soldaten vom aktiven Wehrdienst ausschloß, die mindestens einen jüdischen Großelternteil hatten oder mit jüdischen Partnerinnen verheiratet waren.[10] Wilhelm Frick, der zum radikalen antisemitischen Flügel zu rechnen ist, entschloß sich nunmehr, ein generelles Mischehenverbot zu verhängen und wies im Vorgriff dazu die Standesämter an, die Legalisierung derartiger Eheschließungen aufzuschieben, da eine neue gesetzliche Regelung bevorstünde.[11]

Trotzdem drängt sich die Frage auf, warum die entsprechende Gesetzgebung erst im Herbst 1935 zustande kam. Dies war nicht zuletzt auf die Forderung von Parteikreisen zurückzuführen, den in der Satzung der NSDAP enthaltenen »Arierparagraphen« zur Anwendung zu bringen, der selbst Individuen von der Mitgliedschaft ausschloß, die nur einen jüdischen Urgroßelternteil hatten, und der die Abstammungslinie bis auf das Jahr 1800 zurückführte.[12] Die einander übersteigernden Forderungen aus Kreisen der Partei und Gestapo nach gesetzlichem Einschreiten gegen »Rasseverrat« und »Rassenschande«, nach Auflösung der bestehenden Mischehen, nach strafrechtlichem Vorgehen und die Unklarheiten in der Mischlingsfrage verhinderten eine Einigung.

Die Parteiforderungen wurden von den zuständigen Beamten des Reichsjustiz- und Innenministeriums vor allem mit Argumenten der Praktikabilität zurückgewiesen. Namentlich die Forderung, bestehende Mischehen gesetzlich aufzulösen, stieß auf den entschiedenen Widerstand der überwiegend konservativ eingestellten Beamten, die sich über die weitreichenden und schwerwiegenden rechtlichen und psychologischen Konsequenzen im klaren waren. In der Tat war mit massiven Protesten der christlichen Kirchen zu rechnen, und es mußte als sicher gelten, daß eine solche Maßnahme zu offener Mißbilligung in der Bevölkerung führen würde.[13]

Die von der Partei verlangte Einbeziehung von »Achteljuden« in das Eheverbot rief noch stärkeren Widerspruch bei der Ministerialbürokratie hervor, die darauf hinwies, daß dadurch mehr als eine Million Menschen betroffen würden, von denen der größte Teil vollständig assimiliert war und keinerlei Verbindungen zur jüdischen Gemeinde unterhielt. Das Hauptinteresse der in die »Judenpolitik« eingeschalteten Beamten des Reichsministeriums des Innern lag darin, die Zahl der von Verfolgung und Diskriminierung betroffenen Gruppen möglichst klein zu halten und die gesellschaftlichen Auswirkungen zu begrenzen, womit sie indirekt die Segregation der verfolgten Gruppen unterstützten.

Die Entscheidung, diese Gesetzesmaterien anläßlich des Reichsparteitags zu regeln, beseitigte die sachlichen Konflikte nicht, die durch die im »Blutschutz«- und »Reichsbürgergesetz« enthaltenen Generalklauseln nicht gelöst wurden. Dies hing auch mit deren improvisiertem Zustandekommen zusammen. Die Beamten des Reichsministeriums des Innern, darunter dessen Rassereferent Bernhard Lösener, konnten in Nürnberg nicht auf die bisherigen vorbereitenden Arbeiten zurückgreifen, zumal mehrere Ressorts damit befaßt waren. Bezeichnend für die Improvisation war der Tatbestand, daß der Reichsminister der Justiz vor der Verlesung der Gesetzestexte im Reichstag nicht eingeschaltet worden war.

In den parallel zu den Veranstaltungen des Reichsparteitages geführten Beratungen, an denen von Parteiseite der Reichsgesundheitsführer Gerhard Wagner, Artur Gütt und Walter Groß, von Regierungsseite Wilhelm Frick, Staatssekretär Wilhelm Stuckart und Bernhard Lösener beteiligt waren, ging es in erster Linie um den Gegensatz zwischen den Verfechtern des Kontagionismus und den erbbiologisch argumentierenden Rassentheoretikern. Die ersteren, zu denen an prominenter Stelle Gauleiter Julius Streicher, aber auch Reichsärzteführer Gerhard Wagner gehörten, glaubten ernsthaft, daß jeder sexuelle Verkehr zwischen Ariern und Juden eine dauerhafte Vergiftung des arischen Blutes nach sich zöge und daß daher konsequenterweise nur durch eine radikale Rassentrennung die arische »Blutsreinheit« gesichert werden könne. Die von Gütt vertretene pragmatischere Richtung ging davon aus, durch die Unterbindung einer weiteren Vermischung von Juden und Ariern den jüdischen Blutsanteil schließlich auszumendeln und auf lange Sicht die rassische Homogenität des deutschen Volkes zu erzielen, die beide Parteien anstrebten.[14]

Parallel zum »Blutschutzgesetz« brachte Wilhelm Frick die Vorlage eines »Reichsbürgergesetzes« ein, die erst im Verlauf des Parteitages fertiggestellt wurde. Das »Reichsbürgergesetz« sah die Schaffung einer besonderen Reichsbürgerschaft vor, die nur an rassisch hochwertige Mitglieder der »Volksgemeinschaft« verliehen werden sollte und von der Juden und andere Rassenfremde ausgeschlossen waren. Praktisch wirkte sich dieser Ausschluß nur im Entzug des Wahlrechts aus, was für jüdische Deutsche, die ohnehin nicht wählen durften, bedeutungslos war.

Die Diskussion über das Reichsbürgerrecht ging auf frühe Planungen zurück. Von Staatssekretär Hans Pfundtner war eine solche Lösung bereits Anfang Juli 1933 erwogen worden.[15] Nachdem bereits der Leiter des Reichssippenamtes Achim Gercke den Entwurf eines »Rassenscheidungsgesetzes« vorgelegt hatte und diese Vorstellung vom Sachverständigenbeirat für Bevölkerungs- und Rassenpolitik aufgegriffen worden war, kam es schließlich am 17. April 1935 unter der Federführung von Gerhard Wagner zur Vereinbarung eines »Entwurfs zur Rassengesetzgebung«, der von der nordischen Rassenlehre ausging und neben einer Vorwegnahme der Bestimmungen des »Blutschutzgesetzes« eine gestufte Staatsbürgerschaft vorsah.[16] Die Forderung, die Mischlinge in diese Vorschriften einzubeziehen, wurde schon damals von Lösener aus praktischen Erwägungen heraus abgelehnt.[17]

Die Idee eines Reichsbürgerrechtes war bereits in den ersten Entwürfen enthalten, die noch von einem einheitlichen »Gesetz zum Schutz der nationalen Erhaltung des deutschen Volkes« ausgingen.[18] Wichtig ist, daß in dieser ersten Fassung bereits die Formel auftauchte, wonach Reichsbürger Reichsangehörige »deutschen oder artverwandten Blutes« seien, womit der problematische Begriff »deutschblütig« erweitert wurde, ohne eine Festlegung des Judenbegriffs vorzunehmen. Dahinter verbarg sich der Konflikt zwischen unterschiedlichen Strömungen im rassistischen Lager.

Die Auseinandersetzungen zwischen Gerhard Wagner und den Vertretern des Reichsministeriums des Innern wurden in erster Linie über die Abgrenzung der von den Eheverboten und der Einschränkung des Reichsbürgerrechtes betroffenen Personengruppe geführt. Insbesondere Lösener war bemüht, den Kreis der Verfolgten möglichst klein zu halten und »Halb«- und »Vierteljuden« davon auszunehmen. Die Beamten des Reichsministeriums des Innern versuchten, Hitler dazu zu bewegen, das »Blutschutzgesetz« nur auf »Volljuden« anzuwenden, was allerdings scheiterte, und waren bestrebt, die assimilierten jüdischen Gruppen in Deutschland möglichst zu schonen. Sie unterstützten damit indirekt die auf rassische Segregation zielende Politik des Regimes.

In der Mischlingsfrage konnte auf dem Parteitag zwischen den Vertretern des Reichsministeriums des Innern und der Partei keine Einigung erreicht werden. Folgerichtig wurde dieser Komplex einstweilen ausgeklammert. Die drei »Nürnberger Gesetze« beschränkten sich auf Generalklauseln und überließen die Festlegung des Judenbegriffs den späteren Durchführungsverordnungen. Bei der feierlichen Verkündung der Gesetze durch Hermann Göring war dieser Gegensatz kaum spürbar. Goebbels ließ die Rundfunkübertragung vor der Verlesung der Gesetze unterbrechen und wies die Parteipresse an, bis zum Erlaß der Durchführungsverordnungen eine Erörterung der Gesetze zu unterlassen. Er hoffte, qualitative Änderungen weiterhin auf der Basis der Verordnungen durchsetzen zu können.

Eine definitive Entscheidung wurde bis zu einer Führerkonferenz vertagt, die in München auf den 24. September angesetzt wurde. Hitler erschien, hielt eine langatmige Rede und stellte sich dann auf den Standpunkt der Experten des Reichsministeriums des Innern, welche Halbjuden, die nicht der jüdischen Religionsgemeinschaft angehörten, und Mischlinge zweiten Grades vom Gesetz ausnehmen wollten. Hitler zögerte jedoch, diese Entscheidung schon jetzt öffentlich bekanntzumachen. Daher setzte sich der Grabenkrieg zwischen Partei und Beamten in der Form zahlloser Gesetzentwürfe fort.

Im Mittelpunkt stand die Frage, welcher Teil der Halbjuden, sofern sie nicht von drei volljüdischen Großeltern abstammten, zu den Juden zu schlagen war. Gütt schlug zugleich vor, ein Verbot der Eheschließung zwischen Halbjuden und Deutschblütigen von einer vorherigen Prüfung abhängig zu machen, was den Vorstellungen der Parteivertreter entgegenkam, die an die Einrichtung von Rassengerichten dachten.[19] Demgegenüber wollten die Beamten jede Form der Einzelprüfung verhindern, von der sie mit Recht ein Überborden von Denunziationen und Spitzelei erwarteten. Auch bei einer erneuten Befassung Hitlers mit der Materie am 29. September konnte keine Einigung erreicht werden.

Erst nach längeren Verhandlungen fiel schließlich am 6. November 1935 eine Entscheidung Hitlers, die weitgehend auf der Linie der Entwürfe des Reichsministeriums des Innern lag und nur in dem Nebenpunkt der Heiratsvorschriften für Halbjuden eine Konzession an die Partei machte, wobei die fragwürdige Vorstellung hineinspielte, daß die Ehen, die Halbjuden demnach nur noch mit Juden oder Halbjuden eingehen durften, weitgehend unfruchtbar sein würden.[20]

Die Gründe für Hitlers zögerliche Haltung in dieser Frage lagen nicht darin, daß er nicht mit der kontagionistischen Lehre sympathisiert hätte. Vielmehr ließ er sich vom Gesichtspunkt der politischen Praktikabilität der ministeriellen Vorlagen überzeugen. Der Entwurf für eine erste Durchführungsverordnung zielte auf eine schematische Unterscheidung zwischen Juden und Nichtjuden ab, indem Halbjuden, die mit arischen Partnern verheiratet waren und keine Beziehung zur jüdischen Religionsgemeinschaft hatten, automatisch zur Gruppe der Arier zählten, ebenso Mischlinge zweiten Grades, wenn sie nicht der jüdischen Religionsgemeinschaft angehörten.

Die Beamten argumentierten, daß diese Regelung das von der Partei vorgeschlagene Schiedsgericht überflüssig machen und fortlaufende Dispute ausschließen würde, die notwendig entstünden, wenn etwa die rassische Zugehörigkeit von Halbjuden von ihren späteren Heiratswünschen abhängig gemacht werden oder in bestimmten Fällen durch die Trennung von Mischehen ein Rassenwechsel eintreten könnte. Die beiden Verordnungen[21] könnten darüber hinaus dazu beitragen, weitere Beunruhigungen in der Wirtschaft zu vermeiden. Die von den Gesetzen ausgenommenen etwa 200 000 Halbjuden würden anstelle von entschiedenen Gegnern des neuen Staates zu dessen loyalen Anhängern. Desgleichen wäre ein Potential von ca. 45 000 tauglichen Männern für den Wehrdienst gewonnen. Schließlich würde nur eine geringe Zahl von Ausnahmegenehmigungen erforderlich sein. Lösener suchte den ministeriellen Vorschlag mit dem zusätzlichen Argument schmackhaft zu machen, er könne wegen seiner Klarheit, Einfachheit und Folgerichtigkeit als Modell für andere Nationen dienen.

Hitler öffnete sich diesen Vorschlägen vor allem aus praktischen Erwägungen. Ihm war offensichtlich bewußt, daß die Einbeziehung von Halbjuden und Mischlingen in die Gesetze die verfolgte Gruppe beträchtlich vergrößern und nicht ohne Rückwirkungen auf die Haltung der Mehrheitsbevölkerung bleiben würde. Die quantitativen Befunde dazu sind nicht eindeutig, da die vorhandenen statistischen Angaben differieren, aber es dürfte sich um ca. 200 000 jüdische Mischlinge gehandelt haben. Ohne Zweifel wäre bei deren pauschaler Einbeziehung in die Verfolgung die systematisch angestrebte soziale Segregation des jüdischen Volksteils beträchtlich erschwert worden.

Joseph Goebbels hatte ursprünglich ebenfalls große Hoffnungen auf die Nachverhandlungen vom September und November gesetzt. In seiner Rede auf dem Parteitag vom 16. September

1935 erklärte er vor den versammelten Gau- und Kreispropagandaleitern, daß die Juden in künftigen Auseinandersetzungen als »sehr gutes Faustpfand« dienen könnten und daß im übrigen die eben verabschiedeten Judengesetze nicht bereits »im nächsten Monat« geändert werden könnten.[22] Jetzt notierte er in seinem Tagebuch unter dem 15. November: »Ein Kompromiß, aber der bestmögliche« und fügte hinzu: »In Gottes Namen, damit Ruhe kommt«. Die Sache solle »geschickt und unauffällig« in die Presse lanciert werden.[23]

Für den radikal-antisemitischen Parteiflügel stellte der Ausgang des Konflikts eine deutliche Niederlage dar, den er allerdings nicht unbedingt einzugestehen bereit war. So erklärte Gerhard Wagner, Mitbegründer und Führer des NS-Ärztebundes, auf dem Reichsparteitag von 1936 in gewohnter Kampfeslust: »Denen aber, die da glauben, die Judenfrage wäre durch die Nürnberger Gesetze für Deutschland nun endgültig geregelt und damit erledigt, sei gesagt: Der Kampf geht weiter.«[24] Tatsächlich brachten die »Nürnberger Gesetze« keine Stillegung der Gegensätze in der »Judenfrage«. Die intern angekündigten Verordnungen zur Regelung der Stellung der Juden im Wirtschaftsleben unterblieben einstweilen.[25] Desgleichen wurde die schon beratene Verschärfung der Maßnahmen gegen Beamte, Notare und öffentliche Bedienstete aufgeschoben.[26] Es gelang darüber hinaus, ungesetzliche Übergriffe der NSDAP und affiliierter Organisationen einzudämmen, nicht zuletzt im Hinblick auf die Olympiade, die das Regime zu taktischen Rücksichtnahmen zwang. Die Vorstellung eines Mannes wie Lösener, durch eindeutige gesetzliche Regelungen und mit einem einmaligen Schnitt eine Art keimfreie Lösung zu erreichen und dadurch die »Judenfrage« stillzulegen, erwies sich jedoch als bedenkliche Illusion. Der Druck, der von radikalen Parteikreisen ausging, sollte sich alsbald auf das wirtschaftliche Feld verlagern.

Die Gesetze selbst fanden in Deutschland eine überwiegend negative Aufnahme, wenngleich dies an dem wachsenden Desinteresse der Mehrheitsbevölkerung an dem Schicksal ihrer jüdischen Mitbürger nichts änderte. Diese Einstellung verknüpfte sich mit der durch die Propaganda geschürten Hoffnung, daß mit den Gesetzen weitere wilde Übergriffe unterbunden würden.[27]

Durch die Einführung eines besonderen Reichsbürgerrechtes, das im März 1938 automatisch auf die Österreicher ausgedehnt wurde, suchte Frick die Komplikationen, die ein einfacher Entzug der Staatsangehörigkeit für jüdische Deutsche nach sich gezogen hätte, vor allem eventuelle Gegenmaßnahmen, durch die die Stellung der deutschen Minderheiten in Ostmitteleuropa beeinträchtigt worden wäre, zu umgehen. Seine Vorstellung, jeden Deutschen vor einer Spruchkammer – hier taucht der in der Nachkriegszeit üblich werdende Begriff zuerst auf – auf seine politische Einstellung und rassische Herkunft zu überprüfen, war nachgerade abenteuerlich, aber reflektierte die Illusion, zu einer rassisch homogenen Volksgenossenschaft gelangen zu können.

Nach dem Anschluß Österreichs wurde das »vorläufige« Reichsbürgerrecht automatisch verliehen, unter dem Vorbehalt einer definitiven Regelung, die sich in der Aushändigung des Reichsbürgerbriefes niederschlagen sollte. Dazu aber kam es nicht. Tatsächlich hatte Hitler bereits Ende 1937 angeordnet, den von Frick vorbereiteten Gesetzentwurf zur Verleihung des Reichsbürgerbriefes zurückzustellen, nachdem es zuvor zu erheblichen Meinungsverschiedenheiten zwischen dem Reichsministerium des Innern und der Dienststelle des Stellvertreters des Führers gekommen war, welche die Verleihung des Briefes an Mischlinge ersten Grades von einer Einzelfallprüfung abhängig machen wollte.[28] Ein Jahr später wurde die Gesetzgebung erneut aufgeschoben, diesmal auf Wunsch des Stellvertreters des Führers, der inzwischen auf eine Neuregelung des Staatsangehörigkeitsrechtes setzte, um seine Forderungen durchzusetzen.[29]

Insofern war die Initiative Fricks, mittels des Reichsbürgerrechtes auf lange Sicht zu einem ethnisch homogenen Volkskörper zu gelangen, fehlgeschlagen. Gleichwohl diente es als legale Plattform für eine große Zahl von Durchführungsverordnungen, die auf die weitere Einschränkung des jüdischen Lebensraums abzielten und die »Endlösung« indirekt vorbereiteten. Eine Aberkennung der Staatsangehörigkeit wurde indessen aus rechtstechnischen und taktischen Gründen unterlassen, da Gegenreaktionen seitens des Auslands zu befürchten waren. Allerdings beschritt Hans Globke, der an der Abfassung der »Nürnberger Gesetze« nicht beteiligt war, aber durch den zusammen mit Staatssekretär Wilhelm Stuckart verfaßten Kommentar zu den Rassengesetzen bekannt wurde, später den Weg einer Neuregelung des Staatsangehörigkeitsrechtes und sah vor, daß Abkömmlinge aus rassischen Mischehen die deutsche Staatsangehörigkeit verlieren sollten.[30]

Eine Schubwirkung ging von den Vorgängen in den annektierten und später den besetzten Gebieten im Osten aus. Stillschweigend setzte sich im Warthegau und Westpreußen die generelle Zurechnung von Mischlingen ersten Grades zu den Volljuden durch, vor allem aber die Herabstufung der für nicht »eindeutschungsfähig« gehaltenen polnischen Bevölkerung zu »Schutzangehörigen des Reiches«, da man nicht bereit war, ihnen nach der Annexion die deutsche Staatsangehörigkeit zu verleihen. Die schließlich am 31. März 1941 verabschiedete Verordnung über die Deutsche Volksliste, die auf Himmlers Initiative zurückging, schuf den Status eines polnischen Schutzangehörigen mit verminderten Inländerrechten.[31]

Die Schlechterstellung der polnischen Bevölkerung im Warthegau und in Danzig-Westpreußen veranlaßte Staatssekretär Wilhelm Stuckart, im Dezember 1940 mit dem Vorschlag vorzupreschen, deutschen Juden, die ihren Wohnsitz in Deutschland oder im Ausland hatten, generell die Staatsangehörigkeit zu entziehen und sie statt dessen zu »Schutzangehörigen des Reiches« zu machen. Für Stuckarts Vorschlag waren rechtstechnische Erwägungen ausschlaggebend. Er wollte Juden keinen höheren Status zuerkennen als der im Reich verbliebenen polnischen Bevölkerung. Er traf jedoch mit diesem Vorhaben auf den erklärten Widerstand der Reichskanzlei, für die Ministerialdirektor Wilhelm Kritzinger erklärte, daß der Ausdruck »Schutzangehörige« wenig angebracht sei und die Juden ohnehin »in nicht ferner Zeit aus Deutschland verschwunden sein werden«.[32] Es sei zweckmäßiger, bei ausgewanderten oder ausgewiesenen Juden den Verlust der deutschen Staatsangehörigkeit auszusprechen. Hitler hielt es für widersinnig, den Juden in irgendeinem Sinne Schutz angedeihen zu lassen, und stimmte daher dieser Auffassung zu. Erwägungen der beteiligten Ressorts, die in Deutschland verbliebenen Juden generell staatenlos zu machen, was die privilegierten Mischehen tangierte, setzten sich ebenfalls nicht durch.

Der schließlich im März 1941 vorgelegte Entwurf einer Elften Verordnung zum Reichsbürgergesetz sah erneut den Verlust der Staatsangehörigkeit aller im Reich befindlichen Juden unter Einschluß der Juden in privilegierten Mischehen vor, doch kam es auf Betreiben der Reichskanzlei wiederum zu einem Veto Hitlers, der vor Eingriffen in die privilegierten Mischehen offenbar zurückscheute und bürokratische Einzelregelungen ablehnte.[33] Die Elfte Verordnung zum Reichsbürgerrecht vom 25. November 1941 machte den Entzug der Staatsangehörigkeit daher von der Verlegung des Wohnsitzes ins Ausland abhängig, wobei das Generalgouvernement als Ausland gelten sollte.[34] Aus der Sicht der Beamten des Reichsministeriums des Innern war es immerhin gelungen, die noch in Deutschland verbleibenden Juden vor dem sofortigen Vermögensverlust zu bewahren und das Problem der jüdischen Mischehen einstweilen auszuklammern.[35]

Damit waren zunächst alle Versuche gescheitert, die in den »Nürnberger Gesetzen« festgelegten Schranken zur Einbeziehung jüdischer Mischlinge in die Verfolgung niederzureißen. Die Stoßrichtung Reinhard Heydrichs, eine Änderung der Nürnberger Verordnungen zu erreichen, entsprang der Erfahrung, daß die darin enthaltenen Kriterien in Ostmittel- und Osteuropa wenig Sinn machten. Jedenfalls strebte er die pauschale Einbeziehung der Mischlinge ersten Grades in die Verfolgung ein, forderte die Auflösung der privilegierten Mischehen und die Deportation der jüdischen Partner. Indessen wurde dies von Hitler, der sich immer wieder sträubte, an die Klassifikationskriterien der »Nürnberger Gesetze« zu rühren, 1942 erneut eindeutig abgelehnt, wobei das Motiv, Beunruhigungen der deutschen Bevölkerung zu vermeiden, eingewirkt haben mag.[36]

Die Mischlingsfrage spielte gleichwohl bei den schrittweise ausgeweiteten Ermächtigungen Heydrichs in der »Judenfrage« eine gewichtige Rolle, wobei es ihm darum zu tun war, auch die Klassifikationsmacht für die SS zu erringen, was sich beispielsweise in der Kennzeichnungspflicht für Juden vom September 1941 niederschlug.[37] Die von Göring ausgesprochene Ermächtigung Heydrichs vom 31. Juli 1941, die »Endlösung« der europäischen Judenfrage vorzubereiten, wurde von ihm und Eichmann in diesem Sinne interpretiert.

Auf der Wannseekonferenz, die schließlich zum 20. Januar 1942 einberufen wurde, stand die Lösung der Mischlingsfrage im Vordergrund der Erörterungen. Heydrich ging es darum, einen erweiterten Judenbegriff als Grundlage der Deportationen durchzusetzen und den Rückhalt der beteiligten Ministerien für eine entsprechende Demarche bei Hitler zu gewinnen. Daher legte er, nachdem er zunächst die angestrebte »Gesamtlösung« skizziert hatte, eine detaillierte Aufstellung vor, die sich, wie er ausführte, an die Nürnberger Gesetze »als Grundlage« anschloß, aber in entscheidenden Punkten davon abkehrte und Mischlingen ersten und zweiten Grades, sofern sie nicht ins »Altersghetto« nach Theresienstadt verbracht werden würden, die »freiwillige« Sterilisation aufnötigte.

Heydrich stieß hiermit jedoch auf den erklärten Widerspruch Wilhelm Stuckarts, der, indem er auf den »unendlichen« Verwaltungsaufwand hinwies, den Heydrichs Vorschlag implizierte, die Durchführung einer Zwangssterilisierung zur Diskussion stellte, wobei offen bleiben muß, ob dies ernst gemeint oder bloß eine taktische Finte war, um einen Aufschub zu erreichen.[38] Denn diese war unter Kriegsbedingungen nicht zu verwirklichen. In der Folge kam es auf Referentenebene zu einer eingehenden Erörterung des Problems der Mischlings- und Mischehenfrage, die den Gegenstand einer erneuten Beratung am 26. März 1942 bildete und letztlich wie das Hornberger Schießen ausging.[39] Ein erneuter Versuch, die Zwangsscheidung von privilegierten Mischehen, die teilweise von der SS bereits praktiziert wurde,[40] durch eine Verordnung zu regeln, wurde von Hitler Anfang Oktober 1943 abgelehnt und dann vom Reichsminister und Chef der Reichskanzlei, Hans-Heinrich Lammers, ad acta gelegt.[41]

Es ist daher den Beamten des Reichsministeriums des Innern im ganzen gelungen, die in privilegierten Mischehen lebenden Juden sowie jüdische Mischlinge ersten Grades, die nicht der jüdischen Religionsgemeinschaft angehörten oder sonstige Beziehungen zu Juden oder »Judenstämmlingen« unterhielten, von den unmittelbaren Verfolgungsmaßnahmen auszunehmen. Allerdings gab es allenthalben Bestrebungen, diesen rechtlichen Spielraum einzuengen, und nach dem Beginn der Deportationen wurden die geltenden Bestimmungen von der Gestapo vielfältig umgangen. So zeigte sich Himmler, wie er in einem an den Chef des SS-Hauptamtes, Gottlob Berger, gerichteten Schreiben vom 28. Juli 1942 erklärte, an einer detaillierten gesetzlichen Neufassung der »Nürnberger Gesetze« nicht interessiert, um sich nicht selbst zu binden. Das hinderte die mit der »Judenfrage« befaßten Parteiinstitutionen nicht daran, die Alternative zwischen Sterilisation und Abschiebung beliebig weiter zu erörtern[42], aber mit dem Einsetzen der Deportationen war das »System der Nürnberger Gesetze« ohnehin in Auflösung begriffen.[43]

Hitlers Erklärung im Reichstag vor der Verabschiedung der »Nürnberger Gesetze« am 15. September 1935, daß es sich dabei um den Versuch handele, »durch eine einmalige säkulare Lösung vielleicht doch eine Ebene schaffen zu können, auf der es dem deutschen Volke möglich wird, ein erträgliches Verhältnis zum jüdischen Volk finden zu können«,[44] muß als taktische Verhüllung gewertet werden, zumal sie mit einer Drohung, die Regelung der »Judenfrage« dem Reichsministerium des Innern zu entziehen, verbunden war. So erklärte er im Hinblick auf das »Gesetz zum Schutze des deutschen Blutes und der deutschen Ehre«, daß dieses Problem »im Falle des abermaligen Scheiterns dann durch Gesetz zur endgültigen Lösung der nationalsozialistischen Partei übertragen werden müßte«. Mit den ersten beiden Gesetzen, dem »Reichsflaggengesetz« und dem »Reichsbürgergesetz«, werde eine Dankesschuld an die Bewegung abgetragen.[45] Das bezog sich wohl darauf, daß sie als Erfüllung des Programms der 25 Punkte gewertet werden konnten, aber dahinter verbarg sich doch auch der Druck, der von der Partei in den Verhandlungen ausgeübt worden war.

In der deutschen Öffentlichkeit wurden die diskriminierenden Klauseln des »Blutschutzgesetzes« unzureichend wahr- und ernstgenommen. Insgesamt entstand der Eindruck, daß eine gewisse Konsolidierung im Verhältnis zum jüdischen Volksteil erreicht worden sei. Selbst auf seiten der Betroffenen regten sich zaghafte Hoffnungen, daß dadurch, wenngleich in vieler Beziehung entwürdigende, so doch hinnehmbare Bedingungen für die Fortführung jüdischen Lebens in Deutschland geschaffen worden seien. Das war auch ein Reflex der nationalsozialistischen

Propaganda. Jedenfalls kam es zu einem relativen Rückgang der jüdischen Emigration in den Jahren 1936 und 1937.

Die Hoffnung auf eine wirkliche Entspannung war jedoch eine Chimäre. Zwar war infolge des Einspruchs von Hjalmar Schacht ein weiterer Eingriff in die jüdische Wirtschaft vorläufig abgewandt, desgleichen wurden direkte Übergriffe der Partei auf jüdische Geschäfte und Einrichtungen weitgehend unterbunden. Aber die Durchführungsverordnungen zu den Gesetzen ließen nicht lang auf sich warten und engten Schlag auf Schlag die materiellen Lebensbedingungen der in Deutschland verbleibenden Juden ein. Sie standen am Anfang einer Kette einschränkender und diskriminierender Vorschriften, die von den in den Reichsressorts errichteten Judenreferaten in einer Art Wettlauf ersonnen wurden und in alle Lebensbereiche eingriffen.

Die Entstehung der »Nürnberger Gesetze« spiegelt den politischen Prozeß innerhalb des NS-Regimes. Weit ausgreifende und nur begrenzt miteinander kompatible ideologische Zielvorstellungen schufen einen Handlungshorizont, innerhalb dessen taktische Beweggründe – so die Reaktion auf den Flaggenvorfall in New York –, die Interessen der für Rassenfragen zuständigen Parteiführer, die Vorstellungen der beteiligten Ressorts und der Rassentheoretiker zu einem instabilen Formelkompromiß zusammenflossen, der gegenüber den ursprünglichen extremen Forderungen der antisemitischen Heißsporne in der Parteiführungsriege eine administrative Umsetzung zuließ.

Erstaunlicherweise hielt Hitler an dem nach langem Zögern eingegangenen Kompromiß der Verordnungen vom 11. November 1935 starr fest, den Entzug des Reichsbürgerrechts mit Modifikationen im einzelnen auf deutsche Staatsangehörige mit mindestens drei jüdischen Großeltern zu beschränken. Er tat dies nicht, weil er von dem Endziel, Deutschland von Juden freizumachen, Abstriche gemacht hätte. Er wählte diesen weniger unpopulären Weg, weil er Reibungen vermeiden wollte und damit rechnete, daß sich das Problem pragmatisch lösen würde. Dadurch wurde die vergleichsweise kleine Gruppe von in privilegierter Mischehe lebenden deutschen Juden vor der Vernichtung bewahrt.

Kapitel 4

Die Ausschaltung der Juden aus der deutschen Wirtschaft und die Rolle von Industrie und Großbanken

Unmittelbar nach der nationalsozialistischen Machteroberung 1933 setzten bereits erste Schritte zur wirtschaftlichen Ausschaltung des jüdischen Volksteils ein, die aber noch nicht einer koordinierten und absichtsvollen Strategie des neuen Regimes entsprangen. Die Eingriffe gegen jüdische Wirtschaftstreibende wurden zunächst von der radikal antisemitischen Fraktion in der NS-Bewegung, darunter dem Kampfbund für den gewerblichen Mittelstand und der NS-HAGO, damit von traditionell antisemitisch eingestellten klein- und mittelständischen Gruppierungen vorangetragen. Dazu traten Berufsverbände wie der Bund Nationalsozialistischer Juristen unter der Führung Hans Franks oder der Nationalsozialistische Deutsche Ärztebund, die sich gegen die angeblich unlautere »jüdische Konkurrenz« wandten. Interessengruppen dieser Art hatten innerhalb der lokalen und regionalen Parteiorganisationen starken Rückhalt, besaßen aber auch die Sympathie hochgestellter Persönlichkeiten wie Joseph Goebbels und Wilhelm Frick.

Die schon vor den Märzwahlen 1933 einsetzenden Übergriffe auf jüdische Geschäfte und jüdische Richter und Staatsanwälte[1] riefen lebhafte Proteste und Boykottaufrufe in der angelsächsischen Öffentlichkeit hervor. Offenbar kam Adolf Hitler, für den Prestigefaktoren eine zentrale Bedeutung hatten, unter dem Einfluß von Joseph Goebbels zu dem Entschluß, einen Gegenboykott zu inszenieren, der in die sachkundigen Hände von Goebbels und Julius Streicher gelegt wurde.[2]

Die psychologische Wirkung des von Goebbels veröffentlichten Boykottaufrufs konnte schwerlich unterschätzt werden. Einerseits löste sie in der ausländischen Öffentlichkeit verstärkte

Proteste aus. Andererseits erwarteten gerade jüdische Kreise in Deutschland, daß ein lang anhaltender Boykott jüdischer Unternehmen zu schweren Beeinträchtigungen führen würde, zumal der Ruf nach Entlassungen von Juden im Justizdienst und im Gesundheitswesen damit gekoppelt werden sollte. Hinter der Initiative stand der Kampfbund für den gewerblichen Mittelstand unter Adrian von Rentelen, der entgegen den Anweisungen des Zentralkomitees unter Streicher, den Boykott am 1. April vormittags zu beginnen, bereits am 28. März losschlug.[3]

Indessen wandte sich der konservative Flügel des Reichskabinetts, vor allem Hjalmar Schacht und Reichsaußenminister Baron von Neurath, entschieden gegen die Durchführung des Boykotts, von dem man schwere wirtschaftliche Nachteile befürchtete. Schacht ließ an seiner Ablehnung des Boykotts keinen Zweifel aufkommen und wies auf die Gefahr des Ausfalls ausländischer Rohstofflieferungen hin, die für die deutsche Wirtschaft unentbehrlich waren. Neurath erklärte seinen Rücktritt, als sich Hitler widerspenstig zeigte, und konnte nur mit Mühe dazu gebracht werden, sein Amt beizubehalten. Auch Göring und Benito Mussolini, die alsbald eingeschaltet wurden, vermochten es nicht, den Diktator umzustimmen, der allerdings insofern nachzugeben bereit war, als er darin einwilligte, den Boykott gegebenenfalls auf einen Tag zu begrenzen, und Goebbels anwies, die allseits befürchteten Gewaltaktionen der schon bereitstehenden SA-Einheiten zu unterbinden.[4]

Hitlers Bedingung für eine Absage der Boykottaktion, die eindeutige Distanzierung der Regierungen in London und Washington von der angeblichen »Greuelpropaganda«, versuchten Göring und Neurath zu erfüllen, und Göring scheute sich nicht, neben den jüdischen Verbänden selbst die Rest-SPD und die protestantischen Kirchen für dieses Ziel einzuspannen. Obwohl es fast vollständig erreicht wurde, blieb Hitler starrsinnig, wobei die Sorge vor einem Prestigeverlust gegenüber den radikalen Flügeln der NS-Bewegung wohl den Ausschlag gab. Schließlich kam es zu dem Kompromiß, den Boykott nach 24 Stunden einzustellen mit der Maßgabe, bei einem Anhalten der »internationalen Hetze« den Boykott in der folgenden Woche fortzusetzen.[5]

Der Verlauf des Boykotts selbst enttäuschte die Erwartung,

die antisemitischen Ressentiments in der Bevölkerung in einer spontanen Protestbewegung bündeln zu können. Wie später im November 1938 hielt sich die Bevölkerung im allgemeinen zurück. In den Tagen nach dem Boykott reagierte sie vielmehr mit Sympathiekäufen. Die Unpopularität des Boykotts lag klar zutage, und selbst Streicher sah sich gezwungen, öffentlich zu erklären, daß eine Fortsetzung nicht beabsichtigt sei. Die wichtigste Rückwirkung bestand jedoch im Übergang zur Strategie der gesetzlichen Ausschaltung des jüdischen Einflusses,[6] wenngleich vom Regime keine eindeutige Option zwischen konkurrierenden Handlungsstrategien gefällt wurde.

Das am 7. April 1933 erlassene »Gesetz zur Wiederherstellung des Berufsbeamtentums« bediente sich der Fiktion der Dissimilation des jüdischen Volksteils. Auf Grund einer Intervention des Reichspräsidenten von Hindenburg wurden jedoch jüdische Frontkämpfer von den Entlassungsmaßnahmen ausgenommen, wobei die NSDAP offensichtlich insofern Opfer der eigenen Propaganda wurde, als sie irrtümlich davon ausging, daß zu dieser Kategorie nur eine insignifikante Minderheit der deutschen Juden gehörte.[7]

Infolge der Ausnahmeregelung für Frontkämpfer war vom Berufsbeamtengesetz nur etwa die Hälfte der kaum mehr als 5000 jüdischen Beamten betroffen. Hingegen wirkte sich die rasch sich anschließende Übertragung von dessen Bestimmungen auf andere Berufsgruppen, vor allem Rechtsanwälte und Notare, Ärzte und Mediziner, in ungleich schärferem Maße aus, denn hier handelte es sich um eine weit umfangreichere Gruppe, die 12–13 000 Personen oder fünf Prozent der jüdischen Erwerbstätigen in Deutschland umfaßte.[8] Zwar wurde ein totales Berufsverbot für die jüdischen Ärzte noch nicht erlassen, doch verloren sie die Zulassung der Krankenkassen, wurden aus dem öffentlichen Dienst entfernt oder litten unter dem von der Partei betriebenen stillen Boykott, so daß schon 1933 die Hälfte der jüdischen Ärzte ihren Beruf aufgeben mußte.[9] Gleichzeitig verloren fast alle jüdischen Professoren schon 1933 ihre Beschäftigung. Das Reichskulturkammergesetz vom 22. September 1933 schloß Juden indirekt von kulturellen Tätigkeiten aus, und das gleiche galt für jüdische Zeitungsredakteure, die durch das Schriftleitergesetz vom 4. Oktober 1933 Berufsverbot erhielten.[10]

Den unkritischen Zeitgenossen konnte die NS-Propaganda erfolgreich vorspiegeln, daß es sich bei diesen Maßnahmen darum handelte, die angebliche oder tatsächliche Überrepräsentation des jüdischen Volksteils in bestimmten Berufen zu beseitigen. Tatsächlich schnürten sie dessen Lebensmöglichkeiten nachhaltig ein, indem sie Juden den Zugang zu fast allen freien Berufen außerhalb der Wirtschaft versperrten und ihnen damit nur die Alternative von Auswanderung oder Arbeitslosigkeit ließen. Das betraf auch die jüdischen Angestellten und Arbeiter, die infolge des Drucks der Partei und der antisemitischen Interessenverbände ihre Stellungen verloren und allenfalls im jüdischen Wirtschaftssektor eine Beschäftigung finden konnten. Nach der Aufhebung der Frontkämpferklausel 1935 verschärfte sich diese Entwicklung.

Obwohl es im Gefolge des Aprilboykotts nicht an anhaltenden Bestrebungen fehlte, Druck auf die jüdischen Einzelhändler auszuüben und sie zur Aufgabe ihrer Geschäfte zu bewegen, zeichnete sich zunächst eine gewisse Beruhigung ab. Unter dem Druck von Reichswirtschaftsminister Kurt Schmitt sah sich Hitler widerwillig genötigt, der Sanierung des Hermann-Tietz-Konzerns mit Reichskrediten seine Zustimmung zu geben und die vom Kampfbund für den gewerblichen Mittelstand, der als NS-HAGO domestiziert und schließlich der Deutschen Arbeitsfront (DAF) eingefügt wurde,[11] propagierte Antiwarenhausgesetzgebung zu modifizieren.

In der »Judenfrage« schien sich eine gewisse Entlastung abzuzeichnen, als von seiten der Reichsregierung nachdrücklich gegen Einzelaktionen eingeschritten und ein Ende der Übergriffe auf jüdische Wirtschaftsbetriebe angekündigt wurde. Selbst Hitler erklärte in seiner Rede vor den Reichsstatthaltern am 6. Juli 1933, die »Judenfrage wieder aufzurollen«, hieße »die ganze Welt wieder in Aufruhr« zu bringen.[12] Das Reichswirtschaftsministerium wies in einem Erlaß an den Deutschen Industrie- und Handelstag am 8. September darauf hin, daß auf wirtschaftlichem Gebiet keine Ausnahmegesetze gegen Juden bestünden, und ähnlich äußerte sich der antijüdische Scharfmacher Goebbels.[13] Desgleichen wandte sich Hjalmar Schacht als neuer Reichswirtschaftsminister wiederholt gegen anti-jüdische Maßnahmen im wirtschaftlichen Bereich.[14] So entstand der Eindruck, daß die in der Wirtschaft tätigen Juden sich bis 1937 »in einem staatlich geschützten Schonraum« bewegt hätten, wovon jedoch keine Rede sein konnte.[15]

Tatsächlich bildete sich ein gesetzliches Halbdunkel heraus, in dem einerseits Boykottmaßnahmen und andere Diskriminierungen durch die öffentliche Hand verboten waren, diese sich aber vor Ort als allgemeine Praxis durchsetzten, was den Handlungsspielraum der jüdischen Unternehmer und Gewerbetreibenden immer weiter einschränkte und sie finanziell gefährdete. Neben der offiziellen Duldung jüdischer Unternehmen gab es eine inoffizielle Boykottbewegung, die sich antijüdischer Werbungspraktiken bediente, jüdische Geschäfte ausgrenzte oder mit Zuliefererboykott bedrohte. Viele der jüdischen Unternehmer sahen sich zur Geschäftsaufgabe gezwungen, und es vollzog sich, überwiegend durch ökonomische Interessen der arischen Konkurrenz gefördert, eine schleichende Verdrängung jüdischer Betriebe.[16]

Es würde zu weit führen, die Techniken der Diskriminierung, der Ausgrenzung, administrativer Maßregelungen, steuerlicher Benachteiligung und persönlicher Bedrohung im einzelnen zu schildern. Sie entsprangen einem antisemitischen Klima, das namentlich bei den mittelständischen Konkurrenten vorherrschte, aber auch die kommunalen Verwaltungsbehörden erfaßte, ohne daß die betroffenen jüdischen Geschäftsleute damit rechnen konnten, einen Rückhalt bei den Gerichten und der öffentlichen Verwaltung zu finden.[17] Ebenso wirkungslos waren die regelmäßigen Eingaben, die von der »Reichsvertretung der Deutschen Juden« an die Reichsregierung gerichtet wurden.[18]

Nur nach außen hin vollzog sich 1934 eine gewisse Stabilisierung. Das hieß nicht, daß offene Übergriffe gegen jüdische Geschäfte der Vergangenheit angehörten. Gerade die Vorfälle vom Sommer und Herbst 1935, die auf Goebbels Propagandainitiative zurückzuführen waren, riefen die schwersten Besorgnisse und Proteste im westlichen Ausland hervor. Sie veranlaßten Reichswirtschaftsminister Hjalmar Schacht, auf einer von ihm für den 20. August 1935 einberufenen interministeriellen Konferenz gegen gewaltsame Arisierungen zu protestieren, für die es keine rechtlichen Grundlagen gäbe und die als Enteignung betrachtet werden müßten. Indessen vermochte sich Schacht nicht gegen den anwesenden Gauleiter Adolf Wagner, der den Stellvertreter des Führers vertrat, durchzusetzen und mußte darin einwilligen, daß keine neuen jüdischen Geschäfte zugelassen und öffentliche Aufträge nur ausnahmsweise Juden erteilt werden durften.[19]

Schacht schwebte ein Prozeß freiwilliger Arisierung vor, für den er einen Zeitraum von fünf bis zehn Jahren veranschlagte. In dieser Zeitspanne sollten jüdische Unternehmer verpflichtet werden, ihre Betriebe zu veräußern.[20] Der Minister verfolgte ebenfalls das Ziel einer wirtschaftlichen Ausschaltung des Judentums, wollte sie aber auf der Grundlage gesetzlicher Maßnahmen und schrittweise durchführen. Er wandte sich öffentlich gegen »chaotische Einzelaktionen«. Seine »schützende Hand«[21] machte sich jedoch nur auf bestimmten Feldern geltend. So verteidigte Schacht die jüdischen Direktoren in den Filialen der Reichsbank und deckte die drei führenden jüdischen Bankhäuser bis 1938.[22] Aber er leistete den antisemitischen Zielsetzungen der Protagonisten der Rassenpolitik doch bloß halbherzigen Widerstand.

In seinen amtlichen Stellungnahmen beschränkte sich der Minister darauf, den schädlichen Einfluß antijüdischer Aktionen auf die Außenpolitik und den Export hervorzuheben. Er verurteilte »ungeregelte Einzelaktionen«, widersprach hingegen nicht einer schrittweise vor sich gehenden gesetzlichen Ausschaltung der Juden.[23] Seine ambivalente Haltung begünstigte den sich faktisch vollziehenden wirtschaftlichen Verdrängungsprozeß. Nach seiner Entlassung als Reichswirtschaftsminister nannte Schacht auf der traditionellen Weihnachtsfeier der Reichsbank 1938 die Vorgänge vom November 1938 eine schamlose und empörende Aktion, die »jedem anständigen Deutschen die Schamröte ins Gesicht treiben« müsse.[24] Aber er selbst hatte doch nur wenig getan, um den Radikalisierungsprozeß aufzuhalten, der nach der Beruhigungsphase der Olympischen Spiele von 1936 erneut einsetzte. Sein erzwungener Rücktritt als Reichswirtschaftsminister räumte jedoch die letzten Barrieren für einen umfassenden Zugriff auf das jüdische Wirtschaftsvermögen beiseite. Er erfolgte nicht wegen Kontroversen in der »Judenfrage«, sondern über die Entscheidung, die Rüstungspolitik weiter zu forcieren, obwohl dies eine Rückkehr Deutschlands zu normalen Außenhandelsbeziehungen blockierte. Die Politik des Vierjahresplans hatte jedoch zugleich abträgliche Auswirkungen auf die Lage der in Deutschland verbliebenen jüdischen Bevölkerung.[25]

Die Ausschaltung jüdischer Unternehmen hatte bereits während der Amtszeit Schachts als Reichswirtschaftsminister erhebliche Fortschritte gemacht, wobei beständige Pressionen seitens radikaler Parteigruppierungen, aber auch der systematische Ausschluß jüdischer Firmen von öffentlichen Aufträgen und verdeckte Boykottaktionen eine beträchtliche Rolle spielten, desgleichen eine Fülle von bürokratischen Benachteiligungen und diskriminierenden Maßnahmen, die sich gegen jüdische Unternehmen richteten.

Die Arisierungskampagne war aus Rücksicht auf die Olympiade 1936 geringfügig abgebremst worden. Mit der Überwindung der Wirtschaftskrise und der Beseitigung der Arbeitslosigkeit sowie den gleichzeitigen außenpolitischen Erfolgen des Regimes traten die bis dahin einwirkenden wirtschaftspolitischen Bedenken gegen eine forcierte Arisierung zurück. Inzwischen war die wirtschaftliche Ausschaltung des jüdischen Bevölkerungsteils Anfang 1937, noch bevor die Welle antijüdischer Gesetze einsetzte, welche die im November 1938 verfügte Zwangsarisierung vorbereiteten, bereits weit fortgeschritten.

Der Arisierungsdruck traf anfänglich vor allem die kleineren und mittleren jüdischen Unternehmen und Gewerbebetriebe. Im Juli 1938 befanden sich zwischen 60 und 70 Prozent der Anfang 1933 bestehenden jüdischen Betriebe bereits nicht mehr in jüdischen Händen. Von früher 50 000 Einzelhandelsgeschäften und Verkaufsstellen jüdischer Handwerksbetriebe existierten zu diesem Zeitpunkt nur noch 9 000. Zu der zahlenmäßigen Verringerung trat ein rasanter Rückgang des Umsatzvolumens der verbleibenden jüdischen Unternehmen. Wenige Monate vor der »Reichskristallnacht« war der jüdische Wirtschaftssektor daher bereits extrem reduziert und die ökonomische Existenzgrundlage des jüdischen Volksteils ernstlich in Frage gestellt.[26]

Auf der Ebene der Großunternehmen vollzog sich der Arisierungsprozeß hingegen wesentlich langsamer als bei den Klein- und Mittelbetrieben, die das unmittelbare Objekt der arischen Konkurrenz bildeten und den Schikanen und Übergriffen lokaler Parteistellen, aber auch der kommunalen Behörden stärker ausgesetzt waren. Bei den jüdischen Großbetrieben ging die Arisierung in der Regel unter formaler Einhaltung der gesetzlichen Grundlagen vonstatten, wobei den Großbanken, insbesondere der Deutschen Bank und der Dresdner Bank, eine führende Rolle zufiel. Dies hing damit zusammen, daß nur über die Banken die notwendigen Kapitalien bereitgestellt werden konnten, um die Eigentumsübertragung trotz der extrem herabgesetzten Kaufpreise vorzunehmen.[27]

Äußerlich vollzog sich die Arisierung auf freiwilliger Basis, doch war dies angesichts der vielfältigen ökonomischen und steuerlichen Zwänge, die auf jüdische Unternehmen ausgeübt wurden, mehr oder minder fiktiv und führte zu Veräußerungen, die weit unter dem realen Wert lagen. In einigen Fällen gab es Versuche, die Übernahme jüdischer Betriebe unter noch einigermaßen erträglichen Bedingungen herbeizuführen, aber in zunehmendem Umfang kam es zu einem Verfall der Sitten und setzten sich auch in diesem wirtschaftlichen Sektor die Methoden hemmungsloser Bereicherung durch.[28] Dabei traten unterschiedliche Einstellungen innerhalb des Managements zutage. Die ältere Unternehmerschaft verhielt sich zur NS-Rassenpolitik eher reserviert, wenngleich sie den oft aus den Unternehmen selbst kommenden Pressionen, jüdische Mitarbeiter zu entlassen und jüdische Aufsichtsratsmitglieder abzufinden, fast widerstandslos nachgab, während die jüngere Kaufmannschaft wenig Bedenken zeigte, die Notlage ihrer jüdischen Partner geschäftlich zu nutzen.[29]

Die Motive für die Teilnahme an Arisierungen waren sehr unterschiedlich, wobei in der Regel Geschäftsinteressen den Ausschlag gaben. Teilweise handelten die Firmen auf Ersuchen ihrer jüdischen Geschäftspartner und bemühten sich um möglichst faire Bedingungen.[30] Avraham Barkai hat in Bezug auf diese Vorgänge den Begriff der »stillen Teilhaberschaft« an den Verbrechen des Regimes geprägt.[31] Antisemitische Motive standen häufig nicht im Vordergrund; gelegentlich beteiligten sich auch ausländische Firmen am Arisierungswettlauf.[32]

Die entscheidende Schubkraft in der Arisierungsfrage ging jedoch von den regionalen und lokalen NSDAP-Organisationen aus. Dabei wirkte der Tatbestand ein, daß die Partei als Massenorganisation weitgehend von den Regierungsentscheidungen abgekoppelt war. Bezeichnenderweise beklagten die Vertreter des Korps der Politischen Leiter, die Rudolf Heß als Stellvertreter des Führers regelmäßig am Ende der Reichsparteitage versammelte, daß der neue Staat nach wie vor in den Händen einer lebensfernen und reaktionären Bürokratie liege und in Wahrheit ein absolutistisches System darstelle.[33] Von fast allen anderen Politikfeldern abgedrängt, fanden die in der NS-Bewegung aufgestauten Protestenergien in der »Judenfrage« ein Ventil aktiver Betätigung. Gerade für die fanatisierten Nationalsozialisten wurde die antisemitische Betätigung zu einer Art »Revolutionsersatz«.[34]

Vor diesem Hintergrund gab es schon früh Fälle, in denen massive Pressionen auf die jüdischen Inhaber von seiten der NSDAP ausgeübt wurden, um die Arisierung ihrer Unternehmen zu erzwingen. Spektakulär war die Übereignung der Waffenfabrik Simson in Suhl. Als der jüdische Eigentümer selbst nach seiner Verhaftung nicht bereit war, dem angebotenen Kaufpreis zuzustimmen, setzte die Gauleitung im Oktober 1935 mit der ausdrücklichen Billigung Hitlers die entschädigungslose Enteignung durch. Das Unternehmen gehörte unter dem Namen »Wilhelm Gustloff-Werke« zu einem der wenigen Staatsbetriebe aus jüdischem Besitz.[35] Die Expropriierung der Juden war allenthalben mit extremer Korruption und Bereicherung der Beteiligten verknüpft. Die örtlichen Parteidienststellen und die Gauwirtschaftsberater ergriffen jede Gelegenheit, um jüdische Betriebe Altparteigenossen zuzuschanzen und auf diesem Wege das Parteivermögen aufzubessern.[36] Das sollte sich nach 1938 zur allgemeinen Erscheinung ausweiten.

Neben der NSDAP und ihren angegliederten Verbänden trat die staatliche Bürokratie auf den Plan, die sich durch die Einrichtung spezieller Judenreferate an der Ausgrenzung des jüdischen Volksteils beteiligte und ihr dadurch eine zunächst nicht vorhandene Systematik verschaffte. Gleichzeitig intensivierte Goebbels die anti-jüdische Propaganda und half damit, ein pogromartiges Klima zu schaffen. Die unausgesprochene Rivalität zwischen öffentlicher Verwaltung und NSDAP bildete dabei einen unübersehbaren Antriebsfaktor. Dies kam in der Äußerung Wilhelm Fricks auf der interministeriellen Konferenz vom August 1935 offen zum Ausdruck, als er beanspruchte, die »Führung in der Judenfrage« in der Hand zu behalten.[37]

So machte sich Frick zu einem der maßgebenden Promotoren der wirtschaftlichen Ausschaltung der Juden. In einem Schreiben vom 14. Juni 1938 verlangte er die Umwandlung des jüdischen Vermögens in Werte, die keinen wirtschaftlichen Einfluß mehr gestatteten.[38] In der Tat kam es nun seitens des Reichsministeriums des Innern und der beteiligten Ressorts zu einer systematischen Vorbereitung einer gesetzlich abgesicherten Enteignung der noch in Deutschland lebenden Juden. Nach einer am 22. April 1938 erlassenen Verordnung gegen die Unterstützung der Tarnung jüdischer Gewerbebetriebe, die Verschleierungen der Eigentumsverhältnisse unterbinden sollte, folgte bereits vier Tage später eine Verordnung über die Anmeldung jüdischen Vermögens.[39] Sie zielte auf die restlose Erfassung des noch in jüdischer Hand befindlichen Besitzes und wurde nach dem November 1938 zur Bemessung der »Sühneabgabe« herangezogen.

Göring und Reichswirtschaftsminister Funk wollten verhindern, daß die jüdischen Firmen sang- und klanglos an die Partei oder dieser nahestehende Interessenten weit unter Wert abgegeben wurden, und strebten an, Arisierungsgewinne an das Reich abzuführen, von denen bis dahin überwiegend die Partei profitierte. Hingegen verfolgte die Partei mit Hilfe der Gauwirtschaftsberater das Ziel, die Arisierung mit der Mittelstandsförderung zu verbinden, was praktisch darauf hinauslief, verdienten Parteigenossen zu einer selbständigen Existenz zu verhelfen, für die sie selbst nicht das notwendige Vermögen aufzubringen vermochten. So erklärte auch Martin Bormann in einer Rundverfügung an die Gauleiter am 2. August 1938, »daß die Überführung jüdischer Betriebe in deutsche Hände der Partei die Möglichkeit gibt, eine gesunde Mittelstandspolitik zu betreiben und Volksgenossen, die politisch und fachlich geeignet sind, zu einer selbständigen Existenz zu verhelfen.« Gleichzeitig wandte er sich gegen Einzelaktionen gegen jüdische Unternehmen.[40]

Daß es bei den Arisierungen zu einer systematischen ungerechtfertigten Bereicherung der Parteifunktionäre kam, geht indirekt aus der Anweisung Bormanns vom 2. August 1938 hervor, wonach die Übernahme von jüdischen Betrieben durch die Sachbearbeiter der Partei seiner Genehmigung bedürfe, desgleichen aus der Anordnung des Reichsschatzmeisters der NSDAP, daß die Partei und ihre angeschlossenen Verbände keine Verwaltungsgebühren, Spenden, Schenkungen oder andere Zuwendungen annehmen dürften.[41] Das den Gauleitern bzw. Gauwirtschaftsberatern neben dem der Industrie- und Handelskammern im Arisierungsverfahren eingeräumte Anhörungsrecht öffnete der Partei jedoch ungeahnte Chancen, ihre materiellen Interessen zu befriedigen.

Ein klassisches Beispiel waren die Bemühungen des Gauleiters von Hamburg, Erich Kaufmann, Teile des arisierten Eigentums an sich zu ziehen. Der zuständige Gauwirtschaftsberater kontrollierte jede Transaktion, suchte die Verkaufspreise zu drücken und verpflichtete die Käufer, eine Arisierungsabgabe zu zahlen.[42] Das in Hamburg praktizierte Verfahren war ebenso rücksichtslos wie effizient. Der jüdische Eigentümer wurde vor einen Ausschuß der Partei zitiert und mit massivem Druck gezwungen, seine Besitztümer zu unglaublich niedrigen Preisen an Vertreter der NSDAP zu veräußern. Von seiten der Partei wurden Treuhänder zur Verwaltung der jüdischen Unternehmen bestimmt, bis der Verkauf abgeschlossen war. Die Treuhänder selbst hatten Positionen innerhalb des Parteiapparats inne oder besaßen persönliche Beziehungen zur Gauleitung.

Um die offenkundig ungesetzliche Bereicherung der Gauorganisation zu kaschieren, gründete man die sogenannte Hamburger Stiftung von 1937, die von Gauleiter Kaufmann maßgeblich kontrolliert wurde und überdies als gemeinnützige Einrichtung von Steuern befreit war. Unter dem Vorwand, patriotische Institute und in Not geratene Parteigenossen und andere Bürger zu unterstützen, sorgte die Stiftung für eine zusätzliche finanzielle Ausstattung des Hamburgischen Parteiapparats und seiner Klientel.

Görings ursprüngliche Intention, die Partei von den Einnahmen der Arisierung auszuschließen, scheiterte somit auf der ganzen Linie. Vielmehr bildete sich auf der kommunalen Ebene eine enge Zusammenarbeit zwischen den Industrie- und Handelskammern, der städtischen Verwaltung und der Gauleitung heraus. Die Hamburger Vorgänge zeigen eindrücklich, daß der Wettlauf um den Erwerb jüdischen Eigentums sich schon in der zweiten Hälfte der dreißiger Jahre wie ein Fieber ausbreitete und gleichermaßen die städtische Verwaltung ergriff. Selbst SS und Gestapo beteiligten sich daran durch die Einschaltung von Strohmännern.[43]

Im Hamburger Fall läßt sich abschätzen, daß 40 Prozent derjenigen, die jüdisches Eigentum akquirierten, skrupellose Profiteure waren und weitere 40 Prozent zu den »schweigenden Gewinnern« gehörten, während bloß 20 Prozent der Käufer wohlmeinende Geschäftspartner waren, die von dem Sinn für Fairneß gegenüber den jüdischen Berufskollegen geprägt waren und normale Geschäftsformen beibehielten. Der Grad von Korruption, der sich bei den erzwungenen Transfers einstellte, war unbeschreiblich groß, ebenso die Anwendung erpresserischer Methoden und physischer Pression. Vergleichbare Vorgänge spielten sich allenthalben ab, so in Essen, in Thüringen oder der Saarpfalz, wo die Partei einen variierenden Prozentsatz der Arisierungsgewinne von den Käufern abschöpfte, was wiederum die extrem niedrigen Kaufpreise weiter herabdrückte.

An der Spitze dieser Entwicklung rangierte der Gau Franken, der schon im Sommer das österreichische »Modell« der unkontrollierten Massenarisierung vom März 1938, nachgeahmt hatte, aber durch eine Intervention der Reichsregierung gebremst worden war. Nach dem Novemberpogrom ergriff Gauleiter Julius Streicher erneut die Initiative und ordnete an, daß die Arisierung nicht durch die kommunalen Behörden, sondern von der Partei betrieben werden sollte. Jüdische Gewerbetreibende und Geschäftsleute wurden gezwungen, in einer Dienststelle der Deutschen Arbeitsfront vorzusprechen, wo sie unter psychischem und physischem Druck eine Abtretungserklärung zugunsten der Partei oder eines von ihr bestimmten Bevollmächtigten unterzeichnen mußten.[44]

Infolge der von der fränkischen Gauleitung angewandten Methoden wurden die jüdischen Vermögenswerte bei weitem unter dem Marktwert veräußert; in vielen Fällen betrug der Kaufpreis nicht einmal 10 Prozent davon. Das Vorgehen der Partei erschien äußerst fragwürdig, aber nur in Ausnahmefällen verweigerte das Grundbuchamt die Eintragung, obwohl der Gau Franken keine eigene Rechtsqualität besaß. Die beispiellose Schwäche des Reichsfinanzministeriums zeigte sich darin, daß es, statt zu intervenieren, die Rechtfertigung des Vorgehens durch den Nürnberger Hauptstaatsanwalt akzeptierte. Dieser hatte argumentiert, daß der Gau Franken sich im besonderen Maße in der »Jüdischen Frage« ausgezeichnet habe und daher Ausnahmerechte beanspruchen könne. Er fügte die fragwürdige Begründung hinzu, daß die Verdienste des Gaus für die Durchführung der Reichsparteitage in Nürnberg berücksichtigt werden müßten.

Auf dem Treffen führender Funktionäre im Reichsluftfahrtministerium am 12. November 1938 kam Göring auf die illegalen Transaktionen zu sprechen, in die Parteimitglieder involviert seien, und installierte eine Untersuchungskommission, die die Plünderungen in Nürnberg und Fürth sofort anhielt und im Frühjahr 1939 Bericht erstattete, wonach in Franken eine unklare rechtliche Lage bestünde, die auf die vollständig rechtswidrigen Arisierungsmaßnahmen der Partei zurückzuführen sei. Schließlich entschied das Oberste Parteigericht, daß Julius Streicher für Führungsaufgaben ungeeignet sei. Der Gauleiter, dessen Stellvertreter Karl Holz wegen der von ihm zu verantwortenden Unterschlagungen inzwischen Selbstmord begangen hatte, wurde seiner Parteiämter enthoben, behielt allerdings die Herausgeberschaft des ›Stürmer‹.

Die Vorgänge in Franken spiegeln die allgemeine Verschärfung des Vorgehens von Parteistellen in der »Judenfrage«, das sich mit massiver Korruption verknüpfte. Die »Reichskristallnacht« beschleunigte diese Entwicklung abrupt und bot den zuvor an der Arisierung Beteiligten eine Handhabe, die »Entjudung« der noch vorhandenen Unternehmen rücksichtslos voranzutreiben, während das Reich die jüdischen Vermögen »durch ein Netz von Steuern und Zwangsabgaben konfiszierte« und die betroffenen Juden bei der Emigration nahezu vollständig ausplünderte.[45]

Die maßgebenden Entscheidungen fielen in der Besprechung im Reichsluftfahrtministerium vom 12. Dezember 1938. Hermann Göring leitete die Sitzung und zog unter Berufung auf Vereinbarungen mit Hitler die Regelungsvollmacht an sich. In einer kumulativen Willensbildung wurde eine Vielzahl von Verordnungen erlassen, die auf die endgültige Ausschaltung der Juden aus allen Bereichen des Wirtschaftslebens abzielten. Juden wurde der Betrieb von Einzelhandelsgeschäften und Handwerksbetrieben untersagt, zugleich konnten sie nicht länger Betriebsführer sein. Als leitenden Angestellten konnte ihnen unter Verlust aller Ansprüche gekündigt werden. Jüdischer Wertpapierbesitz wurde auf Sperrkonten gelegt, selbst Schmuck unterlag staatlicher Kontrolle.

Es würde zu weit führen, die zahllosen parallel oder anschließend ergehenden gesetzlichen Bestimmungen zu schildern, die Juden die Teilnahme an öffentlichen kulturellen Veranstaltungen verboten, jüdischen Wissenschaftlern die Benützung öffentlicher Bibliotheken und Forschungseinrichtungen untersagten und Juden bestimmten Aufenthaltsbeschränkungen unterwarfen.[46] Noch bestehende jüdische Unternehmen waren arischen Treuhändern zu unterstellen. Diese und zahllose weitere Maßnahmen zur Einschränkung der beruflichen und gesellschaftlichen Handlungsspielräume von Juden mußten, wie die Behörden voraussahen, zu Massenarbeitslosigkeit führen, die einen willkommenen Anlaß bot, Juden zur Zwangsarbeit heranzuziehen.[47]

Der Zynismus Hermann Görings fand in der fatalen und empörenden Entscheidung einen Niederschlag, die jüdischen Geschäftsinhaber und Hausbesitzer zur sofortigen Beseitigung der in der Pogromnacht vom 9. auf den 10. November 1938 entstandenen Schäden zu verpflichten, gleichzeitig aber die ihnen zustehenden Versicherungsleistungen zu beschlagnahmen. Darüber hinaus verkündete Göring, daß den Juden eine »Sühneleistung« in Höhe von einer Milliarde Reichsmark auferlegt werde. Sie wurde in der Folgezeit in der Form eines zunächst 20, dann 25prozentigen Zuschlags zur Einkommensteuer erhoben, und zwar nach der Bemessungsgrundlage vom April 1938. Auf diese Weise suchte Göring die schweren Einnahmeausfälle, die durch die Zerstörung von Warenhäusern und Einzelhandelsgeschäften eingetreten waren, wettzumachen, und er erhielt dabei die Unterstützung der Versicherungsindustrie, deren Vertreter sich nicht scheuten, die offen antisemitische Diktion der Machthaber selbst zu übernehmen.[48]

In einer am 6. Dezember angesetzten »Besprechung mit den Gauleitern, Oberpräsidenten und Reichsstatthaltern über die Judenfrage«, also einer im wesentlichen parteiinternen Sitzung, präzisierte Hermann Göring seinen Standpunkt, daß sich die Partei aus der wirtschaftlichen Behandlung der »Judenfrage«, die ausschließlich Sache staatlicher Stellen sei, heraushalten solle. Er bekräftigte dies, indem er auf entsprechende Anweisungen Martin Bormanns sowie des Reichsschatzmeisters hinwies, der die wirtschaftliche Seite »ausschließlich« den staatlichen Organen zuordnete.[49] Er verlangte zugleich die nachträgliche Überprüfung von Arisierungen, die von Parteiorganen vorgenommen worden waren und der persönlichen Bereicherung gedient hatten.[50] Gleichzeitig verfügte er, daß die Arisierung von Hausbesitz zuletzt erfolgen und daher zunächst aufgeschoben werden sollte.[51]

Görings Absicht, die Arisierungsgewinne, die bislang überwiegend der Partei zufielen, für die Aufrüstung abzuschöpfen, ging nur teilweise in Erfüllung. Die gesetzliche Neufassung der Verfahrensregeln bei Arisierungen und Liquidationen jüdischer Betriebe sah weiter die Einschaltung der Partei bei der Zulassung geeigneter Bewerber vor.[52] Zwar erging am 2. Februar 1939 eine Verordnung, die eine Abschöpfung von Arisierungsgewinnen einführte und vorsah, daß 70 Prozent der Wertdifferenz zwischen Schätzpreis und Kaufpreis an den Fiskus abzuführen waren.[53] Aber schon am 10. Juni 1940 wurde eine weitere Verordnung über »die Nachprüfung von Entjudungsgeschäften« notwendig.[54]

Der unerhörte Terror, der nach dem 9. November 1938 gegen jüdische Geschäfte, Warenhäuser und private Besitztümer entfesselt wurde, gab den Anstoß zur vollständigen Ausschaltung von Juden aus dem wirtschaftlichen Leben, ihrem Ausschluß aus sämtlichen öffentlichen Berufen und der Einziehung ihres Vermögens. Die Vorgänge der »Reichskristallnacht« bezeichnen somit den Scheitelpunkt eines Prozesses, der auf eine systematische

Zerstörung der materiellen Lebensgrundlagen des jüdischen Volksteils hinauslief und an dessen Ende die totale Pauperisierung der in Deutschland verbliebenen jüdischen Bevölkerung stand, die weder die Mittel noch die Möglichkeiten besaß, rechtzeitig auszuwandern, und nun auf die jüdischen Fürsorgeeinrichtungen angewiesen war. Die Vorgänge der »Reichskristallnacht« gaben diesem Prozeß, der seit dem Frühjahr 1938 beschleunigt voranschritt, einen letzten Schub, aber auch ohne die Aktion von Goebbels wäre die wirtschaftliche Ausschaltung der Juden verschärft vollzogen worden, wenngleich mit einer gewissen Verzögerung.[55] Die schweren wirtschaftlichen Einbußen, die durch die Pogromereignisse eintraten, erzwangen das unmittelbare Tätigwerden des Staatsapparats, und die kumulative Radikalisierung, die sie auslösten, schob fast alle bis dahin bestehenden Hemmungen der Machthaber beiseite, tiefe Einschnitte in bestehende Eigentumsrechte zuungunsten der jüdischen Bevölkerung nun auch offen zu vollziehen.

Der materielle Nutznießer der Expropriierung der Juden war in erster Linie der Vierjahresplan. Die Wirkungen der »Kristallnacht« bestanden gerade nicht darin, die Partei finanziell gesundzustoßen, vielmehr ging Goebbels bei dem Bouquet von anti-jüdischen Verordnungen im wesentlichen leer aus. Es zeigte sich ohnedies, daß die Dynamik der Enteignung des jüdischen Volksteils pogromartiger Aktionen nicht bedurfte. Die unablässige Aktivität der Partei auf diesem Feld entsprang zugleich dem Reflex, hier die in anderer Beziehung vorenthaltene Machtausübung ungehindert zu praktizieren.

Für die jüdische Bevölkerung bewirkte der kumulative Zugriff auf das ihr bislang verbliebene Vermögen durch die Finanzbehörden, daß sie von äußerster materieller Not bedroht wurde, die zu lindern das Vermögen der jüdischen Gemeinden nicht ausreichte. Viele Juden entzogen sich den Blicken ihrer feindseligen Nachbarn, indem sie in die Anonymität der Großstädte auswichen. Die meisten Deutschen nahmen ihre kärgliche Existenz nicht wahr, bis die von Goebbels durchgesetzte Kennzeichnung im September 1941 ihnen deutlich machte, daß es noch Juden in ihrer Nachbarschaft gab. Nur in ganz seltenen Fällen blieben persönliche Verbindungen zwischen Juden und Nichtjuden bestehen. Das terroristische Klima zerstörte die Menschlichkeit vollends.

Andererseits waren es nicht nur nicht-jüdische Geschäftsleute und Parteifunktionäre, die von der Zwangsarisierung und der faktischen Enteignung der jüdischen Mitbürger profitierten. In Ballungszentren besaß der zwangsweise freigemachte jüdische Wohnraum eine große materielle Attraktivität, abgesehen von Albert Speers Bestreben, die bauliche Neugestaltung der Reichshauptstadt Berlin auf Kosten der jüdischen Mieter fortzuführen, die ihre Wohnungen räumen und in Abrißhäuser ziehen mußten.[56]

Im Kriege kam es dann durch die öffentliche Versteigerung des Inventars von Wohnungen, deren Inhaber deportiert worden waren, zu einer vielfältigen Bereicherung der deutschen Bevölkerung. Anläßlich der zahlreichen Auktionen jüdischen Eigentums, das auch aus Frankreich und Belgien in die deutschen Großstädte transportiert wurde, gelangten viele Hunderttausende an Gegenstände aus jüdischem Besitz, über deren Herkunft kein Zweifel bestand.[57] Sie machten sich damit zu Komplizen des Verbrechens. An Widerstand gegen das mörderische Vorgehen gegen die jüdischen Mitbürger war hier nicht zu denken.[58]

Neben antisemitischen Beweggründen spielten somit Bereicherungssucht und materielles Interesse eine nicht zu unterschätzende Rolle bei dem Prozeß der Enteignung der Juden. Die Schubkräfte kamen einerseits vom fanatisierten Flügel der NSDAP, andererseits von den klassischen antisemitischen Interessengruppen. Das durch die Arisierung geschaffene antisemitische Klima und die Erfahrung, daß weite Teile der Bevölkerung darauf gleichgültig reagierten, ermunterte wiederum die aktivistischen Kader, allen voran Joseph Goebbels, die Verfolgung des Judentums auch mit ungesetzlichen Mitteln weiter zu forcieren.

Kapitel 5

Der 9. November 1938 als öffentliche Degradierung des Judentums in Deutschland

Die Ereignisse, die sich in Deutschland am 9. und 10., teilweise noch am 11. November 1938 abspielten und denen der kritische Berliner Volksmund den Namen »Reichskristallnacht« beilegte, lösten schon bei vielen zeitgenössischen Beobachtern Abscheu und Betroffenheit aus. Die Brandstiftungen, Plünderungen, Mißhandlungen und die Demütigungen wehrloser jüdischer Bürger vollzogen sich inmitten der Städte und Gemeinden und vor aller Augen. Jeder, der sich einen kritischen Sinn bewahrt hatte und nicht der antisemitischen Indoktrination durch die Goebbelsche Propaganda erlegen war, mußte erkennen, welches Schicksal die jüdischen Mitbürger bedrohte, so wenig die nach 1941 einsetzende Vernichtungspolitik des Regimes gegen die Juden schon voraussehbar war.

Die extremen Mißhandlungen und Erniedrigungen, denen die deutschen Juden ohne Ausnahme durch die Gewaltaktionen der SA und NSDAP nach dem 9. November ausgesetzt waren, zielten darauf ab zu demonstrieren, daß für sie in der Volksgemeinschaft kein Platz mehr war und sie aus dem sogenannten »deutschen Volkskörper« ausgeschieden werden müßten. In Kreisen der Aktivisten war die Vorstellung verbreitet, daß die Juden nur durch die Erzeugung pogromartiger Stimmungen und Übergriffe dazu bewogen werden könnten, Deutschland zu verlassen, obwohl längst Klarheit darüber bestand, daß sie ohne ausreichende Mittel keine Chance zur Auswanderung hatten, zumal angesichts der unzureichenden Aufnahmequoten der westlichen Länder und Palästinas.

In den Jahren zuvor waren die »wilden« Aktionen zugunsten einer schrittweise erfolgenden Verschärfung der anti-jüdischen

Gesetzgebung zurückgetreten. Nach dem Sommer 1935 und der Verabschiedung der »Nürnberger Gesetze« wurde dieser Weg definitiv beschritten. Individuelle Übergriffe gegen Juden unterblieben weitgehend, und die Gestapo unterstützte diese Politik nachdrücklich. Das ausschlaggebende Motiv dafür bestand vor allem darin, die Abhaltung der Olympischen Spiele in Berlin und Garmisch-Partenkirchen nicht durch antisemitische Zwischenfälle in Frage zu stellen, welche die Vereinigten Staaten veranlassen könnten, ihr Olympia-Team zurückzuziehen. Die deutschen Mitglieder des Olympischen Komitees gewannen schließlich Hitlers persönliche Unterstützung für Konzessionen in der »Judenfrage«, um den sonst zu befürchtenden internationalen Protesten den Boden zu entziehen.[1]

Daher wurde die offizielle anti-jüdische Agitation 1936 fast völlig eingestellt. Gleichzeitig entschloß sich Hitler, die Ermordung des Nationalsozialisten Wilhelm Gustloff in der Schweiz nicht zum Anlaß für öffentliche Demonstrationen zu nehmen, und er verzichtete darauf, den bereits vorbereiteten Schauprozeß gegen David Frankfurter, der das Attentat verübt hatte, durchführen zu lassen. Den Plan einer zusätzlich zu erhebenden »jüdischen Sühneleistung« ließ er ebenfalls fallen, um ausländische Proteste zu vermeiden, die das umfassende Propagandaspektakel der Olympischen Spiele stören könnten.[2] Desgleichen fand sich die Gestapo dazu bereit, die zionistischen Sportvereine indirekt zu fördern, während sie die jüdisch-reformistischen Organisationen behinderte.[3] All das endete jedoch schlagartig nach den Olympischen Spielen.

Daß die taktische Zurückhaltung des Regimes nicht von Dauer sein würde, ging auch aus den internen Überlegungen der Sicherheitspolizei und des SD hervor. Das lehrt eine Aufzeichnung vom Januar 1937, die Adolf Eichmann zuzuordnen und mit dem Titel »Zum Judenproblem« versehen ist.[4] »Das wirksamste Mittel, um den Juden das Sicherheitsgefühl zu nehmen«, hieß es dort, »ist der Volkszorn, der sich in Ausschreitungen ergeht«. Obwohl diese Methode illegal sei, habe sie, wie der »Kurfürstendamm-Krawall«[5] zeige, »langanhaltend gewirkt«. Aber auch Eichmann mußte sich darüber im klaren sein, daß »wilde« Aktionen für die Förderung der Auswanderung, die das Judenreferat des SD als zentrale Aufgabe betrachtete, alles andere als hilfreich waren und daß nur auf dem Weg einer systematischen gesetzlichen Ausschaltung des jüdischen Volksteils sich deren Beschleunigung erreichen ließ.

Schon 1937 verschärfte sich der Druck auf den jüdischen Lebensbereich erneut. Forcierte Arisierungen, die systematische Zurücksetzung jüdischer Unternehmer und Gewerbetreibender und diskriminierende steuerliche Maßnahmen hatten eine kumulierende Wirkung, doch unterblieb vorläufig die gesetzliche Ausschaltung der Juden aus dem Wirtschaftsleben, welche von den Scharfmachern in der Partei verlangt wurde. Trotzdem zeichnete sich eine gewisse Ruhepause ab, die erst Anfang 1938 von einer neuerlichen Flut diskriminierender Verordnungen auf den verschiedensten Gebieten abgelöst wurde. Dieser Phase der schleichenden Einengung des jüdischen Lebensbereichs folgte im März 1938 eine abrupt einsetzende antisemitische Mobilisierung.

Den entscheidenden Anstoß dazu gaben die Vorgänge in Österreich nach der Verkündung des »Anschlusses« am 13. März 1938. Noch bevor die deutschen Truppen die Grenze zu Österreich überschritten, wurde das Land von einer Welle antisemitischer Gewalt ergriffen, die vor allem in Wien zu ungehemmten Übergriffen gegen Juden und jüdisches Eigentum, zu Plünderungen und Raubzügen, schließlich zu Quälereien und Erniedrigungen von Juden in geradezu unvorstellbaren Formen führte. Das angestaute anti-jüdische Haßpotential der österreichischen Nazis, aber auch der übrigen antisemitisch eingestellten Bevölkerungsgruppen, entlud sich in einer Orgie der Gewalt ohnegleichen und der Ausplünderung jüdischer Geschäfte und Unternehmen. Im Endergebnis wechselten mehr als 8 000 jüdische Einzelhandelsgeschäfte ihre Besitzer oder wurden einfach aufgelöst, ohne daß die deutschen Behörden darauf irgendeinen Einfluß zu nehmen vermochten, was sie aber nicht daran hinderte, die Ausraubungspolitik zum Zwecke der Auswanderungsfinanzierung fortzusetzen.[6]

Der spontane Ausbruch von unkontrollierter antisemitischer Gewalt war in diesem Umfang von keiner Seite vorgesehen worden. Er nahm in vieler Hinsicht Entwicklungen vorweg, die im

Reich seit November 1938 eintraten.[7] Der im annektierten Österreich vollzogene massenhafte Diebstahl jüdischen Eigentums vor allem durch Angehörige der NSDAP, SA und SS überstieg alles, was bis dahin im Reich geschehen war. Die im April einsetzenden Bemühungen des Reichskommissars Josef Bürckel, wenigstens einen Teil des gestohlenen Eigentums zurückzuerhalten und eine »Arisierungsabgabe« von den neuen Besitzern zu erheben, blieben weitgehend ergebnislos, und dasselbe galt für die bereits seit dem März angestrengten Versuche, den erzwungenen Eigentumstransfer nachträglich zu legalisieren.[8]

Die Schubwirkung, die diese Vorgänge und die sich unmittelbar anschließende vollständige Ausschaltung der Juden in der »Ostmark« aus der Wirtschaft für die Entwicklung im Reich gehabt haben, kann schwerlich überschätzt werden. Sie verschafften der laufenden Arisierungsbewegung nachhaltigen Auftrieb. Von ihnen ging jedoch zugleich eine umfassende Korruptionswelle aus, die auf das Altreich überschwappte. Die enorme Beute der Parteigenossen in der »Ostmark« vergrößerte bei zahlreichen Parteifunktionären den Hunger nach jüdischem Vermögen, zumal offiziell erklärt worden war, daß die Arisierung mit Kompensationen für verdiente Parteimitglieder verknüpft werden sollte. Allerdings wurde dies von Hermann Göring, dem Chef des Vierjahresplans, unverzüglich zurückgewiesen, der damit seinem Anspruch auf Verwertung des jüdischen Vermögens öffentlichen Nachdruck verschaffte.[9]

Österreich fungierte, wie die Verhandlungen am 12. November 1938 im Reichsluftfahrtministerium zeigen sollten, als Experimentierkammer für die Judenverfolgung im Reich. Das galt nicht nur für die Technik gewaltsamer Emigration, mit der sich Adolf Eichmann als Leiter der Zentralstelle für jüdische Auswanderung in Wien zweifelhaften Ruhm erwarb. Auch die im Frühjahr einsetzenden Verordnungen zur Einschränkung der jüdischen Wirtschaft waren von den österreichischen Vorgängen inspiriert, darunter die »Verordnung über die Anmeldung jüdischen Vermögens« vom 26. April 1938 und zahlreiche weitere Verordnungen, die die ökonomische und berufliche Bewegungsfreiheit von Juden mehr und mehr einschränkten.[10] Tatsächlich war der Prozeß zur definitiven gesetzlichen Ausschaltung der Juden aus dem Wirtschaftsleben bereits vor dem 9. November 1938 in vollem Gang, und es hätte nicht der »Reichskristallnacht« bedurft, um den Prozeß der Arisierung zu beschleunigen.[11]

Neben der antisemitischen Indoktrination spielte der durch die Wiener Vorgänge genährte materielle Appetit der NSDAP für die Verschärfung der antijüdischen Maßnahmen, die nun unverhüllt auf die vollständige Expropriierung abzielten, eine wichtige Rolle, zumal die lokalen und regionalen Parteiorganisationen sich finanziell in einer ziemlich schlechten Verfassung befanden, was in erster Linie auf die strikte Finanzkontrolle durch den Reichsschatzmeister, Franz Xaver Schwarz, zurückzuführen war, der einen größeren Teil der Mitgliedsbeiträge an die Zentrale abführen ließ.[12] Daher bemühten sich die Machthaber der NSDAP in der Provinz um zusätzliche Einnahmen aus anderen Quellen. Es lag nahe, sich am jüdischen Vermögen zu bereichern.

Spektakulär waren in dieser Beziehung – wie bereits im vorhergehenden Kapitel dargestellt – die Bestrebungen von Gauleiter Julius Streicher, das Budget der Gauleitung Franken durch den illegalen Erwerb von jüdischem Besitz aufzustocken, was nach und nach den Charakter einer systematischen Ausraubung der jüdischen Bürger annahm.[13] Die Vorgänge in Franken, die rasch allgemein bekannt wurden, beflügelten den finanziellen Appetit der übrigen Parteikader im Reich. Symptomatisch dafür war, daß Martin Bormann die Funktionäre anwies, die Partei in »verstärktem Umfang bei wirtschaftlichen Fragen« einzuschalten.[14] Allerdings wurden gleichzeitig Einzelaktionen gegen jüdische Unternehmen unter Hinweis auf bevorstehende umfassende Maßnahmen Görings untersagt. Die Kreis- und Gauwirtschaftsberater der NSDAP waren aktiv an dem Arisierungsprozeß beteiligt, was zu einer verbreiteten Protektion von Parteigenossen und »Spendenzahlungen« an die Partei führte.[15]

Es war symptomatisch für die Verschärfung der antisemitischen Emotionen in der offiziösen Öffentlichkeit, daß sich alsbald Joseph Goebbels zu deren Sprachrohr zu machen versuchte. Eine von ihm angeregte Denkschrift, die der Berliner Polizeipräsident Wolf Heinrich Graf von Helldorff verfaßte, entwickelte im Mai 1938 ein radikales Programm der völligen Heraustrennung der Berliner Juden aus dem gesellschaftlichen und wirtschaftlichen Leben. Tatsächlich kam es schon bei Bekanntwerden der Denkschrift zu einem zunächst noch verhüllten Gegensatz zwischen Goebbels und dem SD, der die Unterordnung der vorgeschlagenen Einzelmaßnahmen unter das zentrale Ziel der Auswanderung verlangte.[16]

Das hinderte Goebbels nicht daran, selbst zur Anwendung von Gewalt aufzurufen: »Nicht Gesetz ist die Parole, sondern Schikane«.[17] Goebbels nützte die in der zweiten Juniwoche vom SD ausgerufene »Asozialenaktion«, die zur Verhaftung von mehreren hundert Personen führte, dazu aus, um damit eine systematische Aktion gegen das Judentum zu verknüpfen. Er schürte persönlich die Welle von Gewalt, die sich nach dem 10. Juni 1938 in Berlin gegen Geschäfte und Warenhäuser jüdischer Eigentümer richtete und zu Belästigungen von jüdischen Bürgern und zur Demolierung von deren Besitztümern führte – wie die bereits erwähnten »Kurfürstendamm-Krawalle« von 1935. Goebbels und die übrigen Protagonisten in der »Judenfrage« versprachen sich davon eine verstärkte Abwanderung der Juden, deren objektive Hindernisse von ihnen verkannt wurden. Indessen erhoben sich gegen die von Goebbels propagierten terroristischen Methoden zunehmend Widerstände, und Goebbels sah sich schließlich dazu veranlaßt, seine Scharfmacher zurückzupfeifen und auf den Wunsch des »Führers« hin die Aktion einzustellen.[18]

In der Sache stellten sich beträchtliche Divergenzen zwischen Gestapo und SD einerseits und Goebbels und den fanatischen Aktivisten der NSDAP andererseits in der Handhabung der »Judenfrage« heraus. Der Leiter der Zentralabteilung II 1, Franz Six, machte unmißverständlich klar: »Der Auswanderungsgedanke ist erster Leitsatz der praktischen Behandlung der Judenfrage.« Jede Maßnahme, die sich auf die Auswanderung schädlich auswirke, sei abzulehnen.[19] Am 5. Juli erging die Mitteilung der SD-Zentrale an die Oberabschnitte, daß der Chef der Sicherheitspolizei sich »auf Grund der Berliner Vorgänge die Genehmigung für Einzelaktionen gegen die Judenschaft persönlich vorbehalten« habe. Graf Helldorff sah sich ebenfalls dazu gezwungen, die Erklärung abzugeben, daß es das Ziel sein müsse, »die Juden zur Auswanderung zu bringen und nicht etwa ohne Aussicht auf diesen Erfolg planlos zu schikanieren«, was ihn freilich nicht daran hinderte, gleichzeitig eine Liste zahlloser Schikanen als empfehlenswert beizufügen.[20]

Dieser Konflikt zwischen SD und Partei sollte sich am 9. November und danach wiederholen. Die Parteiaktivisten pflegten jüdische Geschäfte und Einrichtungen in einer Art blinden Terrors zu attackieren und schienen völlig zu übersehen, daß es doch inzwischen viel wirkungsvollere staatliche Mittel gab, um die Verfolgung voranzutreiben, als den individuellen Terror. Im Grunde suchte eine fanatisierte Minderheit durch zunehmende Drangsalierung der jüdischen Bevölkerung die indifferente Mehrheit und die zögernde Reichsleitung zu aktiverem Vorgehen zu erpressen. Die Vorgänge der »Reichskristallnacht« müssen in diesen Zusammenhang gestellt werden.

Trotz der abwiegelnden Politik des SD ließ der Druck fanatischer Parteikreise zur Forcierung der Judenverfolgung auch im Sommer 1938 nicht nach. Schon im Juli 1938 waren die jüdischen Synagogen in München und Nürnberg unter Vorwänden abgebrochen worden. Im September kam es zu antisemitischen Übergriffen vor allem in herkömmlich antisemitisch ausgerichteten Gebieten wie in Kassel und Rothenburg an der Fulda, aber auch in Frankfurt, Magdeburg, Hannover und nicht zuletzt in Wien. Bei einem Teil der Parteiaktivisten war bereits im Oktober eine regelrechte Pogromstimmung zu beobachten.[21]

Es spricht einiges dafür, daß die vor dem Abschluß des Münchner Abkommens verbreitete angestaute Kriegsstimmung in Kreisen der Partei sich nach dem Ausgleich mit den Westmächten in einem verstärkten antijüdischen Aktionismus entlud. Die in der Bevölkerung spürbare »allgemeine Erleichterung« über die Bewahrung des Friedens wirkte auf fanatische Nationalsozialisten geradezu frustrierend.[22] Während der Mobilmachung im Zuge der Sudetenkrise waren auch Teile der Partei in Alarmbereitschaft versetzt worden, und die angespannte Nervosität verpuffte dann. Es erscheint für das NS-Regime symptomatisch, daß gerade außenpolitische Entspannung und das Eintreten von innenpolitischen Ruhelagen politische Radikalisierungsschübe auszulösen pflegten.

Hinzu kam ein weiterer akzidentieller Faktor, der dazu beitrug, daß das bis zum Herbst 1938 bestehende labile Gleichgewicht in der »Judenfrage« einem erneuten Radikalisierungsschub Platz machte. Dabei handelte es sich um die unvorhergesehenen Verwicklungen, die durch das polnische Gesetz vom 31. März 1938 »über den Entzug der Staatsbürgerschaft« entstanden. Das Gesetz richtete sich gegen die befürchtete Abschiebung der 20 000 in Österreich lebenden polnischen Staatsbürger jüdischer Konfession, in der Folgezeit aber auch der sich im Reichsgebiet aufhaltenden polnischen Juden. Nach ergebnislosen Verhandlungen mit der deutschen Seite kündigte die polnische Regierung am 6. Oktober an, polnischen Staatsbürgern im Ausland zum 31. Oktober gegebenenfalls die Staatsbürgerschaft zu entziehen, und verfügte, daß im Ausland lebende polnische Staatsbürger ohne einen entsprechenden Sichtvermerk nicht einreisen könnten.[23]

Daraufhin konterte der SD mit der Abschiebung von 12 000 Juden polnischer Staatsangehörigkeit an die polnische Grenze. Da jedoch die polnischen Grenzbeamten die Einreise verweigerten, mußten die Betroffenen unter unsäglichen Bedingungen teils zwischen den Demarkationslinien, teils in Anhaltelagern kampieren, bis der SD schließlich einen Rückzieher machte und einem Teil der Juden erlaubte, in ihre Heimatorte zurückzukehren.[24] Zweifellos hat diese Schlappe des Regimes die antijüdische Stimmung weiter angeheizt.

Es bedurfte daher im Grunde nur eines günstigen äußeren Anlasses, um das Pulverfaß zur Entzündung zu bringen. Ihn lieferte das auf den Legationssekretär Ernst vom Rath in der Deutschen Botschaft in Paris durch Herschel Grynszpan verübte Attentat, das von der Goebbelsschen Propaganda sofort als gezielter Anschlag des internationalen Judentums hochstilisiert wurde, was Hitler dazu bewog, dem schwerverletzten Opfer noch die Beförderung zum Gesandtschaftsrat I. Klasse zukommen zu lassen. Das Motiv des Attentäters, bei dem auch die Kenntnis der Deportation seiner Eltern über die polnische Demarkationslinie eine Rolle spielte, blieb jedoch auch später weitgehend unklar.[25]

Das Zusammentreffen der Nachricht vom Tode vom Raths am 9. November nachmittags – Goebbels hatte die Weitergabe bewußt verzögert – mit dem Traditionstreffen der »Alten Kämpfer« im Münchner Rathaussaal bot eine günstige Gelegenheit, um – nun im gesamten Reich und nicht nur, wie im Sommer, im Berliner Raum – eine allgemeine »Abrechnung mit den Juden« zu vollziehen. Dabei stand die Überlegung im Hintergrund, die Partei wieder ins Spiel zu bringen und sie an dem in Gang befindlichen Prozeß der Enteignung der Juden aktiv zu beteiligen.

Die Vorgänge am Abend des 9. November 1938 stehen im wesentlichen fest. Hitler zeigte sich über die Nachricht vom Tode vom Raths »stärkstens beeindruckt« und lehnte es gegen seine Gewohnheit ab, vor der Versammlung zu sprechen. Während des Abendessens gab es am Führertisch eine eindringliche Unterredung zwischen Goebbels und Hitler, wonach der Diktator das Lokal verließ und seine Wohnung in der Prinzregentenstraße aufsuchte.[26] Die Hypothese, daß Hitler erst in dieser Situation vom Tode vom Raths erfahren haben soll, ist indessen zweifelhaft, da es eine Reihe von Kanälen gab, über welche die gegen 17:30 Uhr eingehende Nachricht zu ihm gelangt sein dürfte.[27]

Allem Anschein nach hat Goebbels Hitler über die bereits anlaufenden Aktionen in Kurhessen informiert, den Eindruck einer allgemeinen Mobilisierung des »Volkszorns« vermittelt und sich das Plazet geben lassen, Aktionen dieser Art weiterlaufen zu lassen sowie die Sicherheitsorgane zum Stillhalten zu bewegen.[28] Ob Goebbels' Hetzrede, mit der er die anwesenden NS-Funktionäre indirekt dazu aufforderte, weitere Gewalttätigkeiten in Gang zu setzen, zuvor mit Hitler abgestimmt war, muß offen bleiben. In jedem Falle war der Diktator darauf bedacht, persönlich nicht in Erscheinung zu treten. In der Rede, die er anderntags vor der deutschen Presse hielt, um die öffentliche Meinung auf Kriegsbereitschaft umzustellen, erwähnte er die Ereignisse mit keinem Wort.[29]

In der Tat hatte es bereits in der Nacht zum 8. November pogromähnliche Aktionen gegen jüdische Geschäfte und Synagogen in Rothenburg, Bebra, Sontra und anderntags in Bad Hersfeld gegeben, wo die Synagoge in der Nacht zum 9. November abbrannte. Auch in anderen Teilen Kurhessens war es zu anti-jüdischen Aktionen gekommen, die von der kurhessischen Gauleitung als Reaktion auf das Pariser Attentat ausgelöst worden waren.[30] Offenbar bezog sich Goebbels auf diese Vorgänge, wenn er gegenüber seinen Zuhörern den Eindruck erweckte, daß bereits eine breite spontane Protestbewegung gegen das Pariser Attentat eingesetzt habe.

Die von Goebbels in der Nacht des 9. November angeregten Aktionen waren vom Anfang bis zum Ende von der Partei inszeniert. Die Rechnung Goebbels', das gewaltsame Vorgehen der Parteikader, die ja – was aber nicht befolgt wurde – in Zivil zu agieren hatten, in eine allgemeine Volksbewegung zu überführen, ging nicht auf. Von einer Artikulation des »Volkszorns«, wie er von der Propaganda beschworen wurde, konnte keine Rede sein. Es gab kaum jemanden in Deutschland, der nicht wußte, daß die Gewaltakte, Brandstiftungen und Plünderungen das Werk der NSDAP, SA, teilweise der SS und anderer Parteiorganisationen waren.[31] Sicherlich waren an einigen Orten – nicht zuletzt in Wien – auch Randalierer am Werk, welche die Zerstörung jüdischen Eigentums und jüdischer Geschäfte dazu nützten, um sich persönlich zu bereichern oder um ihre sadistischen Neigungen auszuleben, aber im ganzen gesehen vollzog sich die Aktion ohne Beteiligung der »Volksgenossen«.

Der Berliner Volksmund gab der Aktion, die, da die Propaganda an der Fiktion spontaner Regungen des »Volkszorns« festhielt und da die Presse nur über lokale Vorgänge, nicht über den Gesamtzusammenhang des Geschehens berichten durfte, keine offizielle Bezeichnung erhielt, den ironischen Namen »Reichskristallnacht«.[32] Damit wurde auf die ziel- und sinnlose Zerstörung von »Volkseigentum« im Verlauf der Aktion angespielt. Die mutwilligen Zerstörungen und Sachbeschädigungen wurden von der Bevölkerung einhellig abgelehnt und verurteilt. Dafür waren weniger Sympathien für die jüdischen Opfer maßgebend als die vorherrschenden bürgerlichen Moralvorstellungen, mit denen die Auflösung der öffentlichen Ordnung und die mutwillige Vernichtung von Sachwerten nicht in Übereinstimmung gebracht werden konnten.[33]

Es waren dieselben Bürger, die am 10. November am Straßenrand tatenlos zusahen, als verhaftete jüdische Mitbürger abtransportiert und in Konzentrationslager gebracht wurden. Denn für diese Maßnahme gab es eine formelle Anordnung des Chefs der Gestapo, und sie wurde daher als legal angesehen. Die Anordnung, die Verhaftung von bis zu 25 000 jüdischen Männern im

Alter bis zu 50 Jahren vorzubereiten, war von Gestapochef Heinrich Müller noch vor Mitternacht des 9. November an alle Stapostellen übermittelt worden, möglicherweise noch bevor eine Abstimmung mit Reinhard Heydrich, der sich ebenfalls in München aufhielt, stattgefunden hatte. Heydrich gab wenig später ein detailliertes Fernschreiben heraus, das die sofortige Durchführung der Verhaftungen befahl und im übrigen an der von Hitler angeordneten Stillhaltepolitik von SS, SD und Gestapo festhielt.[34]

Das Motiv für diese Verhaftungen bestand offensichtlich darin, angesichts der von der Partei inaugurierten Politik der vollendeten Tatsachen auch SD und Gestapo an der bevorstehenden Enteignung der jüdischen Bürger partizipieren zu lassen und Mittel für die Auswanderungsförderung bereitzustellen. Denn die Verhaftung möglichst wohlhabender Juden und deren Verbringung in die Konzentrationslager zielte darauf ab, sie zur Abtretung von Teilen ihres Besitzes an die SS zu zwingen. In den Augen Heydrichs war dies die konstruktivere Politik als die sinnlosen Zerstörungen, die er nur als Hindernis für eine erfolgreiche »Judenpolitik« betrachtete.

In der Tat war die SS-Führung zunächst nicht eingeschaltet worden, obwohl lokale SS-Verbände an den Gewaltaktionen beteiligt gewesen waren. Als Himmler nach einer SS-Rekrutenvereidigung Hitler in dessen Wohnung aufsuchte, gewann er den Eindruck, daß dieser von den Vorgängen im einzelnen keine Kenntnis besaß. Hitler gab die Anweisung, die SS solle sich heraushalten und nur bei eindeutig kriminellen Handlungen tätig werden. Heydrich, der Chef der Sicherheitspolizei und des SD, hatte ebenfalls nur indirekt von der anlaufenden Aktion erfahren, in die sich die Gestapo nach Auskunft der Münchner Gaupropagandaleitung nicht einschalten sollte.[35]

In einer im Hotel »Vier Jahreszeiten« gegen 1 Uhr früh improvisierten Besprechung befahl Himmler den anwesenden SS-Oberabschnittsführern, die SS zurückzuhalten und nur »im Bedarfsfalle die Staatspolizeistellen beim Schutz jüdischer Personen und bei der Sicherung der jüdischen Objekte gegen Plünderungen aller Art zu unterstützen«.[36] Diese Anordnungen wurden noch in der Nacht weitergegeben und zeigen, daß sich das Blatt gewendet hatte.[37]

In den Augen Himmlers und Heydrichs stellte Goebbels' Initiative ein völlig überflüssiges und der Sache äußerst abträgliches Vorgehen dar, das zwar den politischen Entscheidungsprozeß, der im Dickicht konkurrierender Ressortinteressen steckenzubleiben drohte, abrupt beschleunigte, aber das zentrale Ziel der NS-Judenpolitik, die Forcierung der jüdischen Auswanderung, keineswegs erleichterte. Noch in der Nacht kritisierte Himmler das »Machtbestreben« und die »Hohlköpfigkeit« des Reichspropagandaministers mit äußerster Schärfe[38], und auch bei der SS-Führung stieß Goebbels' selbstherrliches Vorgehen auf Widerspruch. Nicht weniger ablehnend verhielt sich Göring, der sich seinem späteren Bericht zufolge am Vormittag des 10. November in »sehr scharfen Worten« bei Hitler über die mutwillige Zerstörung »wirtschaftlicher Werte« beschwerte.[39]

Goebbels sah sich rasch in die Defensive gedrängt, nachdem er um 10 Uhr morgens Hitler aufgesucht und ihm berichtet hatte.[40] Im Laufe des Nachmittags informierte er den Gauleiter von München-Oberbayern, »sämtliche Aktionen gegen die Juden« seien »als abgeschlossen zu betrachten«, und fügte hinzu: »Der Führer sanktioniert die bisher getroffenen Maßnahmen und erklärt, daß er sie nicht mißbilligt«.[41] Zum gleichen Zeitpunkt ließ er in typischer »Haltet-den-Dieb«-Pose die »strenge Aufforderung« an die Bevölkerung ergehen, »von allen weiteren Demonstrationen und Vergeltungsaktionen gegen das Judentum, gleichgültig welcher Art, sofort abzusehen. Die endgültige Antwort auf das jüdische Attentat wird auf dem Wege der Gesetzgebung bzw. der Verordnung dem Judentum erteilt werden.«[42]

Gleichzeitig wurde die Presse angewiesen, die Vorgänge der Pogromtage herunterzuspielen, nur knapp auf die lokalen Ereignisse einzugehen und die Existenz von Ausschreitungen zu leugnen.[43] Auch in seinem Tagebuch sah sich der Propagandaminister veranlaßt, das Gewicht der Geschehnisse mit der Bemerkung herunterzuspielen, daß »die Judenfrage nun ein gutes Stück weitergeführt worden« sei.[44] Indirekt gab er die negativen Rückwirkungen zu, als er am 13. November notierte, daß man sich »schon wieder in der Offensive« befinde.[45]

Allerdings scheiterte Himmler auf der ganzen Linie, als er mit Zustimmung Görings den Versuch unternahm, den Diktator davon zu überzeugen, daß der Reichsminister für Propaganda politisch untragbar geworden sei. Goebbels spürte auch bei Hitler fühlbare Zurückhaltung. Doch entzog dieser umlaufenden Gerüchten, daß Goebbels in Ungnade gefallen sei, den Boden, indem er sich am 15. November mit ihm in der Ehrenloge des Schillertheaters öffentlich zeigte.[46] Es war gegen seine Gewohnheit, zwischen den streitenden Kontrahenten zu optieren.

Andererseits mußte Goebbels in den im Reichsluftfahrtministerium am 12. November geführten Verhandlungen deutlich erkennen, daß seine weitgesteckten Ziele, die Partei wieder ins Spiel zu bringen, keine Gegenliebe fanden. Auf ihn war der Vorschlag zurückgegangen, den Juden zum Ausgleich der entstandenen Schäden eine kollektive »Sühneleistung« aufzuerlegen, die von den Gauleitungen erhoben werden sollte. Göring wischte letzteres mit einem Federstrich beiseite und verfügte, daß die Einnahmen ausschließlich dem Vierjahresplan zugute kommen sollten. Als die Satrapen in der von Hermann Göring geleiteten Chefbesprechung darangingen, den Kuchen zu verteilen, ging die Partei leer aus. Allerdings sollte sie sich – gegen den Willen Görings – bei der nunmehr forcierten Arisierung der jüdischen Gewerbebetriebe schadlos halten.[47] Die verwaltungsmäßige Zuständigkeit in der »Judenfrage« fiel der Gestapo und dem SD zu. »Wilde« Aktionen, mittels derer sich die Parteiaktivisten die Führung in der »Judenfrage« zu verschaffen suchten, wurden nunmehr definitiv durch exekutive Maßnahmen in den Hintergrund gedrängt.

Das Ausmaß der Zerstörungen jüdischer Geschäfte, Unternehmen, Synagogen und anderer religiöser Einrichtungen, aber auch von privaten Wohnungen und Villen, kann kaum überschätzt werden. Am 11. November zog Heydrich eine vorläufige Bilanz des Vernichtungswerkes und zählte 815 zerstörte Geschäfte, 29 demolierte Warenhäuser, 171 vernichtete Wohngebäude und 267 entweder in Brand gesteckte oder abgerissene Synagogen.[48] Später gelangte man zu einer Gesamtzahl von 7500 geplünderten Geschäften.[49] Die materiellen Verluste waren das eine, die Gewaltakte gegen Juden – es gab 91 Ermordete und zahllose Verletzte – das andere. Die Kameraderie der Vollstrekker bewirkte, daß selbst an den Orten, an denen am 10. November noch keine Aktionen stattgefunden hatten, diese von den lokalen SA-Leuten nachgeholt wurden, obwohl inzwischen der Gegenbefehl von Goebbels vorlag.[50]

Die Übergriffe machten auch vor der Privatsphäre nicht halt. Mord und Körperverletzungen waren an der Tagesordnung, die Demütigung der Opfer veranlaßte Peter Loewenberg dazu, die Vorgänge als »public degradation ritual« zu bezeichnen.[51] Die sadistischen Neigungen der Verfolger schienen keine Grenzen zu kennen. Besonders schlimm entwickelten sich die Dinge in den Regionen, in denen die Gewaltaktion an virulente antisemitische Ressentiments in der Bevölkerung anknüpfen konnte, wie in Österreich. Andererseits zeigen eingehende Untersuchungen der Mentalität der Vollstrecker, daß nicht primär antisemitische Emotionen als vielmehr »Dienst im Gliede«, falsch verstandene Kameraderie und Freude an der Gewaltausübung, aber auch Männlichkeitsrituale und Männerbundphantasien das Handeln der nationalsozialistischen Schlägertrupps bestimmten.

Von den einzelnen SA-Standarten wurde das gewalttätige Vorgehen gegen Juden als eine Art Bewährungsprobe betrachtet, an der jeder teilnehmen mußte, der sich nicht außerhalb der Kameradschaft stellen wollte. Gerade die Tatsache, daß vielfach bis zum 10. November unterlassene Zerstörungsakte in den folgenden Tagen »nachgeholt« wurden, obwohl es bereits entsprechende Gegenbefehle gab, weist auf ein verbreitetes Unrechtsbewußtsein hin, das man durch eine möglichst umfassende Komplizenschaft zu kompensieren bestrebt war. Bezeichnend dafür war, daß die randalierenden SA-Trupps in aller Regel die Nachbarn dazu zwangen, ihre Fensterläden zu schließen, oder Zuschauer unter Drohungen aufforderten zu verschwinden.[52]

Während der Pogromtage konnte jeder unabhängige Beobachter feststellen, daß die Juden in Deutschland »vogelfrei« geworden waren, auch wenn die Bevölkerungsmehrheit willkürliche Gewaltakte ablehnte. Das ganze Ausmaß der Einschüchterung der Öffentlichkeit zeigte sich darin, daß in den seltensten Fällen kommunale Amtsträger, Bürgermeister, Landräte und Regierungspräsidenten den Mut aufbrachten, sich gegen die Aktion zu wenden und gegen Ausschreitungen vorzugehen.

Die kläglichste Rolle fiel in dieser öffentlichen Eskamotierung der Verantwortung dem Reichsjustizministerium und dem Justizapparat zu. Franz Gürtner erfuhr von der Anweisung der Gestapozentrale, gegen Brandstiftung und Sachbeschädigung keinesfalls vorzugehen, sondern nur Plünderung, Vergewaltigung und vergleichbare Straftaten zu verfolgen, erst am Vormittag des 10. November.[53] Er sah sich notgedrungen dazu veranlaßt, die Staatsanwaltschaften im gleichen Sinne zu instruieren und Haftbefehle gegen Personen, die im Zuge der Aktionen festgenommen wurden, sowie Ermittlungen in Angelegenheiten der »Judenaktion« zu untersagen.[54] Damit lag die Verfolgung einschlägiger Delikte nunmehr ausschließlich in der Zuständigkeit der Gestapo.

Gürtner mußte zugleich akzeptieren, daß die wenigen überhaupt eingeleiteten Verfahren an das Oberste Parteigericht abgegeben wurden, womit die Zuständigkeit der ordentlichen Justiz rechtswidrig ausgeschaltet war. Das Parteigericht zeigte sich jedoch nicht bereit, selbst in den verbliebenen eklatanten Fällen Recht zu sprechen. Von den 91 Mordanklagen gelangte nur ein Bruchteil zur förmlichen Verhandlung, die Mehrheit wurde niedergeschlagen.[55] Gürtners Rolle beschränkte sich schließlich darauf, den Reichskanzler um die Niederschlagung derjenigen Verfahren zu ersuchen, die gegen Kritiker des Pogroms wegen »Heimtücke« anhängig waren. Denn das Regime konnte sich eine öffentliche Erörterung der Gewaltakte während der Novembertage nicht leisten, da sie die Verantwortung der Partei vor aller Augen geführt hätte.[56]

Die Vorgänge der »Reichskristallnacht« schlossen daher eine schwere Niederlage des Justizapparates ein, der bis dahin seine Zuständigkeit gegenüber der konkurrierenden Gestapo zäh verteidigt hatte, nun aber auf der ganzen Linie versagte. Die Ausschaltung der Gerichtsbarkeit und die fast ausnahmslose Niederschlagung der in den Pogromtagen begangenen Verbrechen stellten eine nachhaltige Ermunterung für diejenigen dar, die Gewaltanwendung gegen Juden guthießen und diese für rechtlos erklärten.

Die Hauptnutznießer der Aktion waren jedoch *nicht* die Scharfmacher vom Schlage Goebbels'. Das zeigten die Verhandlungen, die bereits am 12. November im Reichsluftfahrtministerium geführt wurden.

Vor dem Hintergrund der Radikalisierung der anti-jüdischen Politik kam es zu einem Ausgleich der rivalisierenden Interessen von NSDAP, SD und Gestapo, Vierjahresplan, der Versicherungswirtschaft und der sonstigen beteiligten Ressorts. Die sich bereits abzeichnende vollständige Ausschaltung der Juden aus dem deutschen Lebensbereich mußte die Zerstörung ihrer Existenzgrundlagen nach sich ziehen. Bei diesem skrupellosen Rachefeldzug suchte jeder der Interessenten sich einen Anteil zu sichern und machte sich zum Komplizen einer kumulativen Verschärfung der Verfolgung.

Neben den beiden grundlegenden Verordnungen, die Göring beschließen ließ – der »Ersten Verordnung zur Ausschaltung der Juden aus dem Wirtschaftsleben« und der »Verordnung über den Einsatz jüdischen Vermögens«, die am 3. Dezember 1938 ergingen, sowie der »Verordnung zur Wiederherstellung des Straßenbildes bei jüdischen Gewerbebetrieben« sowie der Juden deutscher Staatsangehörigkeit auferlegten »Sühneleistung« – erging ein ganzes Bündel diskriminierender oder einschränkender Verordnungen der einzelnen Ressorts.[57] Noch unterblieben sehr viel weiterreichende Maßnahmen, wie sie Heydrich mit der Kennzeichnungspflicht für Juden und Ansätzen zu einer Ghettoisierung vorschlug, offenbar weil Hitler nicht die Tür zu den noch nicht abgeschlossenen Verhandlungen mit dem Rublee-Komitee zuschlagen wollte.[58]

Die Aktion des 9. November 1938 wurde von der NS-Propaganda als großer Erfolg im Kampf gegen das Judentum hingestellt, doch waren die hohen materiellen Einbußen schwerlich damit zu rechtfertigen. Was die Ausschaltung der Juden aus dem Wirtschaftsleben anging, hätte es dieses Anstoßes keineswegs bedurft. Es ist daher problematisch, Goebbels' Pogromstrategie, die ja in entscheidenden Punkten versagte, in die Nähe »zweckrationalen Handelns« zu bringen.[59] Ebensowenig können die Vorgänge des November 1938 »als Ausdruck der radikalantisemitischen Grundstimmung eines signifikanten Teils der deutschen Gesellschaft« gedeutet werden.[60]

Die Auswirkungen der Aktion bestanden nicht zuletzt in einer verschärften Einschüchterung der Mehrheitsbevölkerung, die sich auch darin ausdrückte, daß aus der Ablehnung des Vorgehens der SA-Aktivisten kein größerer Widerstandswille hervorging.[61] Mit der »Reichskristallnacht« war der Rubikon von einer wie immer eingeschränkten jüdischen Lebensmöglichkeit zu einer extremen Segregierung, Expropriierung, Rechtlosigkeit und öffentlichen Ächtung überschritten. Die Juden waren, auch wenn Reste des Rechtsstaates fortbestanden, »vogelfrei« und zu einem »sanitären Problem« geworden, das zu lösen sich Gestapo und SD anschickten.

Kapitel 6

Umsiedlungspolitik und Vision einer territorialen »Lösung der Judenfrage« im Zweiten Weltkrieg

In der Vorstellungswelt Hitlers und der führenden Satrapen des NS-Regimes kam dem Krieg die Funktion eines Patentschlüssels für die Lösung anstehender politischer Probleme zu. Krieg hieß für die NS-Führung in dieser Hinsicht Befreiung von der Rücksichtnahme auf bestehendes internationales und nationales Recht. In der Chefbesprechung vom 12. November 1938 im Reichsluftfahrtministerium hatte Göring unter Berufung auf Hitler betont, daß im Kriegsfalle »eine große Abrechnung mit den Juden« mit Selbstverständlichkeit vollzogen werden würde.[1] Eine ähnliche Äußerung fand sich auch in einem Artikel des »Schwarzen Korps« vom 24. November 1938, wonach man im Kriegsfalle »vor der harten Notwendigkeit« stünde, »die jüdische Unterwelt genauso auszurotten wie wir in unserem Ordnungsstaat Verbrecher eben auszurotten pflegen: Mit Feuer und Schwert. Das Ergebnis wäre das tatsächliche und endgültige Ende des Judentums in Deutschland, seine restlose Vernichtung«.[2]

Drohungen dieser Art verblieben jedoch durchweg auf einer spekulativen Ebene. Das galt auch für Adolf Hitlers berüchtigte Ausführungen in seiner Reichstagsrede vom 30. Januar 1939, die er später wieder aufnehmen sollte: »Wenn es dem internationalen Finanzjudentum in und außerhalb Europas gelingen sollte, die Völker noch einmal in einen Weltkrieg zu stürzen, dann wird das Ergebnis nicht die Bolschewisierung der Erde und damit der Sieg des Judentums sein, sondern die Vernichtung der jüdischen Rasse in Europa.«[3] Es wäre verfehlt, von dieser Äußerung, obwohl sie von Hitler später mehrfach wörtlich wiederholt wurde, auf eine unmittelbare Vernichtungsabsicht zu schließen. Sie stand im

Kontext der Konferenz von Evian und der laufenden Bemühungen, durch Verhandlungen mit dem Rublee-Komitee den Westmächten eine Finanzierung der jüdischen Auswanderung abzupressen.[4] Hinter der Drohung Hitlers verbarg sich die Vorstellung, das einheimische Judentum als Geisel benützen zu können, um die Westmächte zu Wohlverhalten zu zwingen.

Wichtig an dieser Äußerung war jedoch die Beschwörung des Krieges, die Hitler in öffentlichen Äußerungen bis zum Spätherbst 1938 zu vermeiden pflegte. Man hat im Blick auf die nationalsozialistische Gewaltpolitik gemeint, daß Krieg und Vernichtung des Judentums ein und dieselbe Sache gewesen seien, und im Endeffekt lief es auch darauf hinaus. Aber vor dem Frühsommer 1941 war die Vernichtungsdrohung noch nicht mit realen Handlungsperspektiven verknüpft. Das Ziel der systematischen physischen Liquidierung der Juden kristallisierte sich erst unter den Bedingungen des Ostkrieges nach dem 22. Juni 1941 heraus.

Gleichwohl hatte die Kriegserwartung, die zum erstenmal im September 1938 real gewesen war – damals waren Teile der SA in Alarmbereitschaft versetzt worden[5] –, Konsequenzen für das Vorgehen in der Judenfrage. In Parteikreisen setzte sich die Vorstellung fest, daß mit dem Beginn des Krieges die Juden in Konzentrationslager gebracht werden würden und daß eine definitive soziale Abtrennung des jüdischen Volksteils vollzogen würde. Dies entsprach der antisemitischen Vorstellung, die nach und nach die Köpfe zu beherrschen begann, daß die für das Kriegsgeschehen unentbehrliche innere Einheit der Nation nur durch die vollständige Eliminierung jüdischen Einflusses sichergestellt werden könnte.

Als politische Zäsur legt der Beginn des Krieges eine Bilanzierung der bis dahin erzielten Resultate der Ausschaltung des jüdischen Volksteils nahe. Betrachtet man die Verfolgung der deutschen Juden im Zeitraum von 1933 bis 1939, stellt sich die unermeßliche Kumulation von Gewalt, Diskriminierung, Enteignung und Entrechtung, die sich gegen den jüdischen Volksteil richteten und dessen Verbindung zur Mehrheitsbevölkerung fast völlig zerschnitten, als Vorbote und Vorbereitung der späteren Vernichtungspolitik dar. Aus der Sicht ex post drängt sich eine gewisse Folgerichtigkeit der einzelnen Verfolgungsschritte auf.

Die nationalsozialistische Rassenpolitik war jedoch keineswegs einheitlich, sondern in vieler Hinsicht wenig koordiniert, und die jeweils verfolgten Strategien blockierten einander gegenseitig. Gemessen an dem Umfang von physischer Gewaltanwendung, gesetzlichen Ausschaltungsmaßnahmen und ökonomischer Aushungerung erscheint das Vorgehen als wenig rational. Wenn man den Maßstab äußerer Effizienz anlegt, kann man in dieser Hinsicht von einem politischen Debakel sprechen.

Der eigentliche Gradmesser des Erfolges konnte aus der Sicht der Akteure nur in der Forcierung der jüdischen Auswanderung liegen. Trotz der Querschläge und des Störfeuers fanatisierter Parteikreise hatte es in den Jahren nach 1933 mit dem von Hjalmar Schacht geförderten Havaara-Abkommen Ansätze zu einer leidlich konstruktiven Auswanderungspolitik gegeben. Der Anteil deutscher Auswanderer nach Palästina war bis 1939 bemerkenswert hoch und erreichte in der Mitte der dreißiger Jahre mehr als ein Drittel der Gesamtauswanderung.[6] Indessen verstärkten sich insbesondere nach der Olympiade die Gegenkräfte in der Partei und der Bürokratie. Vor allem erwies sich das Referat Deutschland im Auswärtigen Amt als dezidierter Gegner einer Fortführung des Abkommens und fand die Unterstützung der NSDAP-Auslandsorganisation unter Wilhelm Bohle, der gleichzeitig Staatssekretär im Auswärtigen Amt war.[7] Der hinhaltende Widerstand des Reichswirtschaftsministeriums, das zunächst die Rückendeckung des Staatssekretärs Stuckart vom Reichsministerium des Innern erhielt, bewirkte, daß das Abkommen bis Ende 1938 in Kraft blieb, zumal sich Hitler, der sich grundsätzlich für die jüdische Auswanderung aussprach, in dieser Sache trotz aller Bemühungen der Gegner Schachts bedeckt hielt.[8] Mit der Einführung des Altreu-Verfahrens (Allgemeine Treuhandstelle) suchte das Reichswirtschaftsministerium die Kritik an der indirekten Unterstützung der zionistischen Staatsbildung nicht ohne Erfolg zu unterlaufen.[9] Die Auswanderungspolitik des Reichswirtschaftsministeriums wurde jedoch durch die zunehmende Enteignung des jüdischen Vermögens und aufgrund der Verweigerung von Devisen für Auswanderer auf die Dauer obsolet.

Der letzte konkrete Versuch, auf internationaler Ebene Fortschritte in der Auswanderungsfrage zu erzielen, bestand in den gegen den erklärten Willen des Auswärtigen Amtes von Hjalmar Schacht aufgenommenen Verhandlungen mit dem in Evian gebildeten Rublee-Komitee in London. Die dort ausgehandelte Vereinbarung sah die geordnete Unterbringung von 150 000 Juden in den noch zu bestimmenden Aufnahmeländern während eines Zeitraumes von fünf Jahren vor, die wiederum 250 000 Familienangehörige nach sich ziehen könnten. Dafür sollten 25 Prozent des jüdischen Vermögens in Deutschland einem Treuhandfonds zugeführt und nach und nach zum Transfer freigegeben werden.[10]

Nach dem Ausscheiden Schachts als Reichswirtschaftsminister 1938 führte der von Göring beauftragte Helmut Wohltat die Verhandlungen mit dem Intergovernmental Committee in London weiter, aber sie gelangten zu keinen greifbaren Ergebnissen, auch wegen Widerständen auf der Seite der jüdischen Verhandlungspartner, vor allem jedoch aufgrund der Weigerung der deutschen Seite, Devisen für die Auswanderung zur Verfügung zu stellen. Tatsächlich waren die Gespräche von Göring, dies mit der Billigung Hitlers, nur deshalb fortgeführt worden, weil er sich davon eine Abmilderung des chronischen Devisenmangels des Reiches versprach, durch den die Fortsetzung der Aufrüstung gefährdet wurde.[11]

Ende 1938 schaltete sich die Gestapo in die bis dahin in der Federführung des Reichswirtschaftsministeriums liegende Auswanderungspolitik ein. Am 24. Januar 1939 erfolgte die Errichtung der »Reichszentrale für jüdische Auswanderung« nach dem Vorbild von Eichmanns Initiativen in Wien und Prag. Ihre Aufgabe, hieß es in dem Erlaß, müsse darin liegen, die Auswanderung der Juden aus Deutschland »mit allen Mitteln zu fördern« und die organisatorischen Voraussetzungen für »ein beschleunigtes und einheitliches Ausreiseverfahren und für eine bevorzugte Berücksichtigung mittelloser Juden« zu schaffen.[12] Mit diesem Schritt sollte die gegenseitige Blockierung überwunden werden, die durch konkurrierende Interessen und Behörden in der Bearbeitung von Auswanderungsgesuchen auftrat.

Die erste Sitzung der Reichszentrale fand am 11. Februar 1939 statt.[13] Heydrich erklärte dort, daß Deutschland in Ergänzung des Rublee-Planes, dessen Durchführung noch nicht gesichert sei, »auch weiterhin ohne Rücksicht auf diesen Plan die Auswanderung mit allen sonst zur Verfügung stehenden Mitteln fördern« müsse. Das bisherige Auswanderungsverfahren, das »in vielen Punkten gegeneinander lief«, müsse vereinfacht werden und in den Händen der Stapostellen liegen.[14] In diesem Zusammenhang äußerte Heydrich, daß die illegale Auswanderung nach Palästina nicht unterbunden werden solle.

Die Konzentration der Auswanderungspolitik bei dem Chef der Sicherheitspolizei war auch eine Reaktion auf die relativ bescheidene Bilanz der bisherigen Maßnahmen der beteiligten Reichsressorts. Zwar stieg die jüdische Auswanderung nach der »Reichskristallnacht« noch einmal signifikant an, aber gemessen an den volkswirtschaftlichen Verlusten, die sowohl die »wilden« als auch die amtlich kontrollierten Arisierungen und die Ausschaltung der deutschen Juden aus der Wirtschaft mit sich brachten, war sie quantitativ begrenzt.[15] So war der jüdische Bevölkerungsteil, den Angaben der Volkszählung vom Mai 1939 zufolge, auf 213 930 »Glaubensjuden« gesunken, zu denen weitere 19 716 Personen zuzuschlagen waren, die als »Rassejuden« galten, aber nicht der jüdischen Religionsgemeinschaft angehörten. Dazu kamen 52 000 »Mischlinge ersten Grades« und 32 669 »Mischlinge zweiten Grades«.[16] Somit konnten etwa zwei Drittel der deutschen Juden, zuletzt unter dem völligen Verlust ihres Vermögens, dem sich abzeichnenden Inferno entkommen. Die in Deutschland verbliebene jüdische Bevölkerung war deutlich überaltert, und weniger als ein Fünftel der Erwerbstätigen war noch beruflich tätig, während die übrigen auf die jüdische Wohlfahrt angewiesen waren oder die ihnen verbliebenen Vermögensreste aufzehrten. Mit der Schaffung der »Reichsvereinigung der deutschen Juden«, der die einzelnen Kultusgemeinden eingegliedert wurden, und der Zwangsmitgliedschaft auch nichtreligiös eingestellter Juden vollzog sich auch institutionell eine fast völlige Abschließung des jüdischen Volksteils von der Mehrheitsbevölkerung. Er unterlag von nun an der nahezu lückenlosen Überwachung durch die Gestapo, die alle Zuständigkeiten bei sich zentralisierte und die Kultusgemeinden zum Vollstrecker ihrer Aufträge machte.

Abgesehen vom Vollzug der »Arisierung« nach dem Dezember 1938 hatte die NSDAP weitgehend die Initiative in der »Judenfrage« verloren. Das wohl wichtigste Ergebnis der nach der »Reichskristallnacht« im Reichsluftfahrtministerium stattfindenden Verhandlungen bestand darin, daß der NSDAP endgültig ungesetzliche Aktionen untersagt wurden und die Zuständigkeit nunmehr an die Gestapo und den SD überging. Im Dezember 1939 wurde die Steuerung der »Judenfrage« im Referat IV D 4 im neu geschaffenen Reichssicherheitshauptamt (RSHA) zusammengefaßt und Adolf Eichmann unterstellt, dem außerdem die Leitung der »Reichszentrale für jüdische Auswanderung« übertragen worden war.[17]

Gleichwohl war es dem radikal-antisemitischen Parteiflügel mit der maßgebenden Unterstützung durch Joseph Goebbels, Wilhelm Frick, Julius Streicher und Adolf Wagner gelungen, ein extrem rassistisches Klima zu schaffen, das auch diejenigen Teile der Bevölkerung ergriff, die nicht primär antisemitisch eingestellt gewesen waren. Die ständige propagandistische Aktivität der NSDAP, aber auch das vor Ort zur Gewohnheit werdende diskriminierende Vorgehen gegen jüdische Bürger entsprang nicht zuletzt dem Umstand, daß die Partei als Massenorganisation ihre ursprünglichen politischen Funktionen einbüßte und die antisemitischen Aktionen gleichsam als Ventil fungierten, um die aufgestauten sozialrevolutionären Energien des aktivistischen Parteikerns zu entladen.[18]

Das extrem antisemitische Klima, das sich somit allgemein durchsetzte und keinen gesellschaftlichen Bereich aussparte, wurde durch die Androhung terroristischer Gewaltanwendung weiter forciert, so daß sich der Teil der Bevölkerung, der den antisemitischen Aktionen und der gesetzlichen Einschränkung des jüdischen Lebensbereichs skeptisch bis ablehnend gegenüberstand, jedenfalls öffentlich nicht zu artikulieren wagte. Es trat hinzu, daß der soziale Kontakt zu jüdischen Bürgern weitgehend unterbunden wurde, zumal diese sich in die Anonymität der Großstädte zurückzogen, die einen gewissen Schutz gegen antisemitische Übergriffe bot, denen sie auf dem Land und in den Kleinstädten schutzlos ausgesetzt waren.

In Parteikreisen setzte sich die Vorstellung fest, daß die Juden im Kriegsfalle sämtlich interniert werden müßten, was dann aber nicht geschah. Die verschärfte Repression mündete in die Forderung nach einem geschlossenen Arbeitseinsatz der deutschen Juden, was mit dem fragwürdigen Argument begründet wurde, daß sie vom Wehrdienst ausgeschlossen seien.[19] Mit dem Verschwinden der jüdischen Bürger aus dem Gesichtsfeld der »Volksgenossen« trat auch deren Existenz aus dem öffentlichen Bewußtsein fast völlig zurück. Die Wirkung der pausenlosen antisemitischen Indoktrination bestand daher darin, den anti-jüdischen Klischees den Anschein der Glaubwürdigkeit zu verleihen und eine abstrakte Judenfeindschaft zu begründen, durch welche die bei der Mehrheit der Bevölkerung vorherrschende moralische Indifferenz im Hinblick auf die Behandlung der Juden weiter verstärkt wurde.

Die kumulativen Maßnahmen zur Einschränkung des jüdischen Lebensbereichs, bei denen sinnlos erscheinende Schikanen nicht fehlten, setzten sich nach 1939 verstärkt fort. Die in den einzelnen Ressorts, aber auch auf kommunaler Ebene eingerichteten Judenreferate sowie die Initiativen von radikal antisemitisch eingestellten Amtsinhabern bewirkten eine fortschreitende Einengung des jüdischen Lebensraums, angefangen mit der Zusammenlegung jüdischer Wohnungen in sogenannten »Judenhäusern« auf engstem Raum und unter unzureichenden Bedingungen und der wachsenden Beschränkung der Freizügigkeit. Hinzu traten die Einschränkung der Einkaufszeiten, die Verhängung nächtlicher Ausgangssperren, das Verbot, Kraftfahrzeuge zu halten oder Telefone zu besitzen, die Beschlagnahmung von Radios, die Beschränkung der Benützung öffentlicher Verkehrsmittel, der Ausschluß aus Bädern, Restaurants, öffentlichen Bibliotheken und Parkanlagen, die Kürzung der Lebensmittel- und Bekleidungszuteilungen und die Benachteiligung beim Bezug knapper Güter sowie eine Fülle willkürlicher und diskriminierender Eingriffe in die alltäglichen Lebensbedingungen bis hin zum Verbot, Kanarienvögel zu halten.

Noch einschneidender waren der Entzug jeglicher Steuervergünstigungen, die Verpflichtung zur Zwangsarbeit und die Beschlagnahmung bzw. Sequestrierung des verbliebenen Vermögens von Juden. Diesen gesetzlich verankerten Drangsalierungen traten willkürliche Schikanen der verschiedensten Behörden und Dienststellen an die Seite. Die Tagebücher von Viktor Klemperer legen davon anschaulich Zeugnis ab.[20]

Man mag in diesen kumulierenden Verfolgungsmaßnahmen, die den Opfern weithin die menschliche Würde nahmen, eine Kompensation für die Tatsache erblicken, daß sich nach dem Beginn des Krieges keinerlei Lösung der »Judenfrage« abzeichnete, während die Chancen der Auswanderung gegen Null tendierten. Die bisherige Auswanderungspolitik wurde auch deshalb obsolet, weil sich im Zuge der territorialen Expansion des Deutschen Reiches die Zahl der im deutschen Herrschaftsbereich ansässigen Juden – zumal nach der Besetzung Polens – vervielfachte und damit andere Lösungen als die bisher nachdrücklich verfolgte Auswanderung zu erzwingen schien.

Mit der Okkupation Polens änderten sich die Ausgangsbedingungen für eine »Lösung der Judenfrage« im Sinne des NS-Systems. Die Forcierung der Auswanderung durch das Reichssicherheitshauptamt ging nahtlos in die Zielsetzung über, die Juden in ein noch festzulegendes Reservat abzuschieben. Schon am 21. September 1939 legte Heydrich in einem an die Chefs der Einsatzgruppen gerichteten Schnellbrief ein entsprechendes Konzept vor. Er unterschied darin zwischen einem »Endziel«, das »längere Fristen beansprucht«, und vorläufigen Maßnahmen. Sie umfaßten eine Konzentrierung der Juden in den größeren Städten, wobei die annektierten Gebiete, der Warthegau und der Gau Danzig-Westpreußen, möglichst »von Juden frei gemacht werden« sollten, während in den übrigen Teilen Polens bis zur Demarkationslinie zur Sowjetunion nur wenige Konzentrationspunkte gebildet werden sollten, die in der Nähe von Eisenbahnstationen lagen, um einen künftigen Weitertransport zu erleichtern. Zugleich befahl Heydrich die sofortige Bildung von jüdischen Ältestenräten, die für die Durchführung der ergehenden Weisungen haftbar zu machen seien. Dies war als vorläufige Maßnahme gedacht, und offensichtlich bestand über eine endgültige territoriale Lösung noch keine Klarheit.[21]

Heydrichs Anweisung gingen am 19. September eine Erörterung im Ministerrat für die Reichsverteidigung und zwei Tage darauf eine Besprechung mit den Amtschefs der Sicherheitspolizei voraus, in der die Absiedlung der Juden aus dem Reich innerhalb eines Zeitraumes von einem Jahr ins Auge gefaßt wurde.[22] Heydrich schwebte zu diesem Zeitpunkt die Schaffung eines »Judenreservats« in der Region um Krakau, wenig später im Distrikt Lublin vor, also in dem im Austausch mit den baltischen Staaten von der Sowjetunion zurückgegebenen polnischen Gebiet. In einer Amtschefbesprechung vom 29. September sprach er von der Errichtung eines »Naturschutzgebiets« bzw. eines »Reichs-Ghettos«, »in dem all die polnischen und jüdischen Elemente untergebracht werden, die aus den künftigen deutschen Gauen ausgesiedelt werden müssen«.[23]

Diese noch sehr vagen Pläne deckten sich mit den Vorstellungen, die Hitler gegenüber Alfred Rosenberg zum gleichen Zeitpunkt entwickelt hatte und denen zufolge die Juden aus dem gesamten Reichsgebiet sowie »alle irgendwie unzuverlässigen Elemente« in das spätere Generalgouvernement abgeschoben werden sollten. An der Weichsel sei ein Ostwall und an der früheren deutsch-polnischen Grenze ein breiter germanischer Siedlungsgürtel zu schaffen, dazwischen läge »eine polnische Staatlichkeit«.[24]

Heydrichs umfassende Planung traf sich mit der Anweisung des Generalquartiermeisters des Oberkommandos des Heeres (OKH), alle Juden aus Ost-Oberschlesien in das Gebiet östlich des San abzuschieben, das als sowjetische Interessensphäre vorgesehen war.[25] Kurz darauf erwog der Befehlshaber der Sicherheitspolizei im Protektorat Böhmen und Mähren, Franz Walter Stahlecker, mehrere tausend Juden in den Raum östlich von Krakau zu deportieren. Eichmann war als Leiter der »Zentralstelle für jüdische Auswanderung« in Prag in diese Planungen einbezogen und erhielt die Anweisung des Reichssicherheitshauptamtes (RSHA), in Absprache mit dem Gauleiter von Schlesien, Josef Wagner, in Kattowitz die Abschiebung von 70 000–80 000 Juden aus Oberschlesien und Mährisch-Ostrau in das jenseits der Weichsel liegende Gebiet vorzubereiten. Diesem Befehl, der am 6. Oktober 1939 ausgefertigt wurde, waren Verhandlungen in Mährisch-Ostrau mit dem Befehlshaber der Sicherheitspolizei vorausgegangen. Jedenfalls hatte Eichmann bereits mit Vorarbeiten begonnen und nahm unverzüglich mit der Behörde von

Reichskommissar Josef Bürckel Verhandlungen zur Einbeziehung österreichischer Juden auf.[26]

In den folgenden Wochen entfaltete Eichmann eine rastlose Aktivität, um das Absiedlungsprogramm in Gang zu bringen, für das ein Durchgangslager im Raum Lublin errichtet werden sollte. Nach einer zusammen mit Stahlecker unternommenen Erkundungsfahrt legte Eichmann eine Weidefläche bei dem Dorf Zarzecze in der Nähe der Eisenbahnstation Nisko am San für das zu errichtende Durchgangslager fest. Er ließ bereits am 18. Oktober ein jüdisches Vorauskommando aus Mährisch-Ostrau entsenden, dem am 20. Oktober ein zweiter Transport aus Wien folgte. In beiden Fällen hatte er veranlaßt, daß vor allem Handwerker und geeignete Arbeitskräfte dafür ausgesucht sowie Werkzeuge und Baumaterial mitgeführt wurden. Dabei wurde bewußt der falsche Eindruck erweckt, daß sich die Abschiebung in leidlich zivilen Formen vollziehen würde. So durften die Teilnehmer der Transportkommandos Gepäck und begrenzte Geldsummen mit sich führen. Am Zielort fehlten jedoch alle Voraussetzungen für die Unterbringung und Versorgung der Deportierten, die selbst ein Barackenlager aufbauen sollten. Nur ein kleinerer Teil wurde zu den Bauarbeiten herangezogen, während die große Masse der Juden, nachdem man ihnen ihr Barvermögen, ihren Schmuck und ihre Wertsachen abgenommen und das mitgeführte Gepäck vorenthalten hatte, unter Androhung von Gewalt über die Demarkationslinie zur Sowjetunion getrieben wurde.

Die Transporte aus Mährisch-Ostrau und Wien, die im ganzen 2000–3000 Personen umfaßten, wurden nicht fortgesetzt, das in Nisko errichtete Barackenlager im April 1940 geschlossen und die restliche Belegschaft von etwa 500 Personen schließlich wieder in ihre Heimatorte zurückgebracht. Die Nisko-Aktion endete somit als Fiasko, noch bevor sie recht begonnen hatte. Es war jedoch nicht die unmenschliche Behandlung und das Fehlen jedweder sanitärer und infrastruktureller Voraussetzungen, die das Hauptamt Sicherheitspolizei dazu bewogen hatte, schon am 19. Oktober jede weitere Abschiebung zu untersagen, obwohl Eichmann dies noch eine gute Woche lang zu unterlaufen vermochte. Vielmehr verbot Himmler die Fortsetzung der Aktion mit Rücksicht auf die Wehrmacht, die es ablehnte, zusätzlichen Transportraum der Reichsbahn für die Durchführung der Deportationen zur Verfügung zu stellen.[27] Die Wehrmachtsführung hielt es zudem für wenig ratsam, an der Ostgrenze eine Zone ständiger Gefährdung zu schaffen, da es der Funktion widerspräche, die dem Generalgouvernement als zukünftigem Glacis für einen Aufmarsch im Osten zugewiesen wurde.[28]

Die Auffassung von Peter Longerich, die Nisko-Aktion sei »die erste Variante eines umfassenden Projekts zur ›Endlösung‹« gewesen, durch die »das physische Ende der innerhalb des deutschen Herrschaftsgebietes lebenden Juden herbeigeführt worden wäre«, schießt jedoch über das Ziel hinaus. Zwar bestand »die Absicht, eine größere Zahl von Juden über die Demarkationslinie zu treiben« oder sie im Lubliner Reservat »auszusetzen« und ohne Versorgung und Existenzmöglichkeiten »sich selbst zu überlassen«. Desgleichen wurde der Tod der Masse der Deportierten von vornherein ins Kalkül gezogen. Die NS-Satrapen, unter ihnen Arthur Seyss-Inquart, Hans Frank und Odilo Globocnik, nahmen das Verhungern der abgesiedelten jüdischen Bevölkerung zynisch in Kauf.[29] Trotzdem besteht ein qualitativer Unterschied zwischen Einstellungen dieser Art und der ein Jahr darauf praktizierten systematischen Ermordung. Die Nisko-Aktion stellte einen Modellversuch dar, der von dem Bestreben bestimmt war, die bisherigen Auswanderungsbemühungen mit anderen Mitteln fortzusetzen und die nach der Zerschlagung Polens entstandene Lage für eine Generalbereinigung auszunützen. In dem erwähnten Vermerk über die Fühlungnahme mit Gauleiter Wagner vom 6. Oktober war ausgeführt, daß die geplanten Deportationen »in erster Linie dazu dienen, Erfahrungen zu sammeln, um auf Grund dieser derart gesammelten Erfahrungen die Evakuierung größerer Massen durchführen zu können«.[30]

In den Augen Adolf Eichmanns bedeutete das Scheitern der Aktion eine schwere Niederlage, es war jedoch nicht mit einem Rückschlag in seiner Karriere verbunden. Die Energie, mit der er in kürzester Zeit die Deportationstransporte nach Nisko in die Tat umgesetzt hatte, empfahl ihn in den Augen seiner Vorgesetzten für umfangreichere Aufgaben. Er wurde daher am 19. Dezember 1939 zum »Sonderbeauftragten« im Amt IV des eben geschaffenen Reichssicherheitshauptamts ernannt und von Heydrich mit der »zentralen Bearbeitung der sicherheitspolitischen Angelegenheiten bei der Durchführung im Osten«, zugleich mit der Koordinierung der Deportationstransporte beauftragt. In dieser Funktion baute er einen nachgeordneten Apparat auf, in dem er Persönlichkeiten seines Vertrauens unterbrachte. Eichmann war also keineswegs nur mit der Abschiebung der Juden befaßt, sondern auch für die Absiedlung der polnischen Bevölkerung im Warthegau und in Westpreußen zuständig, die dringlich war, um für die bereits eintreffenden volksdeutschen Siedler Raum zu schaffen. Diese Tätigkeit verschaffte ihm das Knowhow für die spätere Organisation der »Endlösungs«-Transporte.[31]

Anfang Oktober 1939 hatte Heinrich Himmler das Amt des Reichskommissars für die Festigung deutschen Volkstums (RKFV) übernommen. Er leitete unverzüglich eine umfassende Umsiedlungspolitik ein, die zum einen in der Abschiebung der indigenen polnischen Bevölkerung und der Juden aus den annektierten Gebieten, zum andern in der Ansiedlung der ins Reich »heimkehrenden« Baltendeutschen und der übrigen deutschen Volksgruppen aus Ostmittel- und Osteuropa in die eingegliederten Gebiete bestand. Sie war eine Folge der im deutsch-sowjetischen Grenz- und Freundschaftsvertrag vom 28. September 1939 zugestandenen Zurückziehung der deutschen Minderheiten aus den der Sowjetunion eingeräumten Einflußsphären. Der Handlungsdruck, den sich die Reichsregierung durch die Abkommen mit der Sowjetunion selbst aufgebürdet hatte, sollte in den folgenden Monaten die Politik in der »Judenfrage« maßgeblich beeinflussen.

Die Zwangslage, binnen kürzester Zeit für mehrere hunderttausend Umsiedler Wohnungen und Arbeitsplätze bereitstellen zu müssen, was durch die Beschlagnahmung des polnischen bzw. jüdischen Eigentums und die gewaltsame Absiedlung der polnischen Bauern erfolgen sollte, entfaltete eine beträchtliche Schubwirkung für die Intensivierung der Judenverfolgung, wenngleich sich die Maßnahmen in erster Linie gegen polnische Landwirte und Gewerbetreibende richteten. Himmlers Umsiedlungsprogramm fungierte daher als Katalysator, um die Ausschaltung der

Juden zunächst aus den angegliederten Gebieten, danach dem Reichsgebiet und dem Protektorat Böhmen und Mähren voranzutreiben. Flächendeckende Deportationen waren von den Planungsapparaten des SD bisher nicht ins Auge gefaßt worden, aber nunmehr veralltäglichte sich deren Anwendung und bot sich als naheliegende Methode an, um die »Lösung der Judenfrage« aus dem Engpaß, in den sie geraten war, herauszubringen.

Der Radikalisierungseffekt, der durch Himmlers ethnische Flurbereinigung eintrat, machte sich nicht zuletzt darin geltend, daß die mit der Ansiedlung der Volksdeutschen befaßten Behörden sich nicht scheuten, das Mittel der »Euthanasie« einzusetzen, um die erforderlichen Krankenhäuser und Siechenheime durch die Einschaltung des Personals der T4-Aktion bereitzustellen. Wie Götz Aly gezeigt hat,[32] wurden im Zuge der »Umsiedlungs«-Aktion mehr als 10000 Geisteskranke durch SS-Kommandos im Umkreis der Hafenstädte Danzig/Gdingen, Swinemünde und Stettin, später im Warthegau ermordet. Der Zusammenhang der Euthanasiemaßnahmen mit dem Ansiedlungsprogramm ist evident, wenngleich die Beteiligten kaum schriftliche Spuren der Aktion hinterließen und ein formeller Befehl für diese Maßnahmen fehlt.[33] Die Euthanasieaktion im Altreich stand zu diesem Zeitpunkt erst in den Anfängen. Es spricht alles dafür, daß auch in dieser Beziehung die Umsiedlungspolitik eine verhängnisvolle Schubwirkung zu deren Intensivierung ausgeübt hat.

Um die beabsichtigte Ansiedlung der aus den baltischen Randstaaten abwandernden deutschen Minderheit vorzubereiten, ordnete Himmler am 30. Oktober 1939 die Abschiebung von ca. 500000 Juden und Polen aus dem Warthegau und Danzig-Westpreußen an.[34] Die Juden sollten in ein nicht näher bestimmtes Ansiedlungsgebiet zwischen Weichsel und Bug deportiert werden. Die gesamten Umsiedlungsmaßnahmen seien bis zum Februar 1940 abzuschließen.[35] Beides erwies sich als schlechterdings undurchführbar, da der notwendige Transportraum nicht verfügbar war und Bevölkerungsverschiebungen dieses Ausmaßes nicht so rasch bewerkstelligt werden konnten. Heydrich sah sich daher dazu gezwungen, die bisherigen Vorgaben zurückzuschrauben. In dem von ihm am 28. November vorgelegten 1. Nahplan war die Deportation von 80 000 Personen aus den annektierten westpolnischen Provinzen in das Generalgouvernement vorgesehen.

Heydrich hielt jedoch an dem Gesamtprojekt fest, das er in Etappen verwirklichen wollte. Ein von ihm veranlaßter »Fernplan der Umsiedlung in den Ostprovinzen« umfaßte neben der Abschiebung der Juden und der polnischen Führungsschicht eine rassische Überprüfung der polnischen Bevölkerung. Deren rassisch »wertvollsten« Gruppen sollten zur Deckung des Arbeitskräftebedarfs im Reich »für dauernd angesetzt werden«, während eine polnische Unterschicht zu einfachen Arbeiten herangezogen oder ins Generalgouvernement abgeschoben werden sollte.[36] In diesem Programm, aus dem die »Deutsche Volksliste« hervorging, mittels derer die einheimische Bevölkerung unter dem Kriterium der Eindeutschungsfähigkeit sortiert wurde, rangierten die Juden grundsätzlich auf der untersten Ebene. Auch wenn sie einstweilen noch nicht abgeschoben werden konnten, wurden sie von der Haupttreuhandstelle Ost (HTO) ihres gesamten Vermögens und ihrer Subsistenzmittel beraubt und damit de facto zu einer »überflüssigen« Bevölkerung gemacht, was dem antisemitischen Klischee vom jüdischen Schleichhändler entgegenkam und von der Propaganda ausgeschlachtet wurde, um die Juden als Seuchenträger und verlumpte »Untermenschen« zu brandmarken.[37]

Nachdem der 1. Nahplan bis Mitte Dezember 1939 mit der Deportation von 87 000 Personen erfolgreich abgeschlossen werden konnte, legte Heydrich einen 2. Nahplan auf, der dem früheren Fernplan entsprach und demzufolge von Januar bis Ende April 1940 statt bisher 220 000 nunmehr 600 000 Polen und Juden ausgesiedelt werden sollten, um das Ende November vereinbarte Umsiedlungsprogramm zu erfüllen.[38] Bei diesen Aktionen trat das Motiv, die Juden auszuweisen, gegenüber der Notwendigkeit, Raum für die baltischen, bald auch die wolhynischen und die in Ostgalizien ansässigen Volksdeutschen zu schaffen, in den Hintergrund. Die fast vollständige Enteignung der jüdischen Bevölkerung im Warthegau reduzierte überdies das materielle Interesse der beteiligten Behörden an deren Abschiebung. Die Konsequenz bestand in der Bildung des Ghettos Lodz, das als

Provisorium betrachtet wurde und nur fünf Monate existieren sollte. Es diente zunächst der innerstädtischen Umsiedlung zugunsten der Volksdeutschen. Aber nachdem sich die Realisierung des »Judenreservats Lublin« im März 1940 zerschlagen hatte, wurde Lodz zum Konzentrationspunkt der jüdischen Einwohner des Warthegaus. Bezeichnenderweise war Lodz zum Warthegau geschlagen worden, weil man hoffte, dort durch Absiedlung der städtischen Bevölkerung, darunter ca. 320 000 Juden, den nötigen Wohnraum für die volksdeutschen Umsiedler bereitstellen zu können.

Götz Aly hat gezeigt, daß die Umsiedlungsaktion in Stettin am 12. und 13. Februar 1940, die fast die gesamte jüdische Gemeinde und mehr als 1100 Personen betraf, vor allem deshalb durchgeführt wurde, um volksdeutsche Siedler in seemännischen Berufen unterzubringen. Dieselben Züge, mit denen die Siedler nach Stettin transportiert worden waren, wurden für die Deportation der Juden benützt, die unter verhängnisvollen äußeren Bedingungen erfolgte und zahlreiche Todesopfer zur Folge hatte. Ähnliches vollzog sich bei der einen Monat später vorgenommenen Abschiebung von 160 Juden aus Schneidemühl.[39]

Der wachsende Widerstand von Hans Frank gegen Deportationen in das Generalgouvernement führte dazu, daß Heydrich die Zielsetzung des 2. Nahplans, die Deportation von 220 000 Juden und Polen aus den eingegliederten Ostgebieten, nicht annähernd realisieren konnte, obwohl er zunächst die Unterstützung Himmlers besaß. Die noch weiter reichenden Planungen, in denen die Abschiebung von langfristig 3,4 Millionen Polen vorgesehen war, blieben Schimäre. Abgesehen von den Deportationen aus Stettin und Schneidemühl wurde die Abschiebung in das Generalgouvernement gestoppt und schließlich durch einen Erlaß Görings am 23. März 1940 unterbunden, womit die Preisgabe des Plans einer Konzentration der Juden im Raum Lublin verknüpft war.[40]

Das Steckenbleiben der Deportationsprogramme und das Scheitern der Reservatslösung im Osten bedeuteten einen empfindlichen Prestigeverlust des RSHA. In einem Schreiben an Ribbentrop vom 24. Juni 1940, das auf den inzwischen zur Diskussion stehenden Madagaskar-Plan reagierte, mußte Heydrich eingestehen, daß »das Gesamtproblem der rund 3,25 Millionen Juden nicht mehr durch Auswanderung gelöst werden« könne.[41] In dem Ende Juli/Anfang August 1940 im RSHA entworfenen Planungspapier zum Madagaskar-Projekt hieß es ähnlich, daß »die Lösung des jüdischen Problems im Reichsgebiet einschließlich (des) Protektorat(s) Böhmen und Mähren im Wege der Auswanderung« in absehbarer Zeit nicht zu Ende geführt werden könne.[42]

In einer Notiz, die Eichmann für Himmlers »Vortrag über Siedlung« vom 10. Dezember 1940 niederlegte, war denn auch unter dem Stichwort »Anfangslösung der Judenfrage durch Absiedlung« das Eingeständnis enthalten, daß eine Lösung nur durch »Umsiedlung der Juden aus dem europäischen Wirtschaftsraum des deutschen Volkes in ein noch zu bestimmendes Territorium« erfolgen könne. Denn: »Nach dem Hinzutreten der Massen des Ostens ist eine Bereinigung des Judenproblems durch Auswanderung unmöglich geworden.« Zwar schönte Eichmann die realen Daten, indem er einer Aussiedlungsbilanz von 873 000 Polen und Juden eine halbe Million umgesiedelter Volkdeutscher gegenüberstellte. Tatsächlich waren trotz der angewandten Brachialmethoden nur etwa 300 000 Juden deportiert worden. Für die ins Auge gefaßte Gesamtlösung errechnete er inzwischen unter Einschluß der jüdischen Bevölkerung in Westeuropa und der Slowakei eine Größenordnung von 5,8 Millionen Juden, die sich im deutschen Herrschaftsbereich befanden.[43]

Es erscheint symptomatisch, daß trotz der vorübergehenden Konjunktur des Lublin-Projekts der Gedanke einer überseeischen Lösung nicht völlig aufgegeben worden war, wie auch die ersten Konzentrationsbefehle erkennen lassen. Dafür war auch eine Bemerkung aufschlußreich, die Hitler gegenüber dem mit dem Regime sympathisierenden amerikanischen Journalisten Colin Ross am 12. März 1940 machte und in der er seine instinktive Skepsis gegen das Reservatsprojekt im Raum Lublin offenbarte: »Auch die Bildung eines Judenstaates um Lublin herum würde nie eine Lösung bedeuten, da auch dort die Juden zu eng aufeinander wohnten, um einen einigermaßen befriedigenden Lebensstandard zu erreichen.«[44] Letzteres war sicherlich nicht aufrichtig gemeint, reflektierte aber zugleich Hitlers Scheu, sich auf ein konkretes Programm festzulegen.

Faktisch war das Absiedlungsprogramm Himmlers und Heydrichs gänzlich im Frühjahr 1940 zusammengebrochen, und zwar sowohl was die Vertreibung der polnischen Einwohner aus dem Warthegau wie der jüdischen Bevölkerung anging. Es stellte sich bald als illusorisch heraus, das Deportationsprogramm innerhalb absehbarer Zeit fortsetzen zu können. In dieser Konstellation schien das Madagaskar-Projekt den ersehnten Ausweg aus der festgefahrenen Lage zu bieten. Die Verschickung der Juden nach Madagaskar gehörte zum herkömmlichen Inventar des kontinentaleuropäischen Antisemitismus und war ursprünglich von Paul de Lagarde vorgeschlagen worden. Als sich die französische Niederlage im Mai/Juni abzeichnete, wurde der Gedanke auch in Deutschland von den verschiedensten Stellen ventiliert, doch gewann das Konzept konkrete Form erst durch die Initiative des Leiters der Abteilung D III (Judenangelegenheiten) im Auswärtigen Amt, Legationsrat Franz Rademacher, der am 3. Juni einen Entwurf vorlegte, der in NS-Führungskreisen rasch bekannt wurde.[45] Beim Referat IV D 4 stieß die Initiative Rademachers auf nachhaltiges Interesse und auf eigene Vorarbeiten, wurde aber zugleich als Eingriff des Auswärtigen Amtes in seine verbriefte Zuständigkeit aufgefaßt.

Rademacher stützte sich bei seinen Vorschlägen auf ein Gutachten des Bevölkerungswissenschaftlers Friedrich Burgdörfer, demzufolge auf der Insel bis zu 6,5 Millionen Menschen, damit nahezu die gesamte jüdische Bevölkerung im deutschen Einflußbereich, Platz finden könnten. Das war höchst fragwürdig und abstrahierte gänzlich von den für Europäer abträglichen klimatischen Bedingungen.[46] Das Aufgreifen des Madagaskar-Plans, der eigentlich zu den antisemitischen Ladenhütern gehörte, stellte gleichwohl kein bloßes Tarnungsmanöver dar, um die Vorbereitungen für die physische »Endlösung« zu kaschieren, wie die Forschung vereinzelt betont hat. Noch Longerich sieht darin aufgrund der utopischen Züge des Projekts ein »bewußt inszeniertes Ablenkungsmanöver«[47], während Götz Aly es zutreffend als Akt »projektiver Konfliktüberbrückung« deutet.[48]

In der Tat war es für das NS-System typisch, Konflikte in visionärem Zusammenhang zu neutralisieren. Madagaskar wurde jedoch zugleich zum Gegenstand umfangreicher Planungsarbeiten, wie aus einer von Theodor Dannecker am 15. August 1940 im Auftrage Heydrichs an das Auswärtige Amt übersandten Projektübersicht hervorgeht. In die Vorarbeiten war eine Reihe von Ressorts eingeschaltet worden.[49] Eichmann war daran aktiv beteiligt und nahm auch Verbindungen zur Reichsstelle für das Auswanderungswesen im Reichsministerium des Innern und anderen Dienststellen auf, um nähere Informationen über Madagaskar zu erhalten.[50]

Hitler befürwortete das Projekt. Schon am 20. Juni 1940 hatte er sich in einem positiven Sinne gegenüber Großadmiral Erich Raeder und ebenso gegenüber Benito Mussolini geäußert.[51] Im August notierte Goebbels als Ergebnis einer Unterredung mit Hitler: »Die Juden wollen wir später nach Madagaskar verfrachten: Dort können sie einen eigenen Staat aufbauen.«[52] Im Vorgriff auf das Madagaskar-Projekt wurden mit ausdrücklicher Zustimmung Hitlers zwischen Juli und September 1940 25 000 französische Staatsbürger aus dem Elsaß und Lothringen, darunter eine beträchtliche Zahl von Juden, in das unbesetzte französische Gebiet ausgewiesen, und ihnen folgte am 22. und 23. Oktober die Abschiebung von 6 502 Juden aus Baden und der Saarpfalz.[53]

Die Erkenntnis, daß Großbritannien nicht bereit war, auf Hitlers fragwürdige Friedensangebote einzugehen, und die deutsche Niederlage in der Luftschlacht über dem Kanal machten die Realisierung des Madagaskar-Plans, die die Erringung der Seeherrschaft zur Voraussetzung hatte, jedoch auf absehbare Zeit obsolet. Gleichwohl blieb die Madagaskar-Perspektive erhalten und wirkte auf die konkrete Politik in der »Judenfrage« zurück. Hans Frank teilte seinen Mitarbeitern in Krakau befriedigt mit, es sei beabsichtigt, »die Juden nach Friedensschluß in eine afrikanische oder amerikanische Kolonie zu transportieren«, möglicherweise nach Madagaskar,[54] und er veranlaßte, die Schließung des Warschauer Ghettos aufzuschieben.

Aus den verschiedenen Zusicherungen, die an Hitlers Satrapen, nicht zuletzt an Hans Frank, gegeben wurden, daß ihr Territorium »judenfrei« gemacht würde, folgt, daß eine künftige Lösung in Übersee gesucht wurde. Tatsächlich blieb das Madagaskar-Projekt auch nach der Absage des Unternehmens »Seelöwe« weiterhin im Gespräch.[55] Definitiv wurde das Projekt erst Anfang 1942 ad acta gelegt, wenngleich Hitler sogar noch am 2. Juni 1942 diese Eventualität erwähnte. So teilte Rademacher in einem Schreiben an den Leiter des Afrika-Referates im Auswärtigen Amt, Harald Bielfeld, am 10. Februar mit, daß der Krieg gegen die Sowjetunion »inzwischen die Möglichkeit gegeben« habe, »andere Territorien für die Endlösung zur Verfügung zu stellen«, und daß der Führer entschieden habe, die Juden sollten »nicht nach Madagaskar, sondern nach dem Osten abgeschoben werden«.[56]

Der Madagaskar-Plan fungierte im Sommer 1940 als rettender Strohhalm, nachdem sich die Reservatspläne im Generalgouvernement totgelaufen hatten und die blinde Abschiebung der jüdischen Bevölkerung in dieses Gebiet auf nachhaltigen Widerstand Hans Franks und seiner Mitarbeiter stieß, da eine Fortsetzung dieser Politik die Bemühungen, die Wirtschaft im Generalgouvernement zu stabilisieren und es zum »Nebenland« des Reiches zu machen, in Frage stellte. Jedenfalls erreichte Frank am 8. Juli 1940 einen – allerdings teilweise wieder durchbrochenen – Deportationsstop.[57] Tatsächlich wurde der sogenannte 3. Nahplan Heydrichs, der die Abschiebung von insgesamt 831 000 Polen und Juden ins Generalgouvernement vorsah, Frank mit der ausdrücklichen Billigung Hitlers Anfang Januar 1941 aufgezwungen. Das Programm mußte dann jedoch angesichts des Mangels an Transportraum im Zusammenhang mit dem Aufmarsch der Wehrmacht gegen die Sowjetunion im März 1941 eingestellt werden.[58] Der Anteil der Juden an diesen Abschiebungen, die durch die Umsiedlung der Bessarabiendeutschen notwendig schienen, war äußerst gering.

Der Madagaskar-Plan war vom RSHA, welches das Auswärtige Amt als unbequemen Eindringling in seine Prärogativen empfand, mit Nachdruck betrieben worden. Wenngleich er über bloße Planungsschritte nicht hinauskam, bildete er für das weitere Vorgehen in der »Judenfrage« einen wichtigen Katalysator. Denn im Zuge der Planung entstand ein geographisch auswechselbar erscheinendes Gesamtkonzept, das gegenüber den bislang verfolgten Reservatsplänen eine ungleich höhere Konkretion aufwies, auch wenn die Zielsetzung selbst aus einer Fülle von Gründen utopischen Charakter besaß. Insofern kam ihm eine wichtige Brückenfunktion für die Entwicklung zur späteren »Endlösung« zu, wenngleich er das Moment systematischer Vernichtung noch nicht explizit enthielt. Madagaskar wurde jedoch immer mehr zur Chiffre für eine überseeische Territoriallösung.

Angesichts der Unsicherheit dieser Perspektive begann man in SS-Kreisen über Alternativen zum Madagaskar-Plan nachzudenken, die innerhalb des deutschen Machtbereichs in Europa lagen. Das geht aus einem Brief Theodor Danneckers von Anfang 1941 hervor, in dem es heißt: »Gemäß dem Willen des Führers soll nach dem Kriege die Judenfrage innerhalb des von Deutschland beherrschten oder kontrollierten Teils Europas einer endgültigen Lösung zugeführt werden.« Dies werde »eine Riesenarbeit« sein, die »sorgfältigster Vorbereitung« bedürfte, welche »sich sowohl auf die einer Gesamtabschiebung der Juden vorausgehenden Arbeiten als auch auf die Planung einer bis ins einzelne festgelegten Ansiedlungsaktion in dem noch zu bestimmenden Territorium erstrecken.«[59]

Diese Zielsetzung lag offenbar der Entwurfsplanung zugrunde, die Heydrich am 26. März 1941 Göring unterbreitete und die der am 31. Juli 1941 Heydrich erteilten Ermächtigung vorausging, »Vorbereitungen für eine Gesamtlösung der Judenfrage im deutschen Einflußgebiet in Europa« zu treffen, die damals noch für die Zeit nach der Beendigung des Ostkrieges ins Auge gefaßt war.[60] Es spricht alles dafür, daß diese Planung einsetzte, als die Absicht Hitlers, die Sowjetunion im Frühjahr 1941 anzugreifen, feststand und sich damit neue geographische Möglichkeiten zu bieten schienen, die angestrebte territoriale »Endlösung« der Judenfrage durch »Abschiebung nach dem Osten« zu realisieren.

Die Ursprünge dafür lagen im Spätherbst 1939. Überblickt man die Entwicklung seit dem Beginn des Zweiten Weltkrieges, so wird deutlich, daß die Kombination zwischen der Rücksiedlung der deutschen Minderheiten in Ost- und Ostmitteleuropa und der »Judenfrage« eine entscheidende Schubkraft für die Deportation der jüdischen Bevölkerungsgruppen, zunächst in den eingegliederten Ostgebieten, dann aber auch darüber hinaus, gebildet hat. Die Ausschaltung der Juden rückte in untrennbaren Zusammenhang mit der angestrebten völkischen »Flurbereinigung« im europäischen Osten, die dann in Himmlers »Generalplan Ost« einen vorläufigen Höhepunkt erfuhr. Die Notwendigkeit, die in das Reichsgebiet drängenden Volksdeutschen aus den baltischen Ländern, aus Wolhynien, aus Galizien, aus der Bukowina und Bessarabien anzusiedeln, brachte das Karussell der »Völkerverschiebung« in Gang, das in erster Linie auf Kosten des Judentums ging. Zugleich lag in der Verbindung von nationaler Aufbauarbeit und Abschiebung, bald auch Liquidierung der jüdischen Bevölkerung ein pseudomoralisches Rechtfertigungspotential für das Handeln der Vollstrecker.

Kapitel 7

Der Rassenvernichtungskrieg gegen die Sowjetunion und die Mordaktionen der Einsatzgruppen des SD und der Sicherheitspolizei

Die Entscheidung, die Sowjetunion anzugreifen, erfolgte zu einem Zeitpunkt, als über die konkrete Umsetzung der angestrebten »Endlösung der Judenfrage« keine Klarheit bestand. Die Pläne, einen Teil des zuvor polnischen Territoriums vom Generalgouvernement abzutrennen und die jüdische Bevölkerung und andere rassisch unerwünschte Volksgruppen dorthin abzuschieben, war über erste Ansätze nicht hinausgekommen. Die rettende Lösung – die Abschiebung von mehr als sechs Millionen Juden nach Madagaskar – erwies sich zunehmend als Fata Morgana, obwohl man sie oder ein ähnliches überseeisches Projekt für die Zeit nach dem bald erwarteten Ende des Krieges nicht ausschließen wollte. Mit Hitlers Entschluß, die Sowjetunion noch vor der Niederwerfung Englands anzugreifen, veränderten sich die Perspektiven für die angestrebte »Endlösung der Judenfrage«. Denn die Weite des russischen Raumes schien unbegrenzte Möglichkeiten zu bieten, »überflüssige« slawische Bevölkerungen, darunter die als nicht eindeutschungsfähig betrachteten polnischen und tschechischen Volksteile, vor allem aber die im deutschen Machtbereich befindlichen Juden, abzuschieben.

Seit Anfang 1941, als die Vorbereitungen für die deutsche Offensive anliefen, befaßte sich Reinhard Heydrich mit Überlegungen, die angestrebte europäische Lösung der »Judenfrage« nicht länger in Übersee, sondern durch die Schaffung eines kontinentalen Judenreservats »im Osten«, damit in den jenseits des Ural liegenden sowjetischen Territorien anzustreben. Die Schimäre eines vom RSHA kontrollierten nordrussisch-sibirischen Sonderbezirks, für den die Arbeitslager des Archipel Gulag als Vorbild dienten, nahm hier ihren Anfang. Da man mit einem raschen Feldzug rechnete, waren Planungen dieser Art für die Zeit nach der Zerschlagung der Sowjetunion und dem mutmaßlichen Ende des Krieges im Westen bestimmt.

Auch in anderer Hinsicht beeinflußten die strategischen und logistischen Vorbereitungen des deutschen Angriffs auf die Sowjetunion das Vorgehen des Regimes in der »Judenfrage«. Die Erwartung, binnen weniger Monate das sowjetische Imperium militärisch besiegen und damit den gesamten europäischen Kontinent beherrschen zu können, löste bei den Führungsgruppen des Regimes grenzenlose Hybris und die blinde Zuversicht aus, die Schaffung des »Großgermanischen Reiches« ohne ernstliche Rücksicht auf die unterworfenen Ostvölker unverzüglich in Gang setzen zu können. Voraussetzung dazu war in den Augen Heinrich Himmlers eine umfassende völkische »Flurbereinigung« in Osteuropa, mittels derer der von der NS-Propaganda geforderte »Lebensraum im Osten« bereitgestellt werden sollte. Noch im Juli 1941 erteilte Himmler dem SS-Standartenführer Konrad Meyer den Auftrag, unverzüglich einen »Generalplan Ost« aufzustellen.[1] Die »Lösung der Judenfrage«, die vorübergehend in Form des Madagaskar-Planes von den gigantischen Umsiedlungsvorhaben im Osten abgekoppelt gewesen war, bildete nun einen integralen Bestandteil dieses Projekts, sowenig auch über deren Umsetzung Klarheit bestand.

Die Hybris der deutschen Führung, mittels rücksichtsloser Gewaltanwendung die slawischen Völker zu unterwerfen, hatte sich schon bei der Behandlung der geschlagenen polnischen Republik gezeigt und sie hatte zur systematischen Liquidation von Teilen der polnischen Oberschicht und Intelligenz und zur Enteignung, Diskriminierung und Vertreibung der jüdischen Bevölkerung geführt. Aber es hatte noch gewisse Grenzen der Gewaltausübung gegeben. Einige der Armeebefehlshaber wandten sich gegen die von den SS-Einsatzgruppen und insbesondere dem Einsatzkommando z.b.V., das unter dem Oberbefehl des SS-Gruppenführers Udo von Woyrsch stand, verübten zahlreiche Massaker gegen Polen und Juden.[2] Auch kam es zur Einleitung einiger weniger kriegsgerichtlicher Untersuchungen, aber das

OKW fiel den verantwortlichen Armeebefehlshabern in den Rücken, und eine alsbald von Hitler verfügte Amnestie deckte die gegenüber der polnischen Zivilbevölkerung, darunter vielen Juden, begangenen Verbrechen.[3]

Mit dem bevorstehenden Rußlandfeldzug im Visier brachen jedoch alle Dämme. Der Rausch grenzenloser Machtentfaltung und der Verwirklichung ihrer ideologischen Wunschträume ergriff die nationalsozialistischen Machteliten. Himmler war entschlossen, den an ihn ergangenen Sonderauftrag mit allen Mitteln zu realisieren. Schon im Vorfeld der deutschen Offensive war Reinhard Heydrich erfolgreich darum bemüht, im Zusammenwirken mit dem Generalquartiermeister Eduard Wagner die Reibungsflächen zwischen Armee und Sicherheitskräften so weit wie möglich zu verringern. Anders als in Polen wurden die zu bildenden Einsatzgruppen der Sicherheitspolizei und des SD nicht den Armeebefehlshabern, sondern den Höheren SS- und Polizeiführern (HSSPF) unterstellt, die den geplanten Reichskommissariaten zugeordnet waren. Zugleich sahen die »Richtlinien auf Sondergebieten zur Weisung Barbarossa« vom 13. März 1941 vor, daß die Sonderkommandos der Einsatzgruppen auch im Operationsgebiet »in eigener Verantwortung Exekutivmaßnahmen gegenüber der Zivilbevölkerung« durchführen konnten. Im Unterschied zu Polen wurde im besetzten Gebiet keine eigene Zivilverwaltung eingerichtet, sondern dieses sofort den Generalkommissaren unterstellt.[4]

In engem zeitlichem Zusammenhang mit den Verhandlungen über die Sonderaufgaben Himmlers, die sich, wie es in den »Richtlinien auf Sondergebieten zur Weisung Barbarossa« hieß, »aus dem endgültig auszutragenden Kampf zweier entgegengesetzter politischer Systeme« ergab,[5] schwor Adolf Hitler die Truppenführung auf die Methoden des von ihm postulierten Weltanschauungskrieges ein. Am 30. März 1941 entwickelte er vor 150 hochrangigen Offizieren der Wehrmacht das Szenario eines mit unerhörter Brutalität zu führenden »rassischen Vernichtungskrieges«, der nicht nur die Zerschlagung der Roten Armee und der Sowjetherrschaft, sondern die vollständige Auflösung der russischen Staatlichkeit und die Auslöschung von Teilen der russischen Bevölkerung herbeiführen sollte. Hitler betonte, daß die politischen Kommissare und die kommunistische Intelligenz als Träger der bolschewistischen Idee ausnahmslos liquidiert werden müßten und als »asiatische Kriminelle« mit äußerster Härte zu behandeln seien. Im Osten, erklärte der Diktator, sei »Milde Härte für die Zukunft«, und zeichnete das verzerrte Feindbild des »jüdischen Bolschewismus«, den es zu vernichten gelte.[6]

Bei den anwesenden Truppenkommandeuren regte sich keinerlei Widerspruch, und auch später erhoben sich nur vereinzelt Bedenken gegen Hitlers Weisung, die Kriegsführung nicht an völkerrechtliche Grundsätze zu binden. Die große Mehrheit der Truppenführer teilte die Vorstellung, daß die sowjetische Führung in starkem Maße von Juden durchsetzt sei. Gerade bei der Generalität stieß die Gleichsetzung von Bolschewismus und Judentum auf tiefsitzende antisemitische und antikommunistische Ressentiments, die sich aus der Zeit des Zusammenbruchs der Monarchie und der Novemberrevolution herleiteten. Die lang gehegten antisemitischen Vorurteile im höheren Offizierskorps erklären, warum die Tiraden Hitlers keinerlei nennenswerte Opposition auslösten. Sie fanden in weitem Umfang Eingang in die Befehlsgebung der einzelnen Truppenführer. So hieß es in der von Generaloberst Erich Hoepner unterzeichneten Anlage 2 zur »Aufmarsch- und Kampfanweisung der Panzergruppe 4« vom 2. Mai 1941, es handele sich bei dem bevorstehenden Feldzug um den »alten Kampf der Germanen gegen das Slawentum, die Verteidigung der Kultur gegen moskowitisch-asiatische Überschwemmung, die Abwehr des jüdischen Bolschewismus«, für dessen Träger es »keine Schonung« geben dürfe.[7] Die antisemitische Stoßrichtung dieser und zahlreicher gleichartiger Stellungnahmen der Truppenführer lag klar zutage.

Das OKW ergriff von sich aus die Initiative, Hitlers allgemein gehaltene ideologische Richtlinien sogleich in die konkrete Befehlsgebung umzusetzen. Es bedurfte dazu nicht des Drucks von seiten Himmlers und Heydrichs. Letzterer zeigte sich vielmehr bemüht, Reibungen mit der Armee möglichst zu vermeiden. Der »Komplex der verbrecherischen Befehle«, der vom OKW und OKH weitgehend aus eigener Initiative heraus erarbeitet wurde, bildete eine wichtige Voraussetzung für die Einbindung der

Wehrmacht in die verbrecherische Politik des Regimes. Der »Erlaß über die Ausübung der Kriegsgerichtsbarkeit im Gebiet Barbarossa« vom 13. Mai 1941 nahm Angehörige der Wehrmacht, die Straftaten gegen feindliche Zivilpersonen begingen, ausdrücklich vom strafrechtlichen Verfolgungszwang aus. Desgleichen stellten der Kommissarbefehl vom 6. Juni und die Anweisungen zur Exekution sowjetischer Kriegsgefangener, die ebenfalls auf die Initiative des OKH zurückgingen, einen klaren Bruch mit dem Kriegsvölkerrecht dar.[8] Vereinzelte Einwände der Armeebefehlshaber betrafen Bedenken wegen der Aufrechterhaltung der Manneszucht, nicht die Rechtswidrigkeit der Vorschrift. Auch der Kommissarbefehl wurde zunächst allgemein befolgt und keineswegs in einigen Truppenteilen zurückgehalten.

Unerläßlicher Transmissionsriemen zur Umsetzung des antibolschewistischen und antijüdischen Vernichtungsprogramms war die Repressionsmaschinerie, die Reinhard Heydrich noch vor Beginn der Kampfhandlungen aufstellen und unmittelbar nach den Truppen in Marsch setzen ließ. Die Vereinbarungen mit dem Generalquartiermeister Eduard Wagner von März und April 1941 über die Aufgabenstellung der Einsatzgruppen[9] ließen ihnen einen ungewöhnlich großen Spielraum, auch im Operationsgebiet des Heeres »in eigener Verantwortung« tätig zu werden. In der Praxis führte dies dazu, daß die Sonderkommandos der Einsatzgruppen vielfach mit der kämpfenden Truppe vorgingen. Der Grund für die Konzessionsbereitschaft von OKH und OKW gegenüber den Forderungen Himmlers lag vornehmlich darin, »unerfreuliche« Auseinandersetzungen, wie sie im Polenfeldzug aufgetreten waren, möglichst auszuschließen und die Truppe nicht mit politisch motivierten Sicherungsaufgaben zu belasten. Dies war eine Selbsttäuschung. Tatsächlich ergab sich von Anfang an eine enge Zusammenarbeit zwischen den Truppenstäben und den Einsatzgruppen vor Ort, für deren Logistik die Wehrmacht zuständig war.

Die zunächst gebildeten Einsatzgruppen A bis D waren jeweils im Gebiet der einzelnen Heeresgruppen tätig und den neu eingesetzten HSSPF Nord, Mitte und Süd unterstellt. Hinzu traten eine Reihe von Sonderformationen des RSHA, so die Einsatzgruppe z.b.V. im östlichen Polen, die Einsatzkommandos der Stapostellen Tilsit und Allenstein und Schutzformationen, die Himmler aus Volksdeutschen aufstellen ließ. Die Einsatzgruppen waren jeweils in Einsatz- und Sonderkommandos gegliedert und rekrutierten sowohl Angehörige der Waffen-SS, der Ordnungspolizei und einheimische Hilfswillige, waren also – vor allem im Fortgang des Krieges – äußerst heterogen zusammengesetzt. Hingegen blieben die Kommandopositionen in aller Regel SS-Führern aus Gestapo, Kripo und SD vorbehalten. An der Spitze standen hochrangige Vertreter des RSHA, darunter Otto Ohlendorf, Franz Six, Arthur Nebe oder verdiente Chargen der Sicherheitspolizei wie Franz Walter Stahlecker und Otto Rasch. Es handelte sich bei diesem Personal um Persönlichkeiten, die eng mit dem Regime verbunden und ideologisch geschult waren und von denen viele später Spitzenpositionen im SS-Apparat ausfüllten.

Eine typologische Analyse der Einsatzgruppenführer und der unmittelbar nachgeordneten Ranginhaber zeigt, daß die meisten ihre Karriere im SS-Apparat begonnen hatten, daß ihre Abordnung als Bewährung verstanden wurde und daß viele von ihnen ihre bisherige Position im Zuge der Einsparungen im Ausbildungsbereich hatten aufgeben müssen und unter entsprechendem Bewährungsdruck standen.[10] Sie waren ohne Ausnahme ausgeprägt antisemitisch eingestellt und hatten die entsprechenden Schulungen im SD-Apparat durchlaufen.[11] Eine wichtige Gruppe bestand aus Anwärtern des höheren Dienstes, deren weitere Karriere von einer erfolgreichen Tätigkeit in den Teilkommandos der Einsatzgruppen abhing und die durch eine ausgeprägte Aufsteigergesinnung gekennzeichnet waren.[12] Sie stellten ein fachlich qualifiziertes, politisch hochmotiviertes und weltanschaulich homogenes Führungspotential dar, das bereit war, sich mit wenigen Ausnahmen vorbehaltlos in den Dienst der Vernichtungspolitik zu stellen.[13]

Nach dem Einmarsch in die Sowjetunion entstand sogleich ein ehrgeiziger Wettbewerb zwischen den einzelnen Einsatzkommandos, die bestrebt waren, ihre Region möglichst umfassend zu säubern. Diese Mentalität wurde durch die Verpflichtung zur Vorlage von regelmäßig zu erstellenden Tätigkeitsberichten, die Hitler zugeleitet werden sollten, noch verstärkt. Sie enthielten regelrechte Erfolgsbilanzen und spiegelten »einen Wettlauf um die höchsten Quoten«, der unter den Kommandos ausgetragen wurde.[14] Dabei spielte mit, daß die bei der Liquidierung der jüdischen Bevölkerung zusätzlich eingesetzten Polizeibataillone und SS-Brigaden vielfach mit deutlich höheren Tötungsziffern aufzuwarten hatten.

Die vier Einsatzgruppen umfaßten nicht viel mehr als 3000 Personen – die Einsatzgruppe A 990, die Einsatzgruppe B 655, die Einsatzgruppe C 700–800 und die Einsatzgruppe D ca. 500 Personen. Dazu traten 1944 die Einsatzgruppe F in Ungarn und die Einsatzgruppe G für Rumänien, die aber nicht mehr zum Einsatz gelangte, sowie die Einsatzgruppe H für die Slowakei, ferner in der Spätphase des Krieges eine wechselnde Zahl von zusätzlich gebildeten Einsatzkommandos.[15] Die erschreckende Blutspur, die sie im besetzten Gebiet der Sowjetunion und in Ostpolen hinterließen, stand in keinem Verhältnis zu ihrer Größe. Dies deutet darauf hin, wie wichtig die indirekte und häufig auch direkte Unterstützung ihrer Säuberungsaktionen durch Verbände der Wehrmacht gewesen ist, in erster Linie die Geheime Feldpolizei, die Feldgendarmerie, die Feldkommandanten und die Sicherungsdivisionen im rückwärtigen Heeresgebiet. An der Bereitstellung von Transportmitteln, bei Absperrungen und der militärischen Absicherung von Exekutionen waren häufig auch reguläre Truppenverbände sowie die lokale Militärverwaltung beteiligt. In Litauen und Lettland konnten sich die Einsatzgruppen in großem Umfang auf einheimische Kräfte stützen, die häufig bereits zuschlugen, bevor die deutschen Truppen eingetroffen waren. Das galt ebenfalls für die Ukraine und die Bukowina, während beim Vordringen in das russische Gebiet die Bevölkerung eher gegen die Verfolgung der Juden eingestellt war und die Bemühungen, sie zu Pogromen zu bewegen, weitgehend erfolglos blieben.

In der Forschung ist lange übersehen worden, daß neben den Einsatzgruppen von Himmler seit Juli 1941 weitere Verbände zur Wahrnehmung von Sicherungsaufgaben bereitgestellt wurden, so die 1. SS-Brigade mit 4000 und die SS-Kavallerie-Brigade mit über 7200 Mann. Aus den SS-Totenkopfverbänden rekrutiert, kämpften sie nicht, wie die Waffen-SS, im Verband des Heeres, sondern waren dem Kommandostab des Reichsführers-SS direkt unterstellt.[16] Hinzu traten zunächst 11, dann insgesamt 26 Polizeibataillone sowie aus einheimischen Kollaborateuren zusammengestellte Einheiten – zusammen handelte es sich 1942 schließlich um eine Streitmacht von mehr als 160 000, 1943 insgesamt von 300 000 Mann.[17] Bei den Polizeibataillonen handelte es sich keineswegs, wie im Falle des Hamburger Polizeibataillons 101, nur um Einheiten, die aus älteren Reservisten bestanden. In der Mehrzahl setzten sie sich aus jungen, aktivistischen Beamten zusammen, die hinreichend antisemitisch indoktriniert waren, um ihr Mörderhandwerk auftragsgemäß verrichten zu können.[18]

Es ist vielfach unterstellt worden, daß die Führer der Einsatzgruppen schon vor dem Einsatz mit einem angeblichen Führerbefehl zur Ermordung der sowjetischen Juden konfrontiert worden seien. Dies ging auf eine in Nürnberg geäußerte Schutzbehauptung Otto Ohlendorfs, des Chefs der Einsatzgruppe D, zurück, die er später selbst relativierte.[19] Von einem Führerbefehl kann keine Rede sein und ebensowenig von einer mündlichen Ermächtigung zur Liquidierung von jüdischen Frauen und Kindern. Reinhard Heydrich erteilte den Führern der Einsatzgruppen in der Polizeiakademie in Pretzsch kurz vor dem Angriffstermin und einer vorausgehenden Besprechung im Prinz-Carl-Palais in Berlin am 17. Juni eingehende Instruktionen, ein derartiger Vernichtungsbefehl erging jedoch nicht. Zwar war vom »Weltanschauungskampf« die Rede, der mit rücksichtsloser Härte geführt werden müsse, auch wurden die Juden als zentrale Träger des bolschewistischen Systems hingestellt, aber die Anweisungen selbst blieben in dem Rahmen, der durch den Komplex der verbrecherischen Befehle abgesteckt war.[20]

Heydrich präzisierte diese Aufgabenstellung am 19. Juli in einem Schreiben an die Einsatzgruppenchefs und die Reichskommissare dahingehend, daß die vorgesehenen Liquidierungen Funktionäre der Komintern, kommunistische Berufspolitiker und höhere Parteifunktionäre, Volkskommissare, »Juden in Partei- und Staatsstellungen« sowie sonstige radikale Elemente umfassen sollten.[21] »Selbstreinigungsversuche antikommunistischer oder auch antijüdischer Kreise in den neu zu besetzenden Gebieten«, darunter gegen Juden gerichtete Pogrome, seien nicht zu behindern, allerdings sollten die Kommandos nicht offen dafür eintreten und die Initiative den einheimischen Judengegnern überlassen. Der Befehl ließ einen erheblichen Ermessensspielraum für die Bestimmung derjenigen, die unverzüglich exekutiert werden sollten.

Eine vergleichende Untersuchung des Vorgehens der einzelnen Einsatzgruppen zeigt, daß diese zunächst durchaus im Rahmen der gegebenen Anweisungen tätig wurden und erst von August 1941 an – in Einzelfällen schon im Juli – zur Liquidierung der jüdischen Bevölkerung einschließlich von Frauen und Kindern übergingen. Diese Wende vollzog sich nicht einheitlich, und sie ging offenbar nicht auf eine zentrale und schriftlich ergangene Befehlsgebung zurück.[22] Allgemein setzte sich die Vorstellung durch, daß die Gesamtheit der Juden zu einem späteren Zeitpunkt deportiert werden würde.

Die Frage, wie es zu diesem Radikalisierungsschub bei den Einsatzgruppen kommen konnte, wird von der Forschung unterschiedlich beantwortet. Die Annahme, daß Mitte Juli ein entsprechender Befehl ergangen sei, der die ursprünglichen Instruktionen erweiterte und möglicherweise von Hitler ausging, wird durch die Quellen nicht gestützt. Die Einübung immer rücksichtsloserer Gewaltanwendung und die Ausweitung des Personenkreises, der den Exekutionen zum Opfer fiel, vollzog sich weithin selbsttätig. Die gänzliche Abwesenheit von Sanktionen oder strafrechtlichen Maßnahmen gegen spontanen Terror und unmenschliche Gewaltakte trug dazu entscheidend bei. Das ideologische Klischee vom »jüdischen Bolschewismus« und die Unterstellung einer Identität von Judentum und Bolschewismus wurde durch die antisemitischen Massaker der lettischen, litauischen und ukrainischen Bevölkerung bestärkt, die meist vor dem Eintreffen der deutschen Truppe einsetzten und auf die Massaker der abziehenden NKWD antworteten. Sabotageakte oder Unbotmäßigkeiten gegen die deutsche Besatzungsmacht wurden in dem aufgeheizten antisemitischen Klima den Juden zugeschrieben, und das Gefühl, von jüdischen Freischärlern bedroht zu sein, diente zur Rechtfertigung des Stillhaltens gegenüber den von einheimischen Gruppen entfesselten Pogromen.

Ohne nach den Urhebern zu fragen, gewöhnten sich die Sicherheitskräfte daran, jeden Vorfall, der als Angriff auf die Truppe gewertet werden konnte, mit der Forderung nach »Sühneleistungen« der jüdischen Bevölkerung zu beantworten, und so nahmen die Massenerschießungen ihren Anfang. Dies verstärkte sich, als, weitgehend als Folge der deutschen Repressions- und Gewaltpolitik, im besetzten Gebiet die Partisanentätigkeit aufflammte, obwohl sie ursprünglich von der Sowjetregierung abgelehnt worden war.[23] »Judenmord als prophylaktische Partisanenbekämpfung wurde seitdem zum wichtigsten Medium der Eskalation des Tötens«.[24] Jedenfalls gingen die Einsatzgruppen in einem »Prozeß der Selbstermächtigung« dazu über, nicht nur Juden »in Staats- und Parteistellungen«, sondern alle Juden zu ermorden und Frauen und Kinder davon nicht auszunehmen.

Bei diesem Gesinnungswandel spielte mit, daß die konkurrierend tätigen SS-Brigaden und Polizeibataillone schon im Juli, offenbar durch Himmler dazu aufgestachelt, mit der systematischen Liquidierung der einheimischen jüdischen Bevölkerung und der Ausräumung von Ghettos begannen, was die Erfolgsmeldungen der Einsatzgruppen als dürftig erscheinen ließ. Die aktive Einwirkung Himmlers, der am 30. Juli 1941 das 2. SS-Kavallerie-Regiment anwies, sämtliche Juden zu erschießen und die Frauen in die Pripjetsümpfe zu treiben, und der Anfang August der Einsatzgruppe C über den HSSPF Friedrich Jeckeln den Befehl erteilte, alle nichtarbeitenden Juden einschließlich von Frauen und Kindern zu liquidieren, verschärften den Radikalisierungsprozeß, der bis zum September alle Sicherungsgruppen erfaßte.[25]

Aufgrund einer Interaktion zwischen den Funktionären vor Ort und dem RSHA setzte sich die Zielsetzung durch, die einheimische jüdische Bevölkerung im Vorgriff auf eine künftige Gesamtlösung möglichst stark zu dezimieren oder vollständig zu liquidieren. In einem Schreiben des Leiters der Einsatzgruppe A, Walter Stahlecker, in dem er auf die am 27. Juli 1941 von Hinrich Lohse als Reichskommissar Ostland erlassenen Richtlinien zur Regelung der »Judenfrage« antwortete, war von den »im

Ostraum gegebenen neuen Möglichkeiten zur Bereinigung der Judenfrage« die Rede, die Lohse nicht berücksichtigt habe. Statt langfristiger Ghettoisierung, so führte Stahlecker aus, erfordere die Lage »eine fast 100% sofortige Säuberung des gesamten Ostlandes von Juden«. Darin liege eine wesentliche Erleichterung des späteren gesammelten »Abtransportes in ein außereuropäisches Judenreservat«.[26] Stahlecker berief sich dabei auf Richtlinien des RSHA zur Judenfrage vom Sommer 1941, die nicht erhalten sind, wich aber insofern von der allgemeinen Tendenz ab, daß er, möglicherweise aus taktischen Gründen,[27] die Bildung vorläufiger Konzentrationsräume für die Juden im Bereich des Reichskommissariats Ostland vorschlug.

Die Stellungnahme Stahleckers deutet darauf hin, daß sich ein gewisser Konsens zwischen den Beteiligten herausgebildet hatte, wonach eine Zwischenlösung für die nicht von der ersten Mordwelle erfaßten Juden in Betracht gezogen wurde.[28] Charakteristisch dafür erscheint auch die Äußerung des Leiters der Einsatzgruppe B, Arthur Nebe, der schon am 23. Juli 1941 in einem Einsatzgruppenbericht feststellte: »Eine Lösung der Judenfrage während des Krieges erscheint in diesem Raum undurchführbar, da sie bei der übergroßen Zahl der Juden nur durch Aussiedlung erreicht werden kann«.[29] Sie zeigt, daß neben der Absicht, möglichst viele einheimische Juden zu liquidieren, die Vorstellung weiterverfolgt wurde, eine Abschiebungslösung nach der Beendigung der Kampfhandlungen »im Osten« realisieren zu können. Eine ähnliche Ambivalenz ist auch bei den Stellungnahmen Himmlers in dieser Phase festzustellen. Die Ausnützung der Kriegslage zur Vorwegnahme der Gesamtlösung, indem man daranging, einen möglichst großen Teil der jüdischen Bevölkerung in der besetzten Sowjetunion mit der Begründung, sie sei Träger des Bolschewismus und Ferment des Widerstandes, auszuschalten, wurde nicht als Widerspruch zu der als Legitimation benützten Formel von einer Abschiebung des Judentums in ein noch näher festzulegendes Reservat empfunden.

Die systematische Ermordung jüdischer Kriegsgefangener und Kommissare und die sich häufenden Massaker als Antwort auf angebliche Sabotageakte erzeugten eine Mentalität, in der es eines ausdrücklichen Mordbefehls nicht mehr bedurfte. Daher sind Überlegungen, die in der Forschung angestrengt wurden, ob die Verschärfung des Vorgehens der Einsatzgruppen auf einen von Himmler bereitwillig exekutierten Befehl oder ein »Signal« Hitlers zurückzuführen ist,[30] nicht zwingend. Es muß vielmehr von einem Prozeß der »Selbstradikalisierung« ausgegangen werden, der im allgemeinen Trend zunehmender Brutalisierung des Krieges lag. Dabei ist zu beachten, daß die Einsatzkommandos erst im Spätsommer voll auf die Judenverfolgung ausgerichtet wurden, nachdem die primär gegen den Sowjetstaat gerichteten Sicherungs- und Verhaftungsmaßnahmen, für die sie primär eingesetzt wurden, weitgehend gegenstandslos geworden waren.

Zur Verschärfung der gegen die sowjetischen Juden gerichteten Vernichtungspolitik trug bei, daß sich schon Mitte Juli 1941 eine allgemeine Nervosität ausbreitete, die der Besorgnis entsprang, daß die erwartete rasche Durchführung des Feldzugs nicht erreicht werden würde. In einer Sitzung vom 23. Juli in seinem Hauptquartier in Rastenburg erörterte Hitler die strategische Lage und insbesondere die Konsequenzen, die der russische Partisanenkrieg aufwarf.[31] Im Beisein von Alfred Rosenberg, Hans-Heinrich Lammers, Wilhelm Keitel sowie Hermann Göring und Martin Bormann machte der Diktator die Juden für den sich versteifenden Widerstand der Sowjets verantwortlich und verlangte, man solle »jeden erschießen, der nur schief schaue«.[32] Wenig später betonte Keitel, daß »die zur Sicherung der besetzten Ostgebiete zur Verfügung stehenden Truppen« bei der Weite des Raumes nur dann ausreichten, »wenn die Besatzungsmacht denjenigen Schrecken verbreitet, der allein geeignet ist, der Bevölkerung jede Lust zur Widersetzlichkeit zu nehmen.«[33] Es spricht vieles dafür, daß Himmler diese Konstellation ausgenützt hat, um die Vernichtungspolitik im besetzten Gebiet zu forcieren.[34]

Es ist unmöglich, die vielen Facetten der anlaufenden Vernichtungspolitik im einzelnen zu beschreiben. In der Regel konnten sich die Einsatzkommandos auf die Vorarbeit der Feldkommandanten stützen, welche die Kennzeichnung und Registrierung der Juden anordneten, ihr Vermögen beschlagnahmten, sie in vielen Fällen in Ghettos oder Arbeitslagern konzentrierten und zum Arbeitseinsatz heranzogen sowie die Bildung von Judenräten verfügten. Zugleich konnten die Einsatzkommandos auf die logistische Unterstützung des Personals der Sicherungsdivisionen rechnen. In den ersten Monaten war es üblich, die Erschießungen von männlichen Juden unter Hinweis auf Partisanentätigkeit, Plünderungen, Vergeltungsmaßnahmen für angebliche oder tatsächliche sowjetische Greuel, Schwarzhandel oder Verstöße gegen die Besatzung zu begründen. Daneben mußten Seuchengefahr und ähnliche Argumente zur Rechtfertigung von Vernichtungsaktionen herhalten. Während sich die Morde anfänglich in erster Linie gegen Angehörige der Intelligenz und gegen Rabbiner richteten, erfaßten die Gewaltaktionen seit dem Spätsommer ganze Dörfer und jüdische Gemeinden und zielten auf die systematische Dezimierung der jüdischen Einwohnerschaft durch Massenaktionen.

Nachdem sich der Übergang zur Massenliquidierung, die bis in den Juli hinein nur ausnahmsweise, in der Regel im Anschluß an von indigenen Gruppierungen veranstaltete Pogrome erfolgte, einmal vollzogen hatte, kam es rasch zur systematischen Umsetzung. Dazu gehört zunächst die seit dem Spätsommer 1941 beginnende Verstärkung der für die Liquidierung der jüdischen Bevölkerung eingesetzten Einheiten durch die Einschaltung der SS-Brigaden, wobei die SS-Kavalleriebrigade bereits Ende Juli eine »Säuberungsaktion« in den Pripjetsümpfen durchführte, bei der 13 788 »Plünderer« erschossen und 714 Gefangene gemacht wurden.[35] Ähnliche »Säuberungsaktionen«, die der Verfolgung eine neue Dimension gaben, schlossen sich an. Parallel dazu kam es im Bereich der Einsatzgruppe C zu einer Reihe von »Großaktionen« des 322. Polizeibataillons, die in einer »Sonderaktion« in Mogilew gipfelte, die mehr als 2 000 »Juden beiderlei Geschlechts«, damit wohl auch Kinder, das Leben kostete. Nach den Angaben des HSSPF Rußland Mitte, Erich von dem Bach-Zelewski, wurden in diesen von Himmler ausdrücklich unterstützten Aktionen bereits bis zum 4. August 30 000 Personen ermordet.[36]

Diese »Großaktionen« lösten bei den Einsatzgruppen einen Radikalisierungsprozeß aus und führten zu einer Strategie der Schaffung »judenfreier Räume«. Jedenfalls gingen die Einsatzkommandos seit dem Spätsommer verschiedentlich zu umfassenden Aktionen über, wobei es zu einem engen Zusammenwirken mit den Polizeibataillonen kam. Die Einsatzgruppe B meldete daher bis zum 13. September 23 804 Liquidierungen, wobei nunmehr die Erschießung von Frauen und Kindern zur alltäglichen Praxis gehörte. Seitdem wurde die Methode der »Großaktionen« allgemein übernommen. Diese Vernichtungsstrategie fand sogleich auch im Bereich der Einsatzgruppe C Anwendung und führte Ende August zu dem Massaker von Kamenetz-Podolsk, bei dem innerhalb von drei Tagen 23 600 Menschen umkamen, wobei der HSSPF Jeckeln die Hauptverantwortung trug.[37] Seine Schreckensherrschaft in der Ukraine, die allein im Monat August 44 125 Tote verzeichnete, gipfelte in dem grauenhaften Massaker von Babi Jar.

Unter den zahllosen Vernichtungsaktionen haben die Morde in der Schlucht von Babi Jar bei Kiew traurige Berühmtheit erlangt. Als Reaktion auf die Explosion einiger Langzeitbomben im Stadtgebiet von Kiew, die vor dem Abzug der sowjetischen Truppen gelegt worden waren, verständigten sich der HSSPF Rußland Süd, Jeckeln, der Führer der Einsatzgruppe C, Rasch, der Führer des SK 4a, Blobel, und der Stadtkommandant darauf, eine umfassende Vergeltungsaktion gegen die Kiewer Juden durchzuführen. Es gelang ihnen, unter dem Vorwand der Umsiedlung die große Mehrheit von ihnen zu der Schlucht von Babi Jar zu führen und sie dort umzubringen. Es handelte sich, den Angaben der Ereignismeldungen nach, um die Ermordung von 33 771 Personen, die innerhalb von zwei Tagen, am 29. und 30. September 1941, vollzogen wurde.[38]

Besondere Beachtung hat ein Vorfall in der ukrainischen Stadt Bjelaja-Zerkow gefunden. Hier hatte das Sonderkommando 4a zusammen mit einer Kompanie der Waffen-SS einige hundert jüdische Frauen und Männer erschossen, die 90 Waisen im Alter von einigen Monaten bis zu sechs Jahren ohne jede Versorgung und in beklagenswertem Zustand hinterließen. Als Helmut Großcurth, Generalstäbler der 295. Infanteriedivision, davon unterrichtet wurde und durch eine Intervention bei der Heeresgruppe Süd, die unter dem Kommando von Generalfeldmarschall von Reichenau stand, die Liquidierung der Kinder verhindern wollte, stieß er auf taube Ohren und mußte sogar eine Rüge hinnehmen, während der Feldkommandant, der die Erschießung »dieser Brut« forderte, sich durchsetzte. Der Vorgang zeigt die extreme moralische Abstumpfung, die bei allen Beteiligten zu verzeichnen war, zugleich die Aussichtslosigkeit, daß ein einzelner wie Großcurth dagegen erfolgreich intervenieren konnte.[39]

Eine extreme Verschärfung der Vernichtungspraxis findet sich seit Ende Juli/Anfang August 1941 auch bei der Einsatzgruppe A, die in Litauen und Lettland sowie in Weißrußland zusammen mit etlichen Polizeibataillonen operierte. Die Erschießungen erfaßten bald auch das flache Land, nachdem die städtische jüdische Bevölkerung bis auf einen arbeitsfähigen und für die örtliche Ökonomie unentbehrlichen Teil liquidiert worden war. Die Verfolger verlegten sich zunehmend darauf, die jüdische Bevölkerung, sofern sie nicht sofort Opfer der Liquidierungen wurde, in Ghettos zusammenzupferchen, aber es erfolgten vielfach auch Teilräumungen von Ghettos durch die Ermordung ihrer Bewohner.

Das gesamte Ausmaß der Liquidierungen entzieht sich menschlicher Vorstellungskraft. Die Einsatzgruppe A meldete bis Mitte Oktober 1941 118000 Opfer, die Einsatzgruppe B 45467 Erschießungen bis zum 31. Oktober 1941, die Bilanz der Einsatzgruppe C umfaßte 80000 getötete Juden, während die Einsatzgruppe D am 12. Dezember 1941 berichtete, 54696 Juden liquidiert zu haben. Bis Frühjahr 1942 wurde eine halbe Million Menschen umgebracht. Parallel dazu sind die Morde an jüdischen Kriegsgefangenen zu nennen sowie das Schicksal der jüdischen Flüchtlinge, die an Hunger, an Epidemien oder zwischen den Fronten starben. Der Holocaust war längst im Gang, bevor er zum förmlichen Programm des Regimes wurde, und der hier nur ansatzweise geschilderte Gesamtprozeß kann nicht auf einen »Führerbefehl« oder »eine von Hitler autorisierte Weisung Himmlers verkürzt werden«.[40]

Desgleichen wäre es irreführend, die Vernichtungsaktionen allein auf die Einsatzgruppen sowie die ihnen von Himmler attachierten SS-Brigaden und Polizeibataillone zurückführen zu wollen. Vielmehr ergab sich allenthalben eine enge Zusammenarbeit zwischen den Sicherheitskräften von SS und SD, den Polizeibataillonen, der Geheimen Feldpolizei, der Militärverwaltung und den Sicherungsdivisionen, aber auch der Zivilverwaltung, sobald sie eingerichtet wurde. Die direkte Teilnahme der 707. Division an den Massakern war sicherlich, jedenfalls bis Ende 1941, die Ausnahme, aber die indirekte Unterstützung von Massenerschießungen durch SS- und Polizeieinheiten durch die Wehrmacht war die Regel. Angehörige der Wehrmacht nahmen vielfach an den Absperrungen und den Erschießungspelotons teil, und es kam auf der Ebene der lokalen Militärverwaltungen zu »einer systematischen, arbeitsteiligen Zusammenarbeit«.[41]

Innerhalb von kaum anderthalb Monaten eskalierte die Verfolgung von gezielten Erschießungen zu Massenaktionen, und im Zusammenhang damit veränderten sich auch die Tötungstechniken. Es kam zu immer brutaleren Methoden, in deren Folge die Grenze zum mehr oder weniger bewußten Sadismus in vielen Fällen überschritten wurde. Anstelle geregelter Erschießungspelotons, bei denen die Zahl der Opfer in derselben Größenordnung lag wie die der Schützen, entwickelten die Verfolger zunehmend raffiniertere und grausamere Methoden, um mit geringem Einsatz ein Maximum an Opfern zu töten. Die Juden wurden gezwungen, ihre Kleidung abzulegen, in vorbereitete Gruben, die sie teils selbst hatten ausheben müssen, zu gehen, wo sie entweder durch Genickschuß oder ungezielten Einsatz von Schnellfeuerwaffen ermordet wurden, von der Vernichtung der Kinder ganz abgesehen. Die Verfolger machten sich keine Gedanken, was dieses grausame Vorgehen für die Opfer bedeutete, sondern waren nur darauf bedacht, die psychologisch abträglichen Folgen für die Täter zu vermeiden, die durch Alkohol, Prämien und Sonderurlaub bei Laune gehalten oder durch ukrainische und lettische Milizen ersetzt wurden.

Als Himmler Mitte August 1941 einer der Exekutionen in Minsk persönlich beiwohnte – es handelte sich um mehr als 100 angebliche Partisanen, die Arthur Nebe, der Führer der Einsatzgruppe B, zu diesem Zweck aus dem Gefängnis herbeischaffen ließ –, reagierte er höchst nervös, hielt anschließend eine Rede, in der er vom »Kampf als Naturgesetz« und von der Notwendigkeit sprach, sich gegen »Ungeziefer« zu verteidigen.[42] Seitdem bemühte er sich darum, weniger belastende Tötungstechniken zu finden und beauftragte Nebe damit. Wenig später kam es zur Einschaltung des Personals der T4 in die Liquidierungsvorhaben von Odilo Globocnik in Lublin. Bis zum Spätherbst 1941 blieb es jedoch bei der äußerlich ungeregelt erscheinenden Verfolgung, die sich vielfach trivialer Anlässe bediente, um die Mordaktionen auszuweiten.

Die antisemitische Ausrottungspolitik gegenüber den sowjetischen Juden, die seit dem Spätherbst 1941 flächendeckenden Charakter annahm, vollzog sich auf der Grundlage eines verschärften antisemitischen Klimas. Die »Untermenschen«-Propaganda des Regimes erwies sich insoweit als wirksam. Damit sind die Motivationen der Beteiligten jedoch nicht hinreichend beschrieben. Judenhaß war nicht immer der primäre Beweggrund für die Teilnahme an den Mordaktionen oder deren Billigung, und in der Regel handelte es sich um eine Kombination von ideologischen Ressentiments und materiellen Interessen. Die »Ereignismeldungen« nahmen auf diese Einstellungen Rücksicht, wenn sie jeweils spezifische Gründe für die einzelnen Aktionen nannten: Sabotage, Brandstiftung, Schwarzhandel, Seuchengefahr, Wohnungsmangel, Verbindung mit Partisanen. Begründungen dieser Art schwangen immer mit, weil es ein instinktives Bedürfnis nach sekundären Rechtfertigungen des Unrechtsgeschehens gab.[43]

Besonders wirkungsvoll ließen sich soziale Vorurteile gegen die jüdische Bevölkerung ausspielen. Sie erhielt im Vergleich zur einheimischen Bevölkerung geringere Lebensmittelzuteilungen und mußte in aller Regel mit Hungerrationen auskommen. Durch den Verlust ihrer Berufe und Einkommen in äußerstes Elend gestürzt, waren Juden immer mehr auf Bettelei und Schwarzhandel angewiesen, um zu überleben, und sie verfielen notgedrungen äußerer Verwahrlosung, was dem propagandistischen Klischee vom »Lumpenproletariat« Nahrung verschaffte und in vielen Fällen bewirkte, daß bei der Mehrheitsbevölkerung auch die moral-analogen Hemmungen außer Kraft gesetzt wurden. Das verstärkte die allgemeinen Ressentiments gegen Juden als »überflüssige Esser« und die Tendenz, sie aus dem Wege zu schaffen oder wenigstens den Teil der jüdischen Bevölkerung, der als nicht arbeitsfähig galt, darunter die Frauen und Kinder, einfach zu »beseitigen«. Daß die Verfolger die angeblichen Sachzwänge, die sie dafür anführten, selbst geschaffen hatten, steht auf einem anderen Blatt.[44]

Diese Faktoren helfen zu erklären, warum selbst diejenigen, die nicht in den Bann des nationalsozialistischen Rassismus geraten waren, die grausame Behandlung der Juden, die sich vor aller Augen abspielte, kritiklos hinnahmen und warum es nur wenige gab, die sich, wie Berthold Beitz, der damals für die Erdöl AG tätig war, zu widersetzen versuchten.[45] Daß die einheimische Bevölkerung sich passiv verhielt und namentlich in den baltischen Ländern und in der Ukraine mit den Verfolgern sympathisierte, erleichterte die Verfolgung. Angesichts der Gewaltpolitik der Besatzungsmacht war von ihr nichts anderes zu erwarten.

Das Wissen um die Gewaltpolitik verbreitete sich rasch. Die Beamten der deutschen Zivilverwaltung, die Angehörigen der Wirtschaftsstäbe, die Mitarbeiter der Reichsbahn und der Arbeitsverwaltung sowie der Organisation Todt, aber auch Funktionäre und Beauftragte der Partei und der Reichsbehörden waren zumindest indirekt an den Maßnahmen zur Ghettoisierung, Zwangsarbeit und schließlich der beginnenden Liquidierung beteiligt oder hatten Kenntnis davon.[46] Die moralische Abstumpfung, die in diesem Zusammenhang zu konstatieren ist und die innerhalb von wenigen Wochen Platz griff, ist nachgerade erschreckend. Das Szenario für die Durchsetzung des »Holocaust« war daher im Oktober 1941 bereits vorhanden, obwohl die definitive Entscheidung, die antijüdische Vision Adolf Hitlers in die alltägliche Realität umzusetzen, noch nicht gefallen war. Nach allem, was ihr vorausging, sollte sie nur mehr Vollzug, nicht mehr Ingangsetzung eines in der bisherigen Geschichte unerhörten Verbrechens sein.

Kapitel 8

Die Vernichtung der Juden im Generalgouvernement bis zur »Aktion Reinhard«

Das dramatische Szenario der Liquidierung großer Teile des autochthonen Judentums in den besetzten Gebieten der Sowjetunion mußte mit innerer Notwendigkeit auf die Verhältnisse im Generalgouvernement zurückwirken, das seit Jahresbeginn 1942 zum entscheidenden Angelpunkt für die Ermordung der europäischen Juden wurde. Auch im Generalgouvernement befanden sich die Juden in einer verzweifelten Lage, ganz abgesehen von den Erschießungen von Angehörigen der polnischen Intelligenz, zu denen viele Juden gehörten. Die wachsende Zahl der Juden, die aus dem Warthegau und aus Westpreußen in das Generalgouvernement »abgesiedelt« wurden, fanden in den zunehmend von der Außenwelt abgeschlossenen Ghettos nur notdürftig Unterschlupf. Zwar brachte der von Hermann Göring am 15. März 1941 verordnete Stop weiterer Deportationen eine gewisse Entspannung, aber die Unterdrückung der Juden insgesamt machte rasche Fortschritte und es kam immer wieder zu willkürlichen Erschießungen von Juden durch die Sicherheitspolizei.

Göring hatte auf Drängen der Wehrmachtsführung den Stop der Abschiebung aus den annektierten Gebieten in seiner Eigenschaft als Vorsitzender des Ministerrates für die Reichsverteidigung verfügt. Er kam damit zugleich den Wünschen Hans Franks entgegen, der sich gegen die Verwendung des Generalgouvernements als »menschlicher Mülldeponie« wandte und seinerseits darauf aus war, die dort lebende jüdische Bevölkerung irgendwie loszuwerden. Als der Madagaskar-Plan spruchreif zu werden schien, hatte er die Abschließung der Ghettos nicht weiter vorantreiben lassen, und erst als dieser zurückgestellt wurde, kam es zur definitiven Errichtung des Warschauer und anderer großstädtischer Ghettos im Generalgouvernement.

Frank hatte gehofft, »seine« Juden an den östlichen Rand des Generalgouvernements abdrängen und vor allem in das Pripjet-Gebiet abschieben zu können, wovon er sich infolge der abträglichen klimatischen Bedingungen dort »eine starke Dezimierung der Juden« versprach.[1] In diesem Zusammenhang strebte er die Angliederung von Teilen der Ukraine und des Bezirks Bialystock an, doch vermochte er sich damit gegen den Reichsminister für die besetzten Ostgebiete, Alfred Rosenberg, und den Generalkommissar für die Ukraine, Gauleiter Erich Koch, nicht durchzusetzen. Das am 17. Juli 1941 nach langem Zögern Hitlers dem Generalgouvernement zugeschlagene, zuvor sowjetisch besetzte Ostgalizien umfaßte gleichwohl 37 Prozent des polnischen Vorkriegsterritoriums. Dessen Eingliederung brachte eine erhebliche Vermehrung des jüdischen Bevölkerungsanteils mit sich.[2] Frank verschrieb sich nunmehr der Illusion, nach der erwarteten »Zerschlagung« der Sowjetunion die jüdischen Einwohner des Generalgouvernements »nach Osten« abschieben zu können, doch teilte ihm Alfred Rosenberg am 14. Oktober 1941 lapidar mit, daß dies auf absehbare Zeit nicht möglich sein werde.[3]

Abgesehen von den Großghettos in Warschau und in Lodz lebte bis Mitte 1942 ein großer Teil der polnischen Juden noch in kleinen und mittleren Städten und auf dem platten Lande. Die Aussiedlungsaktionen aus den großen Städten, vor allem aus Krakau, sowie dem Warthegau und Westpreußen schufen verheerende Wohnverhältnisse, Arbeitslosigkeit und Massenelend. Die immer weiter reichende Enteignung und Diskriminierung gefährdete die Lebensgrundlagen der jüdischen Bevölkerung. Sie war zugleich ständigen Repressalien, Mißhandlungen und gewaltsamen Übergriffen ausgesetzt. Willkürliche Erschießungen durch die lokale Sicherheitspolizei und andere Behörden traten hinzu. Nach der allgemeinen Kennzeichnung der Juden war deren Freizügigkeit schon am 11. Dezember 1939 faktisch unterbunden worden. Die von verschiedenen Seiten geforderte Ghettobildung war jedoch nur teilweise vorangekommen. Desgleichen hatte sich die angestrebte vollständige Ausschaltung der Juden aus dem Wirtschaftsleben großenteils als undurchführbar erwiesen.[4]

Hingegen veränderten sich die Bedingungen in Ostgalizien nach der deutschen Besetzung dramatisch. Unmittelbar vor dem Einmarsch der deutschen Truppen setzten die Milizen der ukrainischen OUN-B (Organisation Ukrainischer Nationalisten unter der Führung Stepan Banderas) ein ungehemmtes Massaker gegen die jüdische Bevölkerung in Gang. Sie wurden darin von deutscher Seite zumindest nicht behindert. Die von der OUN angefachten Pogrome in Lemberg, die am 29. Juli 1941 begannen und tagelang andauerten, kosteten mehr als 10 000 Juden das Leben. Ähnliche Vorgänge wiederholten sich in Stanislau, Tarnopol and an zahlreichen anderen Orten, wobei die Ausschreitungen als Vergeltung für die vorausgegangenen Liquidierungen von politischen Gefangenen durch den NKWD hingestellt wurden.[5] Die von einheimischen Nationalisten verübten Massaker standen den Gewaltaktionen der Einsatzgruppen in nichts nach.

In den gleichen Zusammenhang gehörten die von der Militärverwaltung eingeleiteten und von der Sicherheitspolizei ergriffenen Maßnahmen zur Errichtung von Ghettos. Sie waren häufig mit systematischen Massakern verbunden. In Lemberg fielen der sogenannten »Todesbrückenaktion« viele Tausend Juden zum Opfer.[6] Die Grausamkeit, mit der bei den Umsiedlungen wehrlose Juden abgeschlachtet wurden, ist nachgerade unvorstellbar, und diese Vorgänge spielten sich in der Öffentlichkeit ab. Die Morde richteten sich in erster Linie gegen Alte, Frauen und Kinder, also gegen »unproduktive« Bevölkerungsgruppen. Die »Todesbrückenaktion« in Lemberg stand im Zusammenhang mit dem Versuch, mehr als 50 000 Menschen umzusiedeln und in ein viel zu kleines Ghetto zu pferchen. Die Aktion mußte daher, nach ungeheuren Menschenverlusten, auf halbem Wege abgebrochen werden.

Neben dem Ausbau der Zwangsarbeitslager für Juden stellte die frühzeitige Ghettobildung eine Sonderentwicklung in Galizien dar. Schon während der militärischen Besetzung waren erste Grundlagen für eine dauernde Verfolgung der jüdischen Bevölkerung gelegt worden. So verfügte der Militärbefehlshaber des rückwärtigen Armeegebietes, General von Roques, am 12. Juli 1941 die Kennzeichnung der Juden und die Erhebung von Kontributionen. Gleichzeitig übernahm die Militärverwaltung die von der Regierung des Generalgouvernements verhängten Maßnahmen gegen die Juden, darunter die Festlegung des allgemeinen Arbeitszwangs und die Bildung von Arbeitslagern.[7] Die Juden büßten auch hier ihre Freizügigkeit ein. Zugleich verloren sie ihre ökonomische Existenzgrundlage fast vollständig und waren ständigen Repressalien ausgesetzt. Im Vergleich zu den Exzessen der ersten Woche nach der Besetzung des Gebietes durch die Wehrmacht kam es zu einer gewissen Normalisierung, abgesehen von den Ende Juli in der sogenannten »Aktion Petljura« durchgeführten Liquidierungen von Angehörigen der jüdischen Intelligenz.[8]

Nach dem Übergang der Zuständigkeit von der Wehrmacht auf die Zivilverwaltung in Ostgalizien wurde die Ausgrenzung und Isolierung der jüdischen Bevölkerung fortgesetzt und wurden erste Schritte zu ihrer Ghettoisierung unternommen. Systematische Gewaltmaßnahmen unterblieben jedoch weitgehend bis Anfang Oktober 1941, zumal Generalgouverneur Hans Frank noch immer an der Perspektive festhielt, die Juden weiter nach Osten abschieben zu können. Alle diese Vorgänge vollzogen sich im Zeitraum vom September 1941 bis Anfang 1942, und es ist wahrscheinlich, daß sie sich gegenseitig beeinflußten und zu einer Eskalation führten. Sie liegen in einer Phase, die von der Erwartung bestimmt war, daß im Oktober die militärischen Grundentscheidungen gegen die Sowjetunion gefallen sein würden und danach die jüdische Bevölkerung aus dem Altreich, dem Protektorat Böhmen und Mähren, den annektierten Gebieten sowie dem Generalgouvernement weiter nach Osten deportiert werden könne.

Die in Ostgalizien entfesselte Gewaltorgie griff jedoch auf das übrige Generalgouvernement über. Die Initiative zu umfassenden Erschießungsaktionen in den größeren Städten, die im Zuge der Ghettoisierung zur Verringerung der jüdischen Einwohnerzahlen durchgeführt wurden, ging von der Sicherheitspolizei aus, die unter dem Befehl von Eberhard Schöngarth stand. Einen ersten Höhepunkt bildete der »Blutsonntag in Stanislau« am 12. Oktober 1941, bei dem zwei Drittel der jüdischen Gemeinde – zwischen 10 000 und 12 000 Menschen – liquidiert wurden.[9] Bis zum Einbruch des Winters kam es in zahlreichen anderen Orten des Generalgouvernements, so in Kolomea, Tarnopol, Boryslav und Brzezany, zu ähnlichen Aktionen, denen auch Überlebende des Lagers Nisko zum Opfer fielen. Die Motivation dafür liegt im Dunkeln, doch stellten diese Vorgänge eine Art »Vorbereitungsphase« für die spätere »Endlösung« dar.[10]

Daß der entscheidende Anstoß zur Eskalation der Judenvernichtung jedoch von den Distrikten Lublin und Ostgalizien ausging, hing nicht zuletzt auch mit personellen Faktoren zusammen, insbesondere mit der zentralen Stellung, die Odilo Globocnik als Höherer SS-und Polizeiführer (HSSPF) im Distrikt Lublin sowie sein Kollege Friedrich Katzmann als SS-Polizeiführer in Galizien einnahmen. Globocnik war wegen illegaler Devisengeschäfte als Gauleiter von Wien abgesetzt worden, was Himmler jedoch nicht daran hinderte, ihn im November 1939 zum SSPF im Distrikt Lublin zu ernennen. Globocnik trug dieser Gunst durch Übereifer und extremen Fanatismus Rechnung. Schon 1940 hatte er sich mit dem Bau des sogenannten »Buggrabens«, einer längs des Bug verlaufenden Befestigungslinie, für deren Ausbau er zahlreiche jüdische Zwangsarbeitslager einrichtete, einen Namen gemacht. Im Juli 1941 wurde er von Himmler zum HSSPF ernannt und mit der Planung und Errichtung von Polizeistützpunkten im Bezirk Lublin betraut, den Himmler zum Ausgangspunkt seiner ehrgeizigen Ostsiedlungsvorhaben zu machen gedachte.[11]

Der erste umfassende Entwurf des »Generalplans Ost« war vom Planungschef des Reichskommissars für die Festigung deutschen Volkstums (RKFV), Konrad Meyer-Hetling, am 15. Juli 1941 vorgelegt worden.[12] Der neue HSSP-Führer unterbreitete darin Himmler detaillierte Vorschläge zur »Säuberung« des Distrikts von Juden und Polen als erste Stufe der ins Auge gefaßten deutschen Besiedlung des Ostraums. Odilo Globocnik war zwar formell der Regierung Franks in Krakau unterstellt, zeichnete sich aber durch notorische Eigenmächtigkeit und fieberhaften Tätigkeitsdrang aus und konnte sich dabei auf das besondere Vertrauen Himmlers stützen. Er schuf sich eine persönliche Hausmacht, kontrollierte das SS-Ausbildungslager Trawniki, aus dem die meisten der in den Lagern eingesetzten Wachmannschaften kamen, und begann mit der Ansiedlung von Volksdeutschen im

Bezirk Samoisk. Ihm unterstand das berüchtigte Konzentrationslager in der Janowska-Straße in Lublin, das die erforderlichen Arbeitskräfte für die SS-Unternehmen bereitstellen sollte. Zu seinem Imperium gehörten vor allem die Deutschen Ausrüstungswerke in Lublin, welche Versorgungsgüter für die Waffen-SS herstellten und einen wichtigen Bestandteil des angestrebten SS-Wirtschaftsimperiums bildeten.[13]

Im Zentrum der Bemühungen Globocniks stand neben der Absiedlung polnischer und ukrainischer Landbevölkerung zugunsten deutscher Siedler der Ausbau der Durchgangsstraße DG IV, die von Krakau bis Lemberg führen sollte und von Zeitgenossen später als »Straße der SS« apostrophiert wurde. Die DG IV stellte gewissermaßen »eine Schwundstufe des Pripjet-Projekts und das letzte Relikt der ›territorialen Endlösung‹« dar.[14] Denn mit der Deportation der jüdischen Bevölkerung in das Pripjet-Gebiet war die Vorstellung verbunden gewesen, daß sie dort »auf natürliche Weise« umkommen würde. Nunmehr traten die Arbeitslager der DG IV an dessen Stelle. Sie sollten das Scharnier für die umfassende Vernichtung des polnischen Judentums bilden.

Heinrich Himmler machte sich dieses Projekt zu eigen, das, nachdem sowjetische Kriegsgefangene für die Bauarbeiten nicht mehr in ausreichender Zahl verfügbar waren, ausschließlich von jüdischen Häftlingen betrieben wurde. Zu diesem Zweck errichtete Globocnik ein geschlossenes Lagersystem, das bis 1943 bestehen blieb und an das sich eine ähnliche Lagerkette im ukrainischen Gebiet anschloß. Das mit krimineller Energie und Menschenschinderei vorangetriebene Unternehmen war nicht eben erfolgreich. Beim Rückzug der deutschen Verbände Ende 1943 waren gerade ca. 160 km Rollbahn fertiggestellt.[15]

Für das galizische Teilstück verfolgte Friedrich Katzmann dieselbe Strategie. Er übernahm den Gedanken der »Vernichtung durch Arbeit« im wörtlichen Sinne und wollte die Juden vor allem durch die Beschäftigung im Straßenbau physisch bis zum letzten ausbeuten und dadurch ermorden. In den von ihm in großer Zahl errichteten Zwangsarbeitslagern, die überwiegend für den Ausbau der DG IV bestimmt waren, aber auch andere Funktionen versahen, waren die Häftlinge unbeschreiblich katastrophalen Lebensbedingungen unterworfen. Durch rücksichtlose Ausbeutung und systematische Mißhandlung legte es Katzmann bewußt darauf an, daß möglichst viele Häftlinge zu Tode kamen, was ihm selbst Kritik von seiten der Zivilverwaltung eintrug. In einer Besprechung mit den designierten Lagerführern erklärte er am 16. Oktober 1941, »ob tausend oder zehntausend Juden pro Kilometer auf der Strecke bleiben« sei völlig gleichgültig. Er befahl, arbeitsunfähige Juden unverzüglich zu erschießen, desgleichen flüchtende oder wieder aufgegriffene Lagerinsassen. Für nicht wieder gefaßte Flüchtlinge sollten entweder jeder zehnte Jude des betreffenden Kommandos oder zehn Geiseln aus deren Heimatort liquidiert werden.[16]

Das Terrorsystem in den Lagern der DG IV zielte daher von vornherein auf Massenvernichtung ab, wobei Globocnik und Katzmann allerdings die Vernichtungskapazität des Arbeitslagersystems überschätzten. Die Zwangsarbeiterlager rangierten, was die Zahl der Toten anging, gleichwohl nach Belzec und den örtlichen Massenerschießungsplätzen an dritter Stelle.[17] Die durchschnittliche statistische Lebenserwartung der Häftlinge betrug drei bis sechs Monate, und die Gesamtzahl der beim Bau der DG IV in Galizien umgekommenen Juden belief sich auf mehr als 20 000 Personen; im Distrikt Lublin gab es zwischen 50 000 und 70 000 Opfer.[18] Auch das von Globocnik errichtete Zwangsarbeitslager Lemberg-Janowska-Straße gehörte mit 35 000–40 000 Toten zu den größten Todeslagern.[19]

Die Vernichtung der Juden durch den Arbeitseinsatz, wie er von Katzmann und Globocnik systematisch ins Werk gesetzt wurde, stellte eine bedeutsame strategische Änderung im Vorgehen gegen die Juden dar. Einerseits sorgte die Rücksichtslosigkeit im Umgang mit den gequälten Häftlingen dafür, daß die Todesraten extrem hoch lagen, andererseits zog die Prioritätensetzung zugunsten des Arbeitseinsatzes die pseudologische Konsequenz nach sich, die arbeitsunfähigen Juden, für die weder Unterbringung noch Ernährung bereitgestellt werden durfte, zu liquidieren. Die menschenmörderische Praxis hatte zur Voraussetzung, daß genügend jüdische Arbeitskräfte von den örtlichen Arbeitsämtern bereitgestellt wurden, was auf die Dauer Schwierigkeiten bereitete. Als Katzmann daranging, Juden auch aus kriegswichtigen Betrieben abzuziehen, traf er allerdings auf den Widerstand der Wehrmachtsbehörden. Desgleichen gab es bei der Zivilverwaltung zaghafte Einsprüche gegen die brutale Behandlung und völlig unzureichende Versorgung der Häftlinge, die den Judenräten aufgebürdet wurde, die dazu schlechterdings nicht imstande waren. Daß sich mit diesem Vorgehen eine extreme Korruption verband, bei der sich Katzmann auch persönlich bereicherte, kann niemanden verwundern.[20]

Das von Globocnik und Katzmann forcierte Programm der »Vernichtung durch Arbeit« antwortete auf die spezifischen Bedingungen in Ostgalizien und im Distrikt Lublin, aber auch im Generalgouvernement als ganzem. Die Strategie der Einsatzgruppen und des SS-Vernichtungsapparats im besetzten sowjetischen Gebiet, die auf die unterschiedslose Ermordung der einheimischen jüdischen Bevölkerung gerichtet war, erwies sich hier als undurchführbar. Angesichts des hohen Anteils von Juden an der Gesamtbevölkerung und ihrer Schlüsselstellung im Handwerk und Gewerbe, in dem sie bis zu 90 Prozent der Arbeitskräfte stellten, konnten die intendierte Massenvernichtung und die flankierende Ghettoisierung der jüdischen Bevölkerung nicht unmittelbar realisiert werden. Die Einsatzgruppe C sah sich daher zu der Feststellung genötigt, die auch von Frank geteilt wurde, daß in »der westlichen und mittleren Ukraine ... das Judentum nahezu identisch mit der städtischen Arbeiter-, Handwerker- und Händlerschicht« sei. »Wird auf die jüdische Arbeitskraft in vollem Umfang verzichtet, so ist der Wiederaufbau der ukrainischen Industrie sowie der Ausbau der städtischen Verwaltungszentren fast unmöglich.« Der einzige Ausweg bestünde darin, die »Lösung der Judenfrage durch umfassenden Arbeitseinsatz der Juden« anzustreben. Die damit verbundene allmähliche Liquidierung würde am ehesten den wirtschaftlichen Notwendigkeiten entsprechen.[21] Der flächendeckende Arbeitseinsatz der Juden wurde damit zur Zwischenstufe der Vernichtung.

Seit Mitte Oktober 1941 zeichnete sich auch im übrigen Generalgouvernement eine qualitative Verschärfung der gegen Juden ergriffenen Maßnahmen ab. Mit der »Verordnung über Aufenthaltsbeschränkungen im Generalgouvernement«, die am 15. Oktober herauskam[22], wurde Juden der Aufenthalt außerhalb der

Ghettos untersagt. Dort aufgegriffene Juden konnten ohne Verfahren von den Polizeiorganen erschossen werden. Da die Ghettobildung keineswegs abgeschlossen war und Arbeitslager nicht überall bestanden, lief das auf die rücksichtslose Ausrottung der nicht in den Ghettos lebenden Juden hinaus. Das offiziell herausgestellte Motiv bestand in der Seuchenbekämpfung, und es gab insofern einen Ansatzpunkt dafür, als die extreme Unterversorgung der jüdischen Bevölkerung in den Ghettos notwendigerweise zur Ausbreitung insbesondere von Fleckfieber und Tuberkulose führen mußte.

Seit dem Spätherbst 1941 drängte Odilo Globocnik auf eine weitere Verschärfung der Judenverfolgung. In einem an Himmler gerichteten Schreiben vom 1. Oktober bat er dringlich um persönliche »Vorsprache« und wies auf die Notwendigkeit einer sofortigen »Entsiedlung der Fremdvölkischen« als Mittel zur »politischen Beruhigung« der Region hin.[23] Das war der übliche antisemitische Vorwand. Globocnik strebte eine »Umsiedlung« der Juden zunächst aus dem Distrikt Lublin an, um Raum für die Ansiedlung von Volksdeutschen zu schaffen. Gleichzeitig betrieb er die Absiedlung der einheimischen polnischen und ukrainischen Bevölkerung. Himmler verschloß sich diesen Wünschen nicht und ersuchte Philipp Bouhler, der Chef der Kanzlei des Führers und für die Euthanasie-Aktion zuständig gewesen war, Spezialisten der T4-Aktion zunächst nach Riga, dann nach Lublin zu entsenden, um die technischen Voraussetzungen für die Liquidierung derjenigen Juden zu schaffen, die nicht arbeitsfähig waren.

Aus Mitarbeitern der T4-Aktion wurde daraufhin der engere Stab gebildet, der die wenig später als »Aktion Reinhard« bezeichnete systematische Ermordung der jüdischen Bevölkerung im Generalgouvernement koordinierte. Zu ihm gehörten auch die Kommandanten der im Zuge der Aktion errichteten Vernichtungslager. Bei einer Zusammenkunft zwischen Himmler und Globocnik in Berlin am 13. Oktober 1941 erteilte der Reichsführer-SS die Genehmigung zum Ausbau des Vernichtungslagers Belzec.[24] Nach der Ermordung Reinhard Heydrichs wurde es üblich, den Tarnnamen auf ihn zu beziehen.[25] Durch Errichtung einer Hauptabteilung »Reinhard« beim HSSPF Lublin unter der Leitung von Globocniks stellvertretendem Stabsführer, Hermann Höfle, wurde ein eigener Arbeitsstab geschaffen, der in der Folge die organisatorischen Voraussetzungen für die Liquidierung des Judentums im Generalgouvernement schuf.

Dem Treffen mit Himmler folgte am 17. Oktober 1941 eine Zusammenkunft Globocniks mit Hans Frank und einer Reihe führender Regierungsvertreter des Generalgouvernements, auf der die Evakuierung der Juden aus dem Distrikt Lublin erörtert wurde. Offenbar erfolgte der Abschiebungsbeschluß mit der Maßgabe, die betroffenen Juden zu ermorden, ohne daß davon jedoch direkt gesprochen wurde.[26] Denn wohin hätte eine Evakuierung erfolgen sollen? Hans Frank war über die Pläne zum Aufbau von Belzec wohl unterrichtet und sprach sich in einer Reihe von Regierungssitzungen nachdrücklich für die Verschärfung der gegen die Juden durchzuführenden Maßnahmen aus.

Der Errichtung des Vernichtungslagers Belzec folgte Anfang 1942 der Bau eines weiteren Tötungszentrums in Sobibor; zu einem späteren Zeitpunkt entstand Treblinka als drittes Vernichtungslager im Generalgouvernement. Belzec hatte zunächst experimentelle Bedeutung, und es spricht alles dafür, daß Adolf Eichmann das Lager im Winter 1941/1942 im Auftrag des RSHA besichtigte, um die geplanten Deportationen von Juden aus dem Reichsgebiet vorzubereiten.[27] Der Ausbau erfolgte vergleichsweise schleppend. Offensichtlich war zunächst nur die engere Region als Einzugsbereich des Lagers ins Auge gefaßt worden, allmählich wurde er jedoch auf das ganze Generalgouvernement erweitert.[28] Der Bau der Vernichtungslager erfolgte in der Absicht, die nicht arbeitsfähigen Juden zu töten, die in den inzwischen geschlossenen Ghettos unter kärglichsten und menschenunwürdigen Bedingungen vegetierten. In der perversen Logik der »Endlösungs«-Planer war ein solches Vorgehen konsequent, da diese Juden von der »Vernichtung durch Arbeit« ausgenommen waren.

Die Einführung der Kennkartenpflicht für Juden im Distrikt Lublin Anfang 1942 unterstrich diese Intention, indem die Ausweise derjenigen Juden, die als Arbeitskräfte benötigt wurden, markiert waren. Gleichzeitig wurden die Judenräte angewiesen, »alle diejenigen Juden und jüdischen Familien, die nicht produktiv arbeiten, in Listen zu erfassen«.[29] Damit war das Prinzip der systematischen Selektion entdeckt, das wenig später in Auschwitz-Birkenau routinemäßig angewandt wurde. Es lag zugleich der beabsichtigten Trennung von Arbeits- und »Versorgungs«-lagern zugrunde, wodurch die nicht arbeitenden Häftlinge zum langsamen Verhungern verurteilt werden sollten.[30]

Eine ähnliche Entwicklung zeichnete sich im Spätherbst 1942 in den annektierten polnischen Gebieten ab. Das ursprünglich als kurzfristiges Provisorium eingerichtete Ghetto Litzmannstadt (Lodz), das zum Sammelpunkt der im Warthegau und in Westpreußen lebenden Juden gemacht wurde, platzte aus allen Nähten. Die Versorgung der dort lebenden mehreren Hunderttausend Juden stellte ein wachsendes Problem für die deutsche Zivilverwaltung dar, die sich zunehmend darüber klar wurde, daß die Kosten, die für die Unterhaltung des Lagers und die Ernährung der Insassen aufgewandt werden mußten, nicht aus dem mitgebrachten Eigentum der eingewiesenen Juden und den Erträgen der von der deutschen Verwaltung errichteten Werkstätten im Ghetto bestritten werden konnten.[31]

Schon im Juli 1941 hatte SS-Sturmbannführer Heinz Höppner, der Leiter des SD-Abschnitts Posen, in einem Vermerk für Eichmann über Erwägungen in der Reichsstatthalterei berichtet, ein Arbeitslager im Warthegau für 300 000 Juden einzurichten, das in der Nähe des Kohlereviers liegen sollte, ferner alle Jüdinnen im gebärfähigen Alter zu sterilisieren, »damit mit dieser Generation tatsächlich das Judenproblem restlos gelöst wird«. Die Absicht war klar, aber der Weg zu dieser »Endlösung« lag noch im Dunkeln. Im Hinblick auf die sich rapide verschlechternden Verhältnisse im Ghetto Lodz teilte Höppner mit: »Es besteht in diesem Winter die Gefahr, daß die Juden nicht mehr sämtlich ernährt werden können. Es ist ernsthaft zu erwägen, ob es nicht die humanste Lösung ist, die Juden, so weit sie nicht arbeitseinsatzfähig sind, durch irgendein schnell wirkendes Mittel zu erledigen. Auf jeden Fall wäre dies angenehmer, als sie verhungern zu lassen.« In dieser zynischen Problembeschreibung verbarg sich eine pseudomoralische Rechtfertigung der systematischen Liquidierung, indem von der »humansten Lösung« die Rede war. Hitler sollte eine ähnliche Formulierung im gleichen Zusammenhang in seinem »Politischen Testament« gebrauchen.[32] Höppner antizipierte damit den im Oktober 1941 gefaßten Entschluß, Gaswagen und stationäre Vergasungseinrichtungen zunächst zur Ermordung der jüdischen »Überschußbevölkerung« zu verwenden.[33] Von da an war die Tötung der arbeitsunfähigen Juden durch Giftgas in der Tat keine Phantasterei mehr. Mit der Heranziehung des Sonderkommandos Lange und des T4 – Personals in Chelmno (Kulmhof) und in Belzec, später in Sobibor und Treblinka wurde dieses Vorgehen bittere Wirklichkeit.

Die Eskalation der Verfolgung im Generalgouvernement wurde durch den in Berlin nach dem 18. September 1941 gefaßten Entschluß ausgelöst, mit der Deportation der Juden aus dem Altreich und dem Protektorat Böhmen und Mähren wenigstens zu beginnen. Die Gauleiter des Altreiches drängten darauf, ihre Territorien von Juden frei zu machen und nicht erst das Kriegsende abzuwarten, obwohl damit für den Spätherbst gerechnet wurde. So trat Goebbels am 18. August erneut an Hitler mit der Bitte heran, die Deportation der Berliner Juden in den Osten zu genehmigen. »Dort werden sie dann unter einem härteren Klima in die Mache genommen«[34], und dies werde, vermerkte der Propagandaminister, »unmittelbar nach Beendigung des Ostfeldzuges geschehen«. Er kam jedoch damit nicht durch, erreichte aber immerhin, daß Hitler der sofortigen Kennzeichnung der Juden im Reichsgebiet seine Zustimmung gab.

Auch von anderer Seite wurde Hitler unter Handlungsdruck gesetzt. Am 14. September schlug Alfred Rosenberg, der Reichsminister für die besetzten Ostgebiete, vor, die von Stalin befohlene Deportation der Wolgadeutschen nach Sibirien zum Anlaß zu nehmen, um die Juden aus Zentraleuropa in die besetzten Ostgebiete abzuschieben. Einen Moment zögerte Hitler und nahm Rücksprache mit Reichsaußenminister Joachim von Ribbentrop, der aber offenbar Bedenken wegen der zu befürchtenden negativen Rückwirkungen in den USA zerstreute. Jedenfalls teilte Himmler Gauleiter Arthur Greiser in einem Schreiben vom 18. September mit, der Führer wünsche, »daß möglichst bald das Altreich und das Protektorat vom Westen nach dem Osten von Juden geleert und befreit werden.« Er sei daher bestrebt, »möglichst noch in diesem Jahr die Juden des Altreichs und des Protektorats zunächst einmal als erste Stufe in die vor zwei Jahren neu zum Reich gekommenen Ostgebiete zu transportieren, um sie im nächsten Frühjahr noch weiter nach dem Osten abzuschieben«.[35] Kopien gingen an Reinhard Heydrich und den Höheren SS- und Polizeiführer im Warthegau, Wilhelm Koppe.

Dem entsprach eine Notiz von Goebbels in dessen Tagebuch vom 24. September, in der er das Ergebnis einer Rücksprache mit Heydrich am Vortage dahingehend zusammenfaßte, daß die Berliner Juden so bald wie möglich evakuiert werden sollten, was aber erst der Fall sein könne, »so bald wir im Osten zu einer Bereinigung der militärischen Lage gekommen sind«. Er fügte hinzu, die Juden sollten in die von der GPU errichteten Lager des Archipel Gulag, also in das Eismeergebiet, verbracht werden.[36] Daraus geht hervor, daß die Deportation der deutschen Juden in zwei Stufen vorgesehen war, indem sie auf mittlere Sicht in ein jenseits des Urals liegendes Reservat abgeschoben werden sollten. Offenbar gab Hitler dem Drängen seiner Satrapen insoweit nach, als er nun in die Deportation eines Teils der Juden aus dem Altreich und dem Protektorat in die östlichen Ghettos einwilligte. Himmler ging von insgesamt 60000 Personen aus, die er, wie er Gauleiter Greiser mitteilte, vorläufig in das Ghetto in Litzmannstadt (Lodz) einzuweisen gedachte.[37]

Hitler zögerte zu diesem Zeitpunkt noch, endgültige und umfassende Entscheidungen für die Deportation der deutschen Juden zu treffen. Das lehrt auch seine hinhaltende Reaktion auf den Vorschlag Rosenbergs, die der Verbindungsmann des Ostministeriums im Führerhauptquartier, Werner Koeppen, in die Formulierung faßte: »Der Führer hat bisher noch keine Entscheidung in der Frage der Ergreifung von Repressalien gegen die deutschen Juden wegen der Behandlung der Wolgadeutschen getroffen« und erwäge, »sich diese Maßnahme für einen eventuellen Eintritt Amerikas in den Krieg aufzuheben«.[38] Dahinter verbarg sich die bei Hitler notorische Vorstellung, die Juden als Geiseln für das Wohlverhalten der Westmächte benützen zu können. Folgerichtig fielen mit der Kriegserklärung an die USA am 11. Dezember 1941 die bis dahin bestehenden außenpolitischen Rücksichten im Hinblick auf das Vorgehen gegen die Juden endgültig weg.

Mit der Entscheidung, die Deportation der Juden aus dem Reichsgebiet und dem Protektorat vorzuziehen, wurde eine weitere qualitative Stufe der Verfolgung erreicht. Das Ghetto in Lodz wurde nun zum wichtigsten Umschlagszentrum der Juden aus dem Warthegau und beherbergte zunächst die 164 000 jüdischen Einwohner von Lodz, später auch Deportierte aus dem Reich, dem Protektorat und anderen Städten des Warthegaus. Das von Beginn an völlig überfüllte Ghetto befand sich in einer chronischen Versorgungskrise, da das beschlagnahmte jüdische Vermögen nicht ausreichte, um die Lebenshaltungskosten zu decken. Die örtliche Sicherheitspolizei ging deshalb daran, das Ghetto in ein Arbeits- und ein Versorgungslager aufzuteilen, was auf den Widerstand der deutschen Lagerverwaltung traf, die sich gegen die Perspektive wehrte, daß ein großer Teil der Insassen, die keine produktive Arbeit hatten, dem langsamen Verhungern überlassen werden sollte. Die Proteste der deutschen Ghettoverwaltung gegen weitere Einweisungen wurden jedoch von Himmler kategorisch zurückgewiesen.[39]

Schließlich handelte Adolf Eichmann den Kompromiß aus, von den 70 000 Juden, deren Deportation Hitler zugestanden hatte, 20 000 sowie 5 000 Zigeuner in das Ghetto Litzmannstadt (Lodz) aufzunehmen und je 25 000 Juden in die Ghettos von Riga und Minsk zu verschicken. Er entfaltete in diesen Wochen verstärkte Aktivität und unternahm mehrere Inspektionsreisen nach Lodz, Lublin und Minsk, um die angestrebten Deportationen zu realisieren.[40] Bei den Verantwortlichen herrschte zu diesem Zeitpunkt die Auffassung vor, daß die deutschen Juden in den vorhandenen Lagern und Ghettos untergebracht, jedoch nicht liquidiert werden sollten. Infolgedessen wurde eine fieberhafte Aktivität in Gang gesetzt, durch umfassende Liquidierungen der einheimischen Juden Raum für die Aufnahme der deutschen Juden zu schaffen. Das geht nicht zuletzt aus einem Schreiben hervor, das der Sachbearbeiter für Rassefragen im Reichsministerium für die besetzten Ostgebiete, Erhard Wetzel, am 26. Oktober 1941 an den Reichskommissar Ostland, Hinrich Lohse, richtete, wonach Victor Brack, Oberdienstleiter in der Kanzlei des Führers, zugestimmt habe, bei der Bereitstellung der »erforderlichen Unterkünfte sowie der Vergasungsapparate mitzuwirken«.

Wetzel teilte weiter mit, daß dies im Einvernehmen mit Eichmann erfolge, der ihn über die Absicht unterrichtet habe, auch in Riga und Minsk Lager zu errichten, die »auch Juden aus dem Altreichsgebiet« aufnehmen könnten. »Es werden zur Zeit aus dem Altreich Juden evakuiert, die nach Litzmannstadt, aber auch anderen Lagern kommen sollen, um dann später im Osten, soweit arbeitsfähig, in Arbeitseinsatz zu kommen.« Er fügte hinzu, daß jedoch »keine Bedenken« bestünden, die nicht arbeitsfähigen Juden »mit den Brackschen Hilfsmitteln« zu beseitigen.[41]

Der Zusammenhang zwischen der Errichtung der weiteren Vernichtungslager und der Absicht, für die deportierten Juden aus dem Altreich Platz zu schaffen, liegt auf der Hand. Dieses »Austauschprogramm« gab den Anstoß für den Übergang zum systematischen Ausbau der Tötungseinrichtungen in den Lagern. Im Konzentrationslager Auschwitz begann man im Herbst mit der Erprobung neuer Vergasungsmethoden unter Verwendung von Zyklon B, wobei als Opfer zunächst an sowjetische Kriegsgefangene und nicht mehr arbeitsfähige Häftlinge gedacht war. Neben den erwähnten Lagern gab es auch Bestrebungen, Vernichtungseinrichtungen in Lemberg und in dem geplanten Tötungszentrum in Mogilev zu schaffen.[42] Im gleichen Zeitraum scheint Himmler Gauleiter Greiser zugesichert zu haben, 100000 Juden aus dem Warthegau der »Sonderbehandlung« zu unterwerfen, wohl als Kompensation für die Aufnahme der reichsdeutschen Juden in Litzmannstadt.[43] Offenbar in diesem Zusammenhang kam es zur Errichtung des Vernichtungslagers in Chelmno (Kulmhof), das Gaswagen benützte, die seit November 1941 im Bereich der Einsatzgruppe C und wenig später in Riga eingesetzt wurden. Im Distrikt Lublin entstand zunächst das Lager Belzec, das mit einer stationären Anlage arbeitete, doch war deren Tötungskapazität zunächst begrenzt.

Gegen die seit November 1941 einsetzenden Deportationen aus dem Altreich erhob sich unerwarteter Widerstand. Gegen einen ersten für Minsk bestimmten Transport legten sowohl die Führung der Heeresgruppe Mitte wie der Wehrmachtsbefehlshaber Ostland Einspruch ein. Außerdem wandten sich der Reichskommissar Ostland, Hinrich Lohse, und der Generalkommissar für Weißruthenien, Wilhelm Kube, gegen weitere Transporte aus dem Reich, wobei Hemmungen gegen die Einbeziehung deutscher Juden in die Vernichtung einwirkten. Jedenfalls sah sich das RSHA dazu veranlaßt, die Deportationen einstweilen zu unterbrechen, nachdem allerdings bereits acht Transporte abgegangen waren.[44]

Das bei Riga vorgesehene umfassende Lager war gerade erst im Bau und stand frühestens im April 1942 zur Verfügung. Daher wurden die für Riga bestimmten ersten fünf Transporte aus dem Reich nach Kowno umgeleitet und die Deportierten unmittelbar nach der Ankunft im Fort IX vom Einsatzkommando EK 3 erschossen. Auch die danach in Riga eintreffenden deutschen Juden wurden kaltblütig ermordet. Die sofortige Liquidation der deportierten deutschen Juden in Minsk, Kowno und vor allem in Riga war offensichtlich vom RSHA nicht beabsichtigt oder jedenfalls nicht angeordnet. Gerüchte über die Erschießungen verbreiteten sich alsbald im Reichsgebiet, und Himmler sah sich dazu veranlaßt, weitere Deportationen vorerst zu untersagen. In seinem Diensttagebuch findet sich unter dem 30. November über ein Telephongespräch mit Heydrich die Eintragung: »Judentransport aus Berlin. Keine Liquidierung.«[45] Die Anweisung kam zu spät. Die Deportierten waren bereits bei einer »Sonderaktion« im Wald von Rumbula bei Riga umgebracht worden.[46] Der Reichsführer-SS warf in diesem Zusammenhang dem HSSPF für das Ostland, Friedrich Jeckeln, »Eigenmächtigkeiten« und Mißachtung der Richtlinien des RSHA vor.[47]

In der Folgezeit wurde in der Regel vermieden, deutsche Juden unmittelbar bei der Ankunft in den Lagern zu ermorden, jedoch wurde keineswegs einheitlich verfahren. So wurde ein Ende November 1941 nach Kaunas gelangter Transport deutscher Juden sofort liquidiert. Um Platz für die Juden aus dem Altreich zu machen, kam es zu umfassenden »Aussiedlungen« polnischer Juden in die Vernichtungslager. Daß die einstweilige Verschonung der Juden aus dem Reichsgebiet nur der taktischen Erwägung entsprang, öffentliche Proteste im Reichsgebiet in Grenzen zu halten, geht aus der zynischen Tagebucheintragung von Goebbels hervor, der am 27. März 1942 notierte: »Die in den Städten des Generalgouvernements freiwerdenden Ghettos werden jetzt mit den aus dem Reich abgeschobenen Juden gefüllt, und hier soll sich dann nach einer gewissen Zeit der Prozeß erneuern.«[48] Das war die kalkulierte Vernichtung in Raten. Die Überlebenschancen der deportierten deutschen und österreichischen Juden waren auch in den Ghettos äußerst gering. Viele von ihnen kamen durch Hunger und Epidemien innerhalb von wenigen Wochen um.[49] Ein umfassender Mordbefehl lag gleichwohl Ende 1941 nicht vor. Es gab weiterhin zahlreiche Interventionen, die Himmler bewogen, zurückhaltend vorzugehen, und die Heydrich veranlaßten, durch die Gründung des »Altersghettos« Theresienstadt Proteste gegen die Deportation von Trägern von Ehrenzeichen und militärischen Orden zu beschwichtigen.[50]

Während in den Berliner Befehlszentralen noch zwischen Deportation und Liquidierung unterschieden wurde, trat diese Unterscheidung im Bewußtsein der vor Ort Handelnden immer mehr in den Hintergrund. Es bestand jedoch noch keine Übereinstimmung darüber, daß die Gesamtheit der im deutschen Machtbereich befindlichen Juden vernichtet werden sollte.[51] Die umfangreichen Massenliquidationen im Vorfeld der Transporte von Juden aus dem Reichsgebiet und dem Protektorat und die vorläufige Unterbringung der neu eintreffenden Deportierten in polnischen Ghettos standen im Zusammenhang mit der Erwartung, daß die militärischen Operationen in nächster Zeit abgeschlossen sein würden. Das war auch die Perspektive der Wannseekonferenz vom 20. Januar 1942, auf die im einzelnen zurückzukommen ist.[52] Die Vernichtungsmaßnahmen konnten daher intern als kriegsbedingte Handlungen gerechtfertigt werden, da unter den gegebenen Umständen die Masse der nicht arbeitsfähigen Juden nicht ernährt werden könne und sie als ständige Gefährdung der deutschen Truppen und Verwaltung zu betrachten seien, teils der Seuchengefahr wegen, teils wegen ihrer angeblichen Kollaboration mit Partisanen und Saboteuren.

Wenngleich Reinhard Heydrich noch zwei Wochen nach der Wannseekonferenz davon sprach, daß der nichteindeutschungsfähige Teil der tschechischen Bevölkerung zweckmäßigerweise als Bewachungspersonal für die in das Eismeergebiet zu deportierenden elf Millionen europäischen Juden Verwendung finden sollte,[53] trat diese Perspektive mit der sich verschlechternden militärischen Lage bei den Vollstreckern vor Ort immer mehr in den Hintergrund und diente nur noch als Folie, um die Maßnahmen zur »Endlösung« nicht als einfache Mordaktionen, die sie waren, erscheinen zu lassen. Offenbar bedurfte es noch immer dieser Fiktion, um das Vernichtungsvorhaben, das angesichts der unvorstellbar großen Zahl der davon betroffenen Juden utopisch anmutete, psychologisch abzustützen.

Seit dem März 1942 vollzog sich in den Distrikten Lublin und Galizien der Umschwung zur systematischen Massenvernichtung. Dies fiel mit der Initiative des Gauleiters Greiser zusammen, die jüdische »Überschußbevölkerung« des Warthegaus in Kulmhof der Vernichtung zuzuführen. Diese Pläne setzten im Spätherbst 1941 ein und liefen seit Anfang 1942 auf vollen Touren. Am 13./14. März hielt sich Himmler im Generalgouvernement auf und führte mehrere Unterredungen mit Krüger und Globocnik, die vermutlich die Verbringung von Juden in Arbeitslager und die Ersetzung von bislang in der Industrie beschäftigten jüdischen Handwerkern und Facharbeitern betrafen.[54] Damals war der Ausbau des zweiten Vernichtungslagers Sobibor, das sich einer stationären Tötungstechnik bediente, abgeschlossen. Im Mai kam es zur Errichtung von Treblinka. Zwar ging es zunächst darum, nur die als nicht arbeitsfähig geltenden Juden zu liquidieren, aber diese Aktion ging in die generelle Ermordung der in den Ghettos lebenden jüdischen Bevölkerung über.

Odilo Globocnik hatte den Reichsführer-SS schon im März 1942 dazu gedrängt, den allgemeinen Vernichtungsbefehl für das Generalgouvernement herauszugeben. Zunächst kam es jedoch überwiegend zu lokalen Aktionen, die Lublin, Lemberg und Städte im südlichen Galizien betrafen. Mit der Fertigstellung von Sobibor änderte sich das Vorgehen. In engem Einvernehmen mit der Zivilverwaltung begannen konkrete Vorbereitungen für die Auflösung der bestehenden Ghettos, und im Zusammenhang damit wurde eine generelle Kategorisierung der jüdischen Einwohner nach den Kriterien »kriegswichtig«, »arbeitsfähig« und »arbeitsunfähig« vorgenommen. Unter der Aufsicht der Höheren SS- und Polizeiführer kam es auch zur Einbeziehung der Ordnungspolizei bei Ghettoräumungen und Erschießungen, welche die zahlenmäßig begrenzten Sicherheitspolizeikräfte unterstützte. Im Einzelfall wurde auch Personal der Zivilverwaltung herangezogen, um die notwendigen Sicherungsaufgaben wahrzunehmen.

Die regionalen Deportationen in die Vernichtungslager und die sie begleitenden lokalen Massaker – bei beiden fiel Globocnik die Rolle des fanatischen Antreibers zu – waren in vollem Gange, als Heinrich Himmler am 18. Juli 1942 den Distrikt Lublin aufsuchte, nachdem er am Vortage das Konzentrationslager Auschwitz-Birkenau eingehend inspiziert und die Möglichkeiten für dessen weiteren Ausbau geprüft hatte.[55] Im Distrikt Lublin besuchte er Belzec und Sobibor und besichtigte eine Selektion deportierter Juden und die sich daran anschließende Vergasung. Gegenüber Globocnik zeigte er sich äußerst zufrieden.[56] Auf dessen Drängen wurden die anwesenden SS- und Polizeiführer zur Ausführung der geplanten Maßnahmen ausdrücklich ermächtigt. Es war nicht zufällig, daß der Reichsführer von Lublin aus dem HSSPF im Generalgouvernement, Friedrich Wilhelm Krüger, der die Federführung bei Maßnahmen der HSSPF in der »Judenfrage« innehatte, am 19. Juli den Befehl erteilte, »die Umsiedlung der gesamten jüdischen Bevölkerung bis 31. Dezember 1942« abzuschließen – mit Ausnahme einzelner aufgeführter Arbeitsghettos.

»Diese Maßnahmen«, hieß es in dem an Krüger gerichteten Erlaß, der das Selbstverständnis der beteiligten Vollstrecker widerspiegelte, »sind zu der im Sinne der Neuordnung Europas notwendigen ethnischen Scheidung von Rassen und Völkern, sowie im Interesse der Sicherheit und Sauberkeit des deutschen Reiches und seiner Interessengebiete erforderlich. Jede Durchbrechung dieser Regelung bedeutet eine Gefahr für Ruhe und Ordnung des deutschen Gesamtinteressengebietes, einen Ansatzpunkt für die Widerstandsbewegung und einen moralischen und physischen Seuchenherd.« Daher müsse »die totale Bereinigung« durchgeführt werden.[57] Der enge Zusammenhang des Judenmords mit dem Ostsiedlungsprogramm trat darin ebenso deutlich hervor wie die notorische Fiktion vom Juden als Unruhestifter und potentiellen Träger des Widerstandes.

Schon im Juni 1942 übergab Generalgouverneur Hans Frank die Zuständigkeit in der »Judenfrage« an die SS[58], die damit weitgehend freie Hand hatte. Am 22. Juli setzten die Transporte aus dem Warschauer Ghetto nach Treblinka ein, und wenig später erfolgte die Auflösung der restlichen Ghettos im Distrikt Lublin. Himmler schien seinem Ziel, den Distrikt Galizien und Teile des Generalgouvernements zu germanisieren, entscheidend näher gekommen zu sein. Im gleichen Zeitraum begann Eichmanns Deportations-Maschinerie ungehindert zu arbeiten. Die im Juni aus militärischen Gründen verhängte allgemeine Transportsperre behinderte den Fortgang der Vernichtungsaktionen nur geringfügig. Parallel dazu kam die Abschiebung der Juden aus dem besetzten Europa, nicht zuletzt aus Frankreich und der Slowakei, in Gang.

Von der Wahnvorstellung getrieben, im deutschen Herrschaftsraum rassische Homogenität erzwingen zu können, befahl Himmler nunmehr auch die Einbeziehung der bislang ausgesparten jüdischen Arbeitskräfte in die Vernichtungsaktion. Als sich dagegen Widerstand regte, schlug sich Hitler auf die Seite der Rüstungsindustrie und verfügte, daß zumindest Facharbeiter jedenfalls vorläufig nicht in die Liquidierung einbezogen werden sollten. Die SS setzte jedoch durch, daß diese in gesonderten Zwangsarbeitslagern kaserniert und streng bewacht werden sollten, was in der Praxis freilich auf Schwierigkeiten stieß.[59] Juden überlebten nur in den Zwangsarbeitslagern, die für Rüstungszwecke unentbehrlich waren. Nur eine geringe Zahl von Juden konnte untertauchen oder in Verstecken der Verfolgung entrinnen. Die meisten wurden in regelrechten »Hasenjagden«, an denen sich auch die Beamten der Zivilverwaltung eifrig beteiligten, umgebracht.[60]

Im August 1942 suchte Himmler Globocnik erneut in Lublin auf, nachdem er sich zuvor von Katzmann in Lemberg über das Vorgehen in Galizien hatte unterrichten lassen. Mitte und Ende September traf er in Krakau weitere Male mit Globocnik zusammen, der ihm großspurig mitteilte, der gesetzte Zeitplan werde eingehalten werden können. Am 20. Oktober erteilte Himmler einen weiteren Befehl zur »beschleunigten Gesamtaussiedlung«. Neben den Vergasungen in Treblinka, Maidanek und Sobibor, deren Kapazität überlastet war, kam es allenthalben zu lokalen Massenerschießungen, und zum Jahresende konnten die meisten Ghettos aufgelöst werden.[61] Von den ursprünglich zwei Millionen jüdischen Einwohnern lebten zur Jahreswende nur noch ca. 300 000 Personen, meistens Zwangsarbeiter mit ihren Familienangehörigen.[62] Nach Aufständen in Treblinka und Sobibor ordnete Himmler die Liquidierung der im Osten des Generalgouvernements noch überlebenden Juden an, die in der »Aktion Erntefest« am 2. und 3. November 1943 erfolgte.[63]

Die Vorgänge in der Ukraine entsprechen im wesentlichen denjenigen des Generalgouvernements, obwohl dort große Teile des Landes unter Militärverwaltung verblieben und die Gleichsetzung von Juden und Partisanen durch die Verfolger eine größere Rolle spielte. Neben den Einsatzgruppen und der Militärpolizei war vor allem die Ordnungspolizei an den Massakern beteiligt. Das Bild änderte sich mit der Bildung des Reichskommissariats am 1. September 1941 kaum. Von größeren Zwangsarbeiterprojekten fiel nur die Fortführung der DG IV ins Gewicht. Nach zahlreichen einzelnen Mordaktionen kam es seit Mai 1942 und vor allem seit Juli zu einer Ausdehnung der Massenmorde. Sie wurden durch die Sicherheitspolizei zusammen mit ukrainischer Hilfspolizei ins Werk gesetzt. Die antisemitische Einstellung der ukrainischen Bevölkerung erleichterte den Liquidierungsprozeß, der große Teile des einheimischen Judentums in den Tod riß.[64] Für Weißrußland ist zu konstatieren, daß allein zwischen dem März 1942 und dem März 1944 mehr als 400 000 Todesopfer zu beklagen waren, wobei der Faktor der Ernährungskrise offenbar noch eine gewichtigere Rolle spielte als in der Ukraine.[65]

Nimmt man alle Vernichtungsaktionen zusammen, die unter die zur Jahreswende 1943/44 weitgehend abgeschlossene »Aktion Reinhard« fallen, steht man vor einer erschreckend hohen Zahl von Opfern. Sowenig Aktionen von dieser Tragweite ohne Einschaltung der Zentrale in Berlin denkbar erscheinen, so spricht vieles dafür, daß die Anstöße zum systematischen Massenmord sowohl in den besetzten Gebieten der Sowjetunion wie im Generalgouvernement zunächst von der Peripherie ausgingen und die Zentrale darauf ermunternd reagierte. Ohne die Initiativen Globocniks wären Himmlers umfassende Vernichtungsbefehle undenkbar gewesen. Die Einstellung der jeweiligen Satrapen in den ihnen unterstehenden Distrikten und Kommissariaten war dabei von großer Bedeutung, denn die Initiative lag jeweils bei einzelnen Personen wie Globocnik, Katzmann und Prützmann, die eine spezifische verbrecherische Energie entwickelten. Besondere Verantwortung fällt dem von Himmler protegierten Odilo Globocnik zu, der sich selbst das Lob zusprach, »daß wir den Mut gehabt haben, dieses große und notwendige Werk durchzuführen«.[66]

Daß sich der Schritt zur umfassenden Vernichtung des Judentums im besetzten Gebiet im Osten vollzog, wo die etablierten Machthaber ohne Rücksicht auf hergebrachte Normen und Rechtsgrundsätze agierten, war jedoch nicht nur eine Frage der Personen, sondern auch der räumlichen Gegebenheiten. So spricht Dieter Pohl mit Recht davon, daß die Judenverfolgung, indem sie »nach Osten exportiert« wurde, auf ein »völkermörderisches Niveau« gehoben werden konnte: »Nur die Verlagerung des Schauplatzes nach Osteuropa machte die schließlich praktizierte Form des Massenmordes möglich.«[67] Denn dort hätten die radikalen Besatzungsinstanzen angesichts »paralysierter Gesellschaften« ohne gesetzliche oder bürokratische Rücksichten operieren und das lokale antisemitische Milieu instrumentalisieren können und über einen kaum eingeschränkten Handlungsspielraum verfügt.

Das völlige Fehlen gesetzlicher Bindungen und jeglicher Kontrolle durch die vorgesetzten Behörden in den östlichen Gebieten begünstigte ein kriminelles Freibeutertum eigener Art, bei dem sich ideologischer Fanatismus, Machtbesessenheit, Zynismus, Korruption, Bereicherungssucht und Nepotismus aufs engste verknüpften. Die örtlichen Machthaber handelten im Vollgefühl eines außergewöhnlich raschen sozialen Aufstiegs und unbegrenzter Machtausübung.[68] So hat man den administrativen Apparat in den östlichen Teilen des Generalgouvernements, in der Ukraine und in Weißrußland mit korrupten Kolonialverwaltungen verglichen, bei der »ein eigenartiges Mischungsverhältnis von Bürokratie und De-Bürokratisierung« geherrscht habe.[69] Denn mit Ausnahme von Teilen des Generalgouvernements konnte in den besetzten Ostgebieten von geregelten bürokratischen Prozessen keine Rede sein und konnte sich der einzelne Machthaber im Sinne des nationalsozialistischen »Herrenmenschentums« frei ausleben, was mit Korruption, Willkür, persönlicher Bereicherung und Gewaltanwendung verknüpft war.[70]

Angesichts der zahlenmäßigen Schwäche der im Ostraum tätigen Verwaltungsstäbe kam es zu einer engen Zusammenarbeit zwischen den verschiedenen Instanzen von Zivilverwaltung, Sonderbehörden, Parteiorganisation, Organisation Todt, Feldkommandanturen und Sicherheitspolizei. Die sonst für das NS-System charakteristischen Reibungen zwischen verschiedenen Funktionsträgern konnte man sich hier einfach nicht leisten. Daraus entsprang jedoch eine spezifische Kumpanei, die nicht zuletzt den Komplex der Judenverfolgung, der alltägliche Erfahrung war, betraf. Die geringe Anzahl der lokalen Funktionsträger rief das Bewußtsein hervor, auf Gedeih und Verderb aufeinander angewiesen zu sein. Daher entfielen alle Hemmungen, bei Gewaltexzessen und Exekutionen Amtshilfe zu leisten. Morde an Juden waren an der Tagesordnung und spielten sich praktisch vor der Haustüre ab. Sie waren für niemanden ein Geheimnis und trugen zu einer wachsenden moralischen Abstumpfung bei. Der der engen Binnenkommunikation entspringende ideologische Anpassungszwang der in den Osten entsandten Beamten- und Funktionärskader schloß Widerstandshandlungen in aller Regel aus, zumal es sich um Personal handelte, das überwiegend nationalsozialistisch indoktriniert war.

Daß sich die Protagonisten des Mordes an den Juden auf einheimische Kräfte, vor allem in der Ukraine, in Litauen und in Lettland, stützen konnten, erleichterte ihnen, ihr Vorhaben zu verwirklichen. Die starken antisemitischen Strömungen im Generalgouvernement, in der Ukraine und in den baltischen Ländern lieferte die jüdische Bevölkerung den Unterdrückungsmaßnahmen der deutschen Besatzung vollends hilflos aus. Umgekehrt wurde die jüdische Bevölkerung vom Ausmaß der nationalsozialistischen Repression, die keinen Modus vivendi zuließ, überrascht. Zwar gab es vielfältige Bestrebungen zur jüdischen Selbstbehauptung, aber die desolaten Verhältnisse, die durch Hunger und Hoffnungslosigkeit geprägt waren, verhinderten auch sie. Bewaffneter Widerstand war nur ausnahmsweise möglich – immerhin kämpften in Ostpolen, Weißrußland und der nördlichen Ukraine 30 000 jüdische Partisanen gegen die Deutschen, und es gab gerade in den kleineren Ghettos eine große Zahl von Untergrundgruppen, aber dies war eben doch nur eine kleine Minderheit. Auch fehlte vielfach die Zeit, um Widerstandsgruppen aufzubauen, abgesehen davon, daß die politische Zersplitterung der aktiven Teile des Judentums dafür hinderlich war. Auch die von deutscher Seite gebildeten Judenräte fungierten keineswegs nur als passive Vollstrecker der Anordnungen der Besatzungsmacht, aber ihre Handlungsmöglichkeiten waren eng begrenzt; es ist jedoch irreführend, der jüdischen Orthodoxie mangelnden Willen zu unterstellen, sich den deutschen Unterdrückern aktiv zu widersetzen.[71]

Untertauchen und Flucht waren in der Regel undenkbar und nur in den seltensten Fällen erfolgreich. Der krankhafte Perfektionismus und Ordnungsfetischismus, mit denen die deutschen lokalen Machthaber – welche Funktion sie immer ausfüllten – noch die letzten jüdischen Frauen und Kinder, die sich in Kornfeldern oder selbstgebauten Erdhöhlen zu verstecken suchten, aufspürten und exekutierten, waren beispiellos.[72] Auch die sowjetischen Partisanen waren nur vereinzelt bereit, unbewaffnete und hungernde Juden in ihre Reihen aufzunehmen, so daß die Zahl derjenigen Juden, die als Partisanen überlebten, insignifikant war.[73] Für die große Masse der Juden schlossen die objektiven Bedingungen jede Möglichkeit aus, den deutschen Häschern zu entkommen.

Das mag erklären helfen, warum sich das umfassende Vernichtungsprogramm in so großer Geschwindigkeit und ohne nennenswerte Widerstände hat durchsetzen lassen. Der Vernichtungsprozeß, einmal mittels bürokratischer Prozeduren auf den Weg gebracht, konnte sich weitgehend selbstläufig vollziehen. Betrachtet man den Gesamtablauf der Judenvernichtung, waren die besetzten Gebiete in Ostmittel- und Osteuropa nicht einfach Erprobungsfeld, sondern nachgerade unentbehrlicher Nährboden für die Shoah. Die Deportation und Ermordung von Millionen von osteuropäischen Juden wurde in den Berliner Zentralen geplant, aber die »endlich entdeckte politische Form«, mithin die praktische Umsetzung des Vernichtungsprozesses, war das Werk der Peripherie. Der Distrikt Lublin bildete den Ausgangspunkt und die »Aktion Reinhard« und ihre Vorläufer waren dessen maßgebende Vorreiter. Die Ausnahmesituation des Ostkrieges, die Defizite der schon von der bolschewistischen Herrschaft paralysierten und zudem extrem antisemitisch geprägten einheimischen Gesellschaft, die völlige Entbürokratisierung und Mischung aus Improvisation und Chaos, welche die Besatzungs- wie die Zivilverwaltung kennzeichneten, und die Abwesenheit jeglicher Rechtsnormen wirkten zusammen, um einen bis dahin unvorstellbaren Massenmord in Gang zu setzen.[74]

Die entscheidenden Denkstufen bestanden in der verlogenen Fiktion, daß die bewußt vorgenommene Tötung »humaner« sei, als die Opfer einfach umkommen zu lassen, und in der praktischen Konsequenz, den arbeits- und damit als lebensunfähig geltenden Teil der verfolgten Juden zu liquidieren. Damit rückte das weltanschauliche Ziel der Schaffung rassischer Homogenität in den Bereich des Möglichen, und dasselbe galt für die systematische Ermordung ganzer Bevölkerungen. Diese Phasen der Vernichtungspolitik wurden im Osten, nicht zuletzt in Form der »Aktion Reinhard«, durchschritten. Danach konnte die umfassende Vernichtung des deutschen und des westeuropäischen Judentums ohne größeren Begründungszwang auf den Weg gebracht werden.

Kapitel 9

Auschwitz: Symbol der »Endlösung der Judenfrage« in Europa

Die beiden herausragenden Schauplätze des Genozids gegen das europäische Judentum – das besetzte sowjetische Gebiet und das Generalgouvernement – haben den Blick von den Vorgängen im Altreich und in den Berliner Zentralen abgelenkt, denen wir uns nun zuwenden wollen. Die Dynamik, die der Krieg gegen die Sowjetunion freisetzte, teilte sich auch den vor Beginn des Feldzuges gebildeten Einsatzgruppen des SD mit. Ihre Funktion hatte ursprünglich in der Ausschaltung und Liquidierung der politischen und gesellschaftlichen Führungsschichten, nicht zuletzt der häufig jüdischen Intelligenz bestanden, die im SS-Jargon als »Gegnerbekämpfung« bezeichnet wurden. Schon nach einigen Wochen bestand ihre hauptsächliche Tätigkeit in der Ausrottung der einheimischen jüdischen Bevölkerung, die sie zusammen mit Polizeibataillonen und SS-Brigaden vorantrieben, so daß Anfang 1942 weit mehr als eine halbe Million Juden im Osten ermordet worden waren.

Der Übergang zur Massenvernichtung strahlte auf das Generalgouvernement zurück, wobei Ostgalizien eine Schnittstelle bildete, wo die Pogromaktionen der ukrainischen OUN mit den Erschießungen durch die Einsatzgruppe D zusammenfielen. Zuvor war die Judenpolitik des Generalgouverneurs Hans Frank von der Perspektive bestimmt gewesen, die polnischen Juden nach der Niederlage der Sowjetunion weiter nach Osten abzuschieben, nachdem sich der Madagaskar-Plan als obsolet erwiesen hatte. Odilo Globocniks kombiniertes Programm der »Vernichtung durch Arbeit« und die Einrichtung der ersten Vernichtungslager öffnete die Perspektive einer flächendeckenden Ausrottung des einheimischen Judentums. Die Vorgänge in Polen wirkten auf die Willensbildung in den Berliner Zentralen zurück, die noch immer davon ausgingen, eine »Endlösung der

Judenfrage« bis zur Beendigung des Ostfeldzuges vertagen zu können. Jedoch machten sich im Altreich und im besetzten Frankreich zunehmend Stimmen geltend, die sich gegen einen Aufschub der angestrebten europäischen »Endlösung« wandten.

Die langfristige Planung der Judenpolitik oblag in erster Linie Reinhard Heydrich, dem Chef des Reichssicherheitshauptamtes, und dem von Adolf Eichmann geleiteten Referat IVB4. Im Zuge der militärischen Niederwerfung Frankreichs, der Besetzung Dänemarks und Norwegens und der Expansion in Südosteuropa gewann die Judenverfolgung eine konkrete europäische Dimension. Aber schon zuvor hatten sich die Stäbe im RSHA mit umfassenden Vorarbeiten befaßt. So unterbreitete Heydrich Reichsmarschall Hermann Göring im März 1941 Überlegungen zu einer gesamteuropäischen »Lösung der Judenfrage«. Er war dabei nicht zuletzt von der Absicht geleitet, sicherzustellen, daß die dem RSHA eingeräumte Zuständigkeit nicht, wie im Hinblick auf das Engagement des Auswärtigen Amtes in der Frage des Madagaskar-Plans, von anderen Ressorts streitig gemacht würde.[1]

Über die sich anschließenden Planungen ist nur wenig bekannt. Sicher ist, daß für Eichmann und seine Mitarbeiter zunächst die Probleme der Absiedlung der polnischen Bevölkerung aus dem Warthegau in den Vordergrund traten, da sie im Hinblick auf die Ansiedlung der Volksdeutschen vordringlich waren. Der bevorstehende Angriff auf die Sowjetunion, der seit dem Frühjahr 1941 vorbereitet wurde, veränderte die Handlungsperspektiven in der »Judenfrage«. Zum einen erwartete die deutsche Führung schon für den Spätherbst eine rasche Niederlage der Sowjetunion. Damit würde der Weg frei sein, um eine kontinentale »Lösung der Judenfrage« durch die Abschiebung der jüdischen Bevölkerung in deutscher Hand hinter den Ural zu erreichen. Gegebenenfalls konnte man dafür dieselben Zwangsarbeitslager benützen, die von den Stalinisten für Regimegegner jenseits des Ural geschaffen worden waren. Zum anderen würde, wenn das Kalkül aufging, daß Großbritannien nach der Zerschlagung der Sowjetunion den aussichtslos gewordenen Kampf nicht fortsetzen werde, eine transatlantische »Lösung« wieder möglich werden.

Wohl im Hinblick auf ein solches Szenario versicherte sich Heydrich der formellen Unterstützung Hermann Görings für die Vorarbeiten zu einer umfassenden »Endlösung«. Die erbetene Vollmacht, deren Text von Adolf Eichmann abgefaßt worden war, wurde vom Reichsmarschall am 31. Juli 1941 unterzeichnet und hatte den folgenden Wortlaut: »In Ergänzung der Ihnen bereits mit Erlaß vom 24. Januar 1939 übertragenen Aufgabe, die Judenfrage in Form der Auswanderung und Evakuierung einer den Zeitverhältnissen entsprechend möglichst günstigen Lösung zuzuführen, beauftrage ich Sie hiermit, alle erforderlichen Vorbereitungen in organisatorischer, sachlicher und materieller Hinsicht zu treffen für eine Gesamtlösung der Judenfrage im deutschen Einflußgebiet in Europa.« Heydrich wurde des weiteren ersucht, »in Bälde« einen Gesamtentwurf über die »Vorausmaßnahmen zur Durchführung der angestrebten Endlösung der Judenfrage vorzulegen.«[2]

Diese Beauftragung durch Hermann Göring in dessen Funktion als Vorsitzender des Reichsverteidigungsrates ist häufig als Beleg für einen von Hitler ausgehenden Befehl zur »Endlösung« gedeutet worden. Es besteht jedoch kein Zweifel daran, daß die Vollmacht Göring zur Unterzeichnung vorgelegt wurde, ohne daß darüber vorher Absprachen getroffen worden waren. Heydrich ging es darum, die ausschließliche Zuständigkeit des RSHA in der »Judenfrage« zu zementieren. Zwar waren zu diesem Zeitpunkt bereits erste Vernichtungsaktionen durch die Einsatzgruppen in der Sowjetunion im Gange, aber es spricht alles dafür, daß die angestrebte »Gesamtlösung« für die Zeit nach dem Ende der Kampfhandlungen und der für Oktober erwarteten Niederlage der Sowjetunion ins Auge gefaßt wurde. Die Formulierung ließ erkennen, daß an die Stelle der Auswanderung oder der Bildung von Reservaten eine territoriale Alternative entweder in Übersee oder im Ostraum treten sollte. Von der Absicht, eine systematische Liquidierung des europäischen Judentums herbeizuführen, war in der Vollmacht nicht die Rede.

Übereinstimmung zwischen allen Beteiligten bestand jedoch darin, daß die Juden künftig aus dem Reichsgebiet entfernt werden müßten, aber der Weg dorthin lag im Dunkeln. Im Vordergrund vorbereitender Überlegungen standen Beratungen über die Behandlung der sogenannten Mischlinge und der Mischehen. Von vornherein waren die Fachleute des SD der Ansicht, daß die Bestimmungen des »Reichsbürgergesetzes« zu großzügig seien und auf die besetzten Gebiete nicht angewandt werden könnten. Dies führte zu einem Konflikt mit den Judensachverständigen des Reichsministeriums des Innern, der bis zum Ende des NS-Regimes bestehen blieb. Die Vorarbeiten des Referats IVB4 beschränkten sich jedoch zunächst darauf, die statistischen Grundlagen für die angestrebte »Endlösung« zu schaffen. Am 7. August 1941 hatte das RSHA eine erste Aufstellung über die Zahl der in Europa lebenden Juden vorgelegt.[3] Diese Planungen blieben vorläufig rein theoretischer Natur, wenn man von den Bemühungen absieht, die »Umsiedlung« aus dem Warthegau zu beschleunigen, auf die sich die Tätigkeit Eichmanns notgedrungen konzentrierte, nachdem die vorausgehenden Reservatlösungen aufgegeben waren.[4]

Die Wirklichkeit der Vernichtungspolitik in der besetzten Sowjetunion holte diese Planungen ein. Der Umschwung zur Liquidierung ganzer Bevölkerungen, der zwischen Juli und August 1941 einsetzte, beruhte nicht auf einer zentralen Befehlsgebung. Eine Brücke zur Massenvernichtung lag in der fiktiven Gleichsetzung der Juden mit den Partisanen. Himmlers Initiative, durch den Einsatz der SS-Brigaden und Polizeibataillone die Vernichtungspolitik im besetzten sowjetischen Gebiet zu forcieren und seit dem Herbst 1941 auch Frauen und Kinder zu ermorden, brachte den beginnenden Übergang zur systematischen Ausrottung der indigenen jüdischen Bevölkerung.

Dieses Vorgehen vom Frühherbst 1941 blieb jedoch zunächst auf die Juden im besetzten sowjetischen Gebiet beschränkt und zielte darauf ab, vor Beendigung und unter dem Deckmantel des Krieges Vorausmaßnahmen für eine künftige Gesamtlösung durchzuführen. Die Deportation der Juden implizierte in der Vorstellungswelt der Vollstrecker noch nicht oder nicht notwendig ihre generelle Liquidierung. Ein Beleg dafür ist die in anderem Zusammenhang bereits angeführte Denkschrift des SS-Sturmbannführers Höppner vom 3. September 1941, wonach die »grundlegenden Entscheidungen« wohl noch nicht gefallen seien, aber Klarheit geschaffen werden müsse, ob beabsichtigt sei, für die zu vertreibenden Bevölkerungsgruppen »ein gewisses Leben dauernd zu sichern« oder ob sie »völlig ausgemerzt« werden sollten.[5]

Im Herbst 1941 erwartete Hans Frank noch immer eine mittelfristige Lösung durch die Schaffung eines Reservats »im tiefsten Ural«. Trotzdem vollzogen sich die einsetzenden Vernichtungsschritte durchweg vor der Folie einer territorialen »Endlösung«, ohne die sie sonst als Tropfen auf den heißen Stein hätten wirken müssen. Die Vorstellung, die Juden in das Eismeergebiet zu deportieren, die Heydrich noch am 23. September 1941 gegenüber Goebbels vertreten hatte und unmittelbar nach der Wannseekonferenz am 6. Februar 1942 in Prag wiederholte,[6] implizierte ebensowenig die völlige Vernichtung. Noch war auch für die fanatisiertesten Antisemiten ein solches Vorgehen nicht praktikabel.

Auf Seiten des RSHA und der politischen Führung bestanden jedoch keinerlei Skrupel darüber, daß im Zuge der angestrebten »Umsiedlung« der Juden hohe Bevölkerungsverluste eintreten würden. Daß die Deportationen in die systematische Ausrottung der jüdischen Bevölkerung einmünden sollten, blieb hingegen weiterhin ein von den NS-Eliten und auch in den internen Sprachregelungen sorgsam gehütetes Tabu. Die Einrichtung der ersten Vernichtungslager, welche die Methoden für die systematische »Endlösung« bereitstellten, wurde mit der Notwendigkeit gerechtfertigt, »unnütze Esser«, die man ohnehin nicht versorgen konnte und die unfähig zu produktiver Arbeit waren, zu »beseitigen«.[7] Die Praxis, zwischen Arbeitenden und Arbeitsunfähigen zu trennen, die dann auch in Lodz Anwendung fand, stellte indessen eine psychologische Brücke dar, über die der Weg zur systematischen Ausrottung führte.

Die einmal in Gang gesetzte Vernichtungsdynamik bestimmte den politischen Entscheidungsprozeß und nicht umgekehrt. Die Schubwirkung, die Hitlers Zustimmung zur Deportation von 60000 deutschen und österreichischen Juden nach dem 18. September 1941 auslöste, ist kaum zu überschätzen; aber sie bedeutete, was Hitler anging, nicht unbedingt deren Liquidierung, sondern die nach der Beendigung der Kampfhandlungen vorzunehmende weitere Deportation nach Osten.[8] Während Globocnik, gestützt auf Himmler, seit Anfang Oktober 1941 die Liquidierung der nicht arbeitsfähigen Bevölkerung im Bezirk Lublin und dessen weitgehende Freimachung von Juden in die Tat umzusetzen versuchte und dabei die Zustimmung Franks und der Regierung des Generalgouvernements fand, blieb das Schicksal der im Altreich und im Protektorat lebenden Juden noch in der Schwebe. Für die Annahme, daß sich Hitler schon Anfang Oktober zu einer endgültigen Entscheidung durchgerungen hätte, gibt es keine ausreichenden Belege, und Äußerungen des Diktators in den »Tischgesprächen« lassen so weitgehende Schlußfolgerungen nicht zu.[9] Allenfalls war Hitler über die Vereinbarungen zwischen Himmler und Globocnik und die Absicht, den Bezirk Lublin »judenfrei«zu machen, unterrichtet.[10]

Es ist unter den Historikern umstritten, zu welchem Zeitpunkt Hitler seinen Schergen freie Hand gegeben hat, die Vernichtung der europäischen Juden in die Tat umzusetzen. Es spricht indessen vieles dafür, daß ein förmlicher Befehl zur Gesamtausrottung der Juden niemals ergangen ist. Hitler vermied es offenbar, in dieser Frage eine umfassende und bindende Anweisung zu geben, was Untergebene wie Heinrich Himmler veranlaßte, Zuflucht zu der weichen Terminologie, es sei »des Führers Wunsch«, zu nehmen.[11] Hitler wurde zwar regelmäßig angegangen, um sein Plazet zu Deportationsmaßnahmen zu erlangen, aber dieses beschränkte sich stets auf Einzelaktionen und blieb im Rahmen der generellen »Umsiedlungs«-Fiktion.[12] Offensichtlich vermied der Diktator, sich mit den als unpopulär empfundenen Maßnahmen gegen die Juden förmlich zu identifizieren.

Die entgegenstehende These Christian Gerlachs, daß eine Entscheidung Hitlers am 12. Dezember 1941 auf einem Treffen der Reichs- und Gauleiter der NSDAP gefallen sei, das anläßlich der deutschen Kriegserklärung an die USA in seinen Privaträumen in der Reichskanzlei stattfand, ist bei näherer Prüfung nicht aufrechtzuerhalten. Zwar bedeutete der Krieg mit den USA, daß außenpolitische Rücksichtnahmen nunmehr definitiv entfielen und einer Verschärfung der Judenverfolgung nicht mehr im Wege standen. Aber auch bei dieser Gelegenheit beschränkte sich Hitler darauf, seine Prophezeiung vom 30. Januar 1939 in zugespitzter Form zu wiederholen, ohne sich in der Sache selbst festzulegen.[13] Sie stand überdies keineswegs im Mittelpunkt der Rede, und sie wurde von den anwesenden Parteiführern auch nicht so interpretiert. Auch Goebbels erblickte in der Stellungnahme nichts Ungewöhnliches, sonst hätte sich dies in den Tagebuchaufzeichnungen niedergeschlagen.[14]

In einer Notiz in Himmlers Dienstkalender über eine Besprechung Himmlers mit Hitler vom 18. Dezember findet sich der Vermerk: »Judenfrage./als Partisanen ausrotten«. Gerlach erblickt darin eine Anweisung, die »Judenfrage« generell, also auf europäischer Basis, im Sinne der Liquidierung der jüdischen Bevölkerung anzufassen. Diese Interpretation ist jedoch schwerlich haltbar. Offenbar bezog sich das Gespräch auf die Fortführung der Vernichtungspolitik in der Sowjetunion, die Hitler in den Kontext der Partisanenbekämpfung gestellt zu haben scheint.[15] Allerdings begann sich der Gedanke an eine vollständige gewaltsame Eliminierung der Juden in NS-Führungskreisen allmählich durchzusetzen, wofür das bisherige Vorgehen in den besetzten Teilen der Sowjetunion Pate stand. So äußerte Rosenberg in einer Rede vom 18. November 1941, daß der Osten berufen sei, die »Judenfrage« zu lösen und daß dies nur »in einer biologischen Ausmerzung des gesamten Judentums in Europa« geschehen könne. Dazu sei es nötig, »sie über den Ural zu drängen oder sonst irgendwie zur Ausmerzung zu bringen«.[16]

Abgesehen davon, daß auch in dieser extremen Stellungnahme die typische Ambivalenz zwischen Ausrottung in den ostmitteleuropäischen Ghettos und der Vertreibung hinter den Ural erhalten blieb und Hitler eine förmliche Festlegung vermied, stand eine definitive Klärung, wie in der »Judenfrage« zu verfahren sei, immer noch aus. Desgleichen muß offen bleiben, ob Hitler mit der ihm abgerungenen Zustimmung zur Deportation von 60 000 reichsdeutschen Juden im September 1941 deren physische Ausmerzung im Sinne hatte, während er das im Zuge der Partisanenbekämpfung für die osteuropäischen Juden offenbar ins Auge faßte.[17]

Die Initiative Heydrichs vom Juli 1941 fand ihre Fortsetzung in der viel erörterten Konferenz in Berlin, Am großen Wannsee 56–58, die ursprünglich für den 9. Dezember 1941 einberufen war, dann aber, wohl vorwiegend wegen des Kriegseintritts gegen die USA, auf den 20. Januar 1942 verschoben wurde. Technisch handelte es sich um eine der üblichen Staatssekretärkonferenzen, die an die Stelle der von Hitler unterbundenen Kabinettssitzungen traten und die Interessen der beteiligten Ressorts zu koordinieren suchten.[18] Ungewöhnlich war nur der Ort der Konferenz, eine vom RSHA genutzte Villa der Kriminalpolizei. Es bestand auch die Absicht, die Besprechung zu einem späteren Zeitpunkt fortzusetzen. Es ging also nicht um eine definitive Beschlußfassung, sondern um die Vorbereitung der umfassenden Deportationspläne Heydrichs.

Man hat in der Wannseekonferenz vielfach das entscheidende Startsignal für die Implementierung des Holocaust, ja eine Verschwörung der Machtelite sehen wollen, aber sie war allenfalls eine Stufe auf dem Wege dorthin und hatte in erster Linie die Funktion, die beteiligten Ressorts für die von Heydrich im Hinblick auf die osteuropäischen Bedingungen geforderte Ausweitung des Judenbegriffs der »Nürnberger Gesetze« zu gewinnen. Er stieß jedoch dabei auf die entschiedene Opposition des Vertreters des Reichsministeriums des Innern, Wilhelm Stuckart, der sich gegen die pauschale Einbeziehung der »Halbjuden« in die Deportation und die Verschlechterung des Status der »Mischlinge zweiten Grades« unter Berufung auf Hitler aussprach und sich allenfalls dazu bereit fand, der Zwangssterilisierung der »Halbjuden« zuzustimmen.[19] Auf einer Anschlußkonferenz am 6. März 1942 konnten die bestehenden Divergenzen in dieser Frage ebensowenig ausgeräumt werden, da Stuckart Hitler hinter sich wußte, der an dem bestehenden System der »Nürnberger Gesetze« jedenfalls nach außen hin festhalten wollte.[20]

Heydrich zeigte sich jedoch offenbar darüber zufrieden, daß an der von ihm zu Beginn herausgestellten Bevollmächtigung, die Vorbereitungen für eine »Gesamtlösung der Judenfrage« im deutsch beherrschten Europa zu treffen, nicht gerüttelt wurde.[21] In seinem einleitenden Referat gab er zunächst den Stand der anti-jüdischen Politik wieder. An die Stelle der Auswanderung der Juden sei »nunmehr als weitere Lösungsmöglichkeit nach entsprechender vorheriger Genehmigung durch den Führer die Evakuierung der Juden nach dem Osten getreten«. Die Formulierung läßt erkennen, daß eine generelle Ermächtigung zu diesem Zeitpunkt noch nicht ausgesprochen worden war.

Für diese Evakuierung kamen, wie Heydrich ausführte, rund elf Millionen Juden in Betracht, die »im Zuge der Endlösung« in geeigneter Weise im Osten zum Arbeitseinsatz gelangen würden. Die arbeitsfähigen Juden sollten »in großen Arbeitskolonnen, unter Trennung der Geschlechter, ... straßenbauend in diese Gebiete geführt werden«. Damit spielte Heydrich auf das von Odilo Globocnik in die Tat umgesetzte Projekt des Baus der Durchgangsstraße IV an. In diesen Kontext gehört auch die Formulierung, »daß ein Großteil durch natürliche Verminderung ausfallen« würde. Der »allfällig endlich verbleibende Restbestand«, fügte er zynisch hinzu, werde »entsprechend behandelt werden«, das heißt umgebracht werden müssen, um nicht eine »Keimzelle eines neuen jüdischen Aufbaues« entstehen zu lassen. Etwas widersprüchlich führte Heydrich gleichzeitig aus, daß die gegenwärtigen Aktionen »lediglich als Ausweichmöglichkeiten« zu betrachten seien, doch würden »hier bereits jene praktischen Erfahrungen gesammelt, die im Hinblick auf die kommende Endlösung der Judenfrage von wichtiger Bedeutung sind.« Damit war zwischen den gegenwärtigen Aktionen und dem Fernziel unterschieden.[22] In diesem Kontext wurde, sofern die Aufzeichnung Eichmanns einigermaßen zuverlässig ist, die längst in Gang befindliche Liquidierung der großen Mehrheit der als »arbeitsunfähig« betrachteten Juden verschwiegen.

Heydrichs Äußerung ist nur verständlich, wenn man berücksichtigt, daß er davon ausging, daß ein erheblicher Teil der Juden im Arbeitseinsatz verblieb und nicht der sofortigen Vernichtung unterworfen werden sollte. Dem entsprach der Hinweis, daß die »evakuierten Juden zunächst Zug um Zug in sogenannte Durchgangsghettos verbracht« werden sollten, »um von dort aus weiter nach dem Osten transportiert zu werden«.[23] Die aus zahlreichen anderen zeitgenössischen Quellen hervorgehende Vorstellung, daß nach dem Ende des Krieges eine weitere Verschickung in die östlichen Teile der Sowjetunion vorgenommen werden solle, kehrte also auch hier wieder und damit auch die Ambivalenz zwischen unmittelbarer Vernichtung und der Schaffung eines Reservats jenseits des Urals. Diese Perspektive verwandelte sich allerdings zusehends in eine bloße Sprachregelung, die dazu diente, das Vernichtungsvokabular zu umgehen.[24] Die Verschmelzung von Gegenwartspolitik und visionärer Zukunftsbeschwörung, die für Hitler so bezeichnend war, teilte sich der Vorstellungswelt seiner Untergebenen mit.

Heydrichs Stellungnahme auf der Wannseekonferenz läßt erkennen, daß es noch immer keinen umsetzungsfähigen Gesamtplan für die »Endlösung« gab und daß die technischen Bedingungen für die Verwirklichung des für die unmittelbar Beteiligten utopisch erscheinenden Vorhabens noch nicht existierten, denn die Errichtung der Vernichtungslager befand sich zu diesem Zeitpunkt erst in den Anfängen. Heydrich schrieb am 26. Februar, es sei am Wannsee »erfreulicherweise die Grundlinie hinsichtlich der praktischen Durchführung der Endlösung der Judenfrage festgelegt worden, wenn auch nicht in allen Einzelheiten«[25], aber selbst das war ein Euphemismus. Eine Vorlage für Göring, wie sie Heydrich beabsichtigte, kam nicht mehr zustande.[26] Denn in den folgenden Monaten wurde die Planungsphase abrupt beendet, und das Referat IVB4 ging daran, die Deportationspolitik unmittelbar umzusetzen.

Die sich abzeichnende Wende des Krieges, die man sich nicht offen eingestand, verstärkte die Bestrebungen, die Vernichtung der europäischen Juden noch unter Kriegsbedingungen so weit wie möglich voranzutreiben, was Staatssekretär Bühler auf der Wannseekonferenz mit »den gewissen vorbereitenden Arbeiten«, die vor Ort erledigt werden sollten, ansprach.[27] In dem Maße, in dem sich herausstellte, daß jene nordöstlichen Abschiebungsgebiete nicht mehr erreichbar sein würden, überlagerten sich dann konkrete Nahziele und chimärisches Fernziel immer mehr und verschmolzen in der zentralen Vernichtungsfunktion von Auschwitz-Birkenau, wo die meisten aus Zentral- und Westeuropa deportierten Juden ermordet werden sollten.

Hitler spielte in diesem Radikalisierungsprozeß, der auf einer intensiven Interaktion zwischen den Zentralen und den Vollstreckern vor Ort beruhte, überwiegend die Rolle einer Legitimationsinstanz. Heydrichs Formulierung von der »vorherigen Genehmigung durch den Führer« ließ durchscheinen, daß Hitler nicht die primär antreibende Kraft der eingeleiteten Gesamtaktion gewesen ist. Es ist kein Zufall, daß förmliche Befehle des Diktators zur Durchführung der »Endlösung« nicht nachzuweisen sind und er sich offenbar darauf beschränkte, die Untergebenen zu größerer Aktivität anzuspornen und Teilaktionen sein Plazet zu geben. Das ist nicht zuletzt mit seiner instinkthaften Neigung zu erklären, sich selbst in die Vernichtungspolitik, über deren mangelnde Popularität er sich im klaren war, nicht förmlich einbinden zu lassen, obwohl er gleichzeitig deren ideologischer Motor war. Seine Äußerungen dazu waren entweder rein ideologischer Natur oder verblieben im Rahmen der offiziellen Sprachregelungen. Bezeichnend dafür ist der Sachverhalt, daß die für den Diktator bestimmte Übersicht über die bisherigen Liquidationsmaßnahmen des SS-Statistikers Richard Korherr, der sogenannte Korherr-Bericht, vom Januar 1943 vor der (dann ebenfalls unterlassenen) Vorlage bei Hitler umgeschrieben und auffällige Tarnbegriffe wie »Sonderbehandlung« in »Transportierung« oder »Durchschleusung« verändert und verharmlost wurden.[28]

Hitlers Äußerungen zu diesem Komplex suggerierten in aller Regel eine erst in der Zukunft liegende »Endlösung der Judenfrage«. Er behielt diese Gewohnheit auch bei, als der »Holocaust« schon fast vollständig vollzogen war, und berief sich in seinen Reden noch auf die jüdische Bevölkerungsstatistik von 1938 und damit auf längst überholte Daten.[29] Auf diese Weise vermied er jedenfalls nach außen hin, sich mit den konkreten Vernichtungsschritten zu identifizieren. Für seine propagandistisch geprägte Sicht der Politik war charakteristisch, daß er auch die Judenverfolgung stets in einen visionären Kontext stellte, während er den Einzelheiten der realen Ausgestaltung der Vernichtungspolitik wenig Aufmerksamkeit widmete. Er überließ sie den Praktikern und beschränkte sich auf Teilgenehmigungen, die stets im Rahmen der Sprachregelung einer »Umsiedlung« verblieben.

Das hinderte Hitler jedoch nicht, jene Drohrede ständig zu variieren, die er am 30. Januar 1939 gehalten hatte, zu einem Zeitpunkt, an dem eine andere als die Auswanderungslösung noch jenseits des Horizontes auch der späteren Vollstrecker lag.[30] Seine internen Äußerungen waren von einem abgrundtiefen Haß und einem diabolischen Vernichtungswillen geprägt, abstrahierten aber von den konkreten Vernichtungsschritten, die längst im Gang waren. Insofern gab es keinen Entscheidungsprozeß im Sinne eines rationalen Abwägens von Vor- und Nachteilen und möglichen Interessenkollisionen. Das diffuse Halbdunkel, in dem sich der Feldzug gegen das Judentum vollzog, erschwerte es denjenigen, die interessenpolitische Gesichtspunkte wie rüstungspolitische Zwecke dagegen geltend zu machen suchten, ihre Opposition wirksam zu artikulieren, abgesehen davon, daß sich Hitler derartigen Konfrontationen regelmäßig zu entziehen pflegte und er Bittsteller in dieser Sache, so auch Hans Frank, an Himmler verwies.[31]

Bei den NS-Satrapen konnte daher der Eindruck entstehen, nicht Hitler, sondern Himmler sei der eigentlich Treibende gewesen, und daran war so viel wahr, als der SS-Chef unablässig bestrebt war, die visionären Willensbekundungen seines Führers in die Tat umzusetzen. Dies bewog den Reichsführer-SS in seiner spektakulären Rede auf einer Gauleiter-Konferenz in Posen am 6. Oktober 1943 die grauenhaften Vorgänge zu enthüllen und sich dagegen zu verwahren, daß die Satrapen des Regimes die Verantwortung für den Judenmord allein auf ihn abzuwälzen gedachten. Indem er das Verbrechen aufdeckte, wollte er die Verantwortung dafür auf viele Schultern verteilen.[32]

Himmler sprach von einem »niemals geschriebenen und niemals zu schreibenden Ruhmesblatt« der SS, diese schwere Aufgabe durchgeführt zu haben, und stellte sich zugleich hinter die Bemühungen, die Spuren der Judenvernichtung zu verwischen und sich so an der Geschichte vorbeizustehlen. Die Tendenz, die unbequemen Wahrheiten möglichst zu verdrängen, bestimmte die Mentalität der Führungsriege des Regimes von Anfang an und setzte sich in den unteren Rängen fort. Sie besaß ein Pendant in der Abkommandierung Paul Blobels, des Führers des Sonderkommandos 4a, die Leichenberge zu beseitigen, damit sie den vordringenden russischen Verbänden nicht zu Gesicht kamen.[33] Die von Blobel durchgeführte »Enterdungsaktion 1005« wurde erst im Oktober 1944 eingestellt.

Himmlers Posener Rede trug indirekt zu der Strategie planmäßiger Eskamotierung der Verantwortung für die Ermordung des europäischen Judentums bei. Sie wurde auch von den Reichsressorts geteilt, die Himmler bereitwillig die Kompetenzen in der »Judenfrage« überließen und sich auch, wie die Entstehung der 11. Verordnung zum Reichsbürgergesetz vom 25. November 1942 erkennen läßt,[34] aus der Mitverantwortung für die schändliche Ausraubung der Juden und die Beschlagnahme ihres Vermögens herauszuhalten suchten. Indem der Verlust der Staatsangehörigkeit an das Verlassen des Reichsgebietes, zu dem in diesem Fall Auschwitz nicht zählte, geknüpft und mit dem Vermögensverlust gekoppelt wurde, lag die Zuständigkeit allein bei der SS.[35] Im Bereich der Strafverfolgung hatte der Reichsjustizminister ohnehin seine Kompetenz in »Judensachen« an die Gestapo abgetreten.[36]

Im Vorfeld der Wannseekonferenz hatte es allerdings noch Bemühungen gegeben, einen Vortrag Himmlers bei Hitler zu unterbinden. So teilte der Reichsminister und Chef der Reichskanzlei Hans Heinrich Lammers dem Reichsjustizminister mit, »der Führer habe ihm wiederholt erklärt, daß er die Lösung der Judenfrage bis nach dem Kriege zurückgestellt wissen wolle«. Er werde verhindern, daß von »falscher Seite« Vortrag gehalten werde, und er spielte damit auf Himmler an.[37] Dieser Vorgang macht deutlich, daß die hohe Ministerialbürokratie gegen Himmlers und Heydrichs Vorpreschen in der »Judenfrage« eingestellt war und sich noch immer der Illusion hingab, daß eine Vertagung bis nach Kriegsende zu weniger radikalen Lösungen führen werde. Himmler hat sich durch den Widerstand der Ressorts kaum beeindrucken lassen, ließ aber bei der Durchführung der von Hitler im September 1941 genehmigten Deportationen deutscher Juden eine gewisse Vorsicht erkennen. Gleichwohl kam es schon im Vorfeld der Wannseekonferenz zu ersten Exekutionen deutscher Juden in Riga und Minsk.[38]

Heydrich wertete die Haltung der Regierungsvertreter auf der Wannseekonferenz als Zustimmung in der Hauptsache und zögerte nicht, den Vernichtungsapparat auf volle Touren zu bringen. Unmittelbar danach ging Adolf Eichmann daran, das inzwischen im RSHA entwickelte Deportationsprogramm umzusetzen. Am 31. Januar 1942 wies er die Stapostellen im Reich an, eine »gewissenhafte Feststellung der noch im Reichsgebiet ansässigen Juden« nach den Kriterien der »Nürnberger Gesetze« vorzunehmen.[39] Auf einer sechs Wochen später anberaumten Besprechung im RSHA wurden die Stapostellen über die demnächst bereitstehenden Möglichkeiten des »Altersghettos« in Theresienstadt unterrichtet. Zugleich wurde die finanzielle und technische Abwicklung der ins Auge gefaßten Judentransporte aus dem Altreich, der Ostmark und dem Protektorat im einzelnen erörtert.[40]

Damit war der Weg frei zur umfassenden gewaltsamen »Abschiebung« der deutschen und zentraleuropäischen Juden. Eichmann beabsichtigte, in einer ersten Tranche 55 000 Juden »umzusiedeln«. Die Transporte setzten im März 1942 ein und erfolgten durch den Sommer hindurch in mehreren Wellen.[41] Nach der durch die Frühjahrsoffensive verursachten Transportsperre kam es Ende Juli zu einer weiteren Welle von Transporten. Gleichzeitig erfolgten erste Abschiebungen nach Theresienstadt, dessen Funktion vor allem darin lag, mögliche Proteste aus den Führungskadern, aber auch der einfachen Bevölkerung zu beschwichtigen. Himmler kündigte seinerseits die Deportation von 150 000 Juden nach Auschwitz an, wo sie an die Stelle der ursprünglich eingeplanten sowjetischen Kriegsgefangenen treten und die von Himmler ins Auge gefaßte Häftlingsausleihzentrale bestücken sollten.[42]

Die seit dem Frühjahr 1942 in Gang gebrachten Massendeportationen, deren Organisation in erster Linie Adolf Eichmann oblag, setzten voraus, daß Teile der Deportierten nach der Ankunft in den östlichen Zielorten unmittelbar liquidiert wurden. Daher mußte es dem Reichssicherheitshauptamt zunächst vor allem darum gehen, die technischen Tötungskapazitäten zu erhöhen und die Anwendung von Gas zu perfektionieren. Der Besuch Eichmanns in Belzec, der wahrscheinlich Anfang 1942 stattfand, als das Lager noch nicht »betriebsfertig« war, diente ebenso der Unterrichtung der Zentrale wie sein wenig später erfolgter Besuch bei Höß in Auschwitz und seine Inspektion der übrigen Vernichtungsstandorte. Die Informationsreisen Eichmanns galten offensichtlich der Vorbereitung der inzwischen beschlossenen definitiven »Endlösungs«-Politik durch das RSHA, das den Initiativen folgte, die von der unteren Verfolgungsebene ausgegangen waren.[43] Himmlers Besichtigung von Auschwitz am 17. Juli 1942 und in den darauffolgenden Tagen von Belzec und Chelmo dienten dem gleichen Zweck, die vorhandenen Mordkapazitäten zu überprüfen und deren weiteren Ausbau zu betreiben.

Eine definitive Befehlsgebung im Sinne der Einbeziehung der europäischen Juden in die Vernichtung lag zwar zu diesem Zeitpunkt noch nicht vor, aber die Ausweitung des Vernichtungsprogramms drängte sich allen Beteiligten von selbst auf. Nachdem Himmler auf die Intervention des deutschen Botschafters in Paris, Otto Abetz, die Abschiebung der von den deutschen Besatzungsbehörden inhaftierten Juden sowohl französischer wie anderer Staatsangehörigkeit im Oktober 1941 zugesichert hatte, bemühten sich Adolf Eichmann und Theodor Dannecker, der zum Judenreferenten in Paris aufstieg, ein Westeuropa umfassendes Deportationsprogramm vorzulegen.[44] Nach einem ersten Transport im März 1942 setzten dann im Juli die Deportationen von Juden aus Frankreich ein.

Im Zusammenhang mit den Vorbereitungen traten in den Planungen des RSHA die Konturen eines europäischen Deportationsprogramms hervor. Dies ging auch aus einer Äußerung Heydrichs gegenüber dem slowakischen Premierminister Tuka hervor, derzufolge an ein Aussiedlungsprogramm im Umfang von einer halben Million Juden gedacht sei.[45] Die Verschleppung der im besetzten französischen Gebiet inhaftierten Juden mußte zwar wegen der Transportschwierigkeiten zunächst aufgeschoben werden, doch kam es bis Jahresende gleichwohl zur Deportation von 42 000 französischen Juden ins Generalgouvernement, von denen 33 000 nach Auschwitz geschickt wurden. Nach Aussonderungen von Arbeitsfähigen im Arbeitslager Schmelt (Oberschlesien) wurden die Opfer unmittelbar in die Gaskammern gebracht. Im Juni/Juli 1942 erfolgten Transporte aus den Niederlanden, im August aus Belgien.

Die von Eichmann gelenkte Maschinerie war nun in vollem Gang. Auschwitz wurde zum Inbegriff der »Endlösung der Judenfrage«. Es war das größte, aber doch nur eines unter einer ganzen Anzahl von Vernichtungslagern. Von den fünfeinhalb Millionen Opfern wurde ein Fünftel in Auschwitz-Birkenau umgebracht, das über die effizientesten Tötungseinrichtungen verfügte.[46] Der größte Teil starb jedoch nicht in »Tötungsfabriken«, und es ist irreführend, die Vernichtung mit dem Begriff der Modernität in Beziehung zu setzen.[47] Die Masse der Opfer wurde auf »konventionelle« Weise, aber nicht minder grausam, umgebracht.

Die einzelnen Stufen des umfassenden Vernichtungsprozesses seit dem Frühjahr 1942 zu schildern, führt über den hier gesetzten Rahmen hinaus. Adolf Eichmann war der unermüdliche Motor, und er versicherte sich der Unterstützung des Auswärtigen Amtes und der Besatzungsverwaltungen, die mit wenigen Ausnahmen willige Vollstreckerdienste leisteten. Während sich die Slowakei frühzeitig bereit erklärte, den größten Teil der einheimischen Juden den deutschen Häschern auszuliefern und sich die Verhandlungen mit Rumänien, Kroatien und Bulgarien reibungslos gestalteten und schon 1942 zu zahlreichen Deportationen führten, leistete die ungarische Regierung hinhaltenden Widerstand. Die Verhandlungen mit Italien, das eine Auslieferung ablehnte und sich auf die Internierung der jüdischen Bevölkerung beschränken wollte, mußten zurückgestellt werden. Erst in der Republik von Salò 1943 erhielten die Deutschen ungehinderten Zugriff auf diejenigen in Italien lebenden Juden, denen es nicht mehr gelungen war, in den Süden auszuweichen.

Obwohl die Ermordung des osteuropäischen Judentums Mitte 1943 weitgehend abgeschlossen war, insbesondere nach dem Aufstand im Warschauer Ghetto im Januar 1943 und dessen Zerstörung, ließen Eichmann und seine Gehilfen nichts unversucht, um auch noch die letzten in Süd- und Südosteuropa überlebenden Juden in die Vernichtungslager zu überführen, zuletzt im Oktober 1944 die ungarischen Juden trotz eines entgegenstehenden Befehls Himmlers, die Deportationen einzustellen.[48] Dies war in erster Linie auf die fanatische Verbissenheit Eichmanns und seiner Helfer zurückzuführen, beleuchtet aber zugleich die Selbstläufigkeit, die der Vernichtungsprozeß inzwischen angenommen hatte. Dabei spielte für Eichmann und seine Gehilfen der Faktor eine Rolle, wenigsten diesen Teil von Himmlers gigantischem Umsiedlungsprogramm angesichts der bevorstehenden Niederlage zu Ende zu führen, nachdem die Um- und

Ansiedlung von Volksdeutschen im Warthegau und in Zamosc und anderswo in einem Fiasko geendet hatte.[49]

Die Gesamtbilanz des Genozids ist zutiefst erschreckend und übersteigt jede Vorstellungskraft. Rechnerisch ergibt sich eine Zahl zwischen 5,3 und 6,1 Millionen Opfern.[50]

Diese Größenordnung wirft die Frage auf, warum das Mordgeschehen in der deutschen Öffentlichkeit nur partiell wahrgenommen wurde und warum es auf der internationalen Ebene erst vergleichsweise spät bekanntwurde. Was die deutsche Seite anging, verdeckte das Kriegsgeschehen, das die Bevölkerung zunehmend in Bann hielt, die Massierung der Verbrechen, und die sich ausbreitende moralische Indifferenz trug dazu bei, daß man sich ihres Ausmaßes nicht bewußt wurde und werden wollte.[51] Andererseits gab es zahllose Gerüchte, gerade über die Verwendung von Gas zur Liquidierung der Juden, und es bedurfte nicht der Informationen der BBC oder durch die abgeworfenen alliierten Flugblätter, um die Wahrheit zu erfahren.[52] Trotzdem entging die Existenz der Vernichtungslager weitgehend der öffentlichen Wahrnehmung.

Für die Reaktion der deutschen Bevölkerung spielte die jahrelange antisemitische Indoktrination eine wichtige Rolle, aber die Massentötungen waren alles andere als populär, zum Teil weil man Vergeltung von alliierter Seite befürchtete und vielfach den Luftkrieg darauf zurückführte.[53] In den vorangegangenen Jahren war die »Judenfrage« aus dem öffentlichen Bewußtsein fast völlig zurückgetreten und wurde erst unter dem Eindruck der Einführung des Judensterns, die überwiegend auf Ablehnung stieß, später der Morde von Katyn, zum Gegenstand eines verdeckten öffentlichen Diskurses.[54] Im ganzen aber herrschte die Tendenz vor, die gegen Juden begangenen Verbrechen des Regimes zu verdrängen. Im übrigen verlor die antisemitische Propaganda, obwohl oder gerade weil sie in den letzten Kriegsjahren beständig verschärft wurde, immer mehr an Anziehungskraft.[55] Die Aufdeckung der Verbrechen in spektakulären Äußerungen von Goebbels, Ley und in der SS-Propaganda ging im Kontext der Durchhalteparolen unter und wurde von der Mehrheit der Bevölkerung nicht wahrgenommen.[56] Das galt auch für Goebbels' Leitartikel in der Wochenzeitung ›Das Reich‹ vom 9. Mai 1943, der die Prognose enthielt, daß der von den Juden entfesselte Zweite Weltkrieg zur »Auslöschung der jüdischen Rasse« führen werde und daß das Weltjudentum eines Tages dieselbe Strafe ereilen werde, welche die Juden »heute schon in Deutschland erleiden«.[57]

Die Techniker der »Endlösung« stellten eine relativ homogene Gruppe von SS-, Gestapo- und SD-Funktionären dar, die die Indoktrination des Apparates durchlaufen und die »Untermenschen«-Ideologie der NS-Propaganda internalisiert hatten. Dazu gehörten nicht zuletzt Adolf Eichmann und seine Mitarbeiter, welche die »Endlösung der Judenfrage« zunehmend professionell betrieben und bis in die Niederlage des Regimes hinein nicht davon abließen, auch die letzten im deutschen Machtbereich befindlichen Juden in die Gaskammern zu »verfrachten«. Dabei trat der ursprüngliche Zusammenhang mit der völkischen Flurbereinigung Himmlers schließlich völlig zurück und die Vernichtung wurde zum Selbstzweck, den sie mit einer unerhörten kriminellen Energie vorantrieben.[58]

Die engere Gruppe der Vollstrecker konnte sich auf zahlreiche Mithelfer und ungezählte Mitwisser stützen. Die Erfahrung, bei den Vernichtungsaktionen nirgends auf ernsthaften Widerstand zu stoßen, vor allem nicht auf seiten der Wehrmacht, und die grenzenlose Handlungsfreiheit, die sich daraus ergab, mußte in jeder Hinsicht radikalisierend wirken. Ein Bündel vorgeschobener Motive, nicht zuletzt die Ernährungs- und Wohnungsfrage, verknüpfte sich mit dem tiefsitzenden antisemitischen Konsens, daß die Existenz der Juden »dem Bolschewismus seinen fruchtbarsten Nährboden« verschaffe und daß sie als Arbeitskräfte fraglos weniger Nutzen brächten, als sie als »Bakterienträger des Kommunismus Schaden« anrichteten.[59] Die von den antisemitischen Wortführern propagierte Vorstellung, daß es der restlosen rassischen Homogenität bedürfe, um den »Endsieg« zu erringen, hatte sich in den Köpfen festgesetzt und schloß jede menschliche Gefühlsregung gegenüber den jüdischen Opfern aus. Dabei war nicht zu übersehen, daß sich dies nicht nur im Osten mit einer unvorstellbar ausgebreiteten Korruption und persönlichen Bereicherung aller Beteiligten verknüpfte.[60]

Daß die Liquidierungen im Osten außerhalb der Wahrnehmung der deutschen Öffentlichkeit vollzogen wurden, sicherte keine effektive Geheimhaltung, erleichterte es aber, die Kenntnis davon zu verdrängen. Zweifellos war die Zahl der Mitwisser der Massenvernichtung beträchtlich, sie wird auf 200 000 Personen geschätzt. Zu ihnen gehörten nicht nur das Personal der Einsatzgruppen, der Polizeibataillone, der Sicherungspolizei und der Geheimen Feldpolizei, sondern auch die ins Generalgouvernement und in die Reichskommissariate abgeordneten Beamten und NSDAP-Funktionäre, die Angehörigen der Organisation Todt, der Wirtschaft und das Personal der Reichsbahn und der Ostbahn. Dazu kamen zahlreiche Wehrmachtsangehörige, die aus unterschiedlichen Ursachen Zeugen der Massaker wurden.

Trotz der Unterrichtung durch Urlauber besaß die Bevölkerung im Reich nur ein vages und oszillierendes Bild von den Verbrechen, was sich indirekt in den Stimmungsberichten spiegelt. Bei schlechtem Gewissen beruhigte man sich mit der Vorstellung, daß die Juden, ungeachtet der gewaltsamen Umstände ihrer Deportation, irgendwo im Osten ihr Auskommen finden könnten. Ein kritischer und aufmerksamer Beobachter wie Helmuth James von Moltke faßte die Mentalität der Bevölkerungsmehrheit in einem an seinen englischen Freund Lionel Curtis am 25. März 1943 gerichteten Brief folgendermaßen zusammen: »...mindestens neun Zehntel der Bevölkerung wissen nicht, daß wir Hunderttausende von Juden umgebracht haben. Man glaubt weiterhin, sie seien lediglich abgesondert worden und führten etwa dasselbe Leben wie zuvor, nur weiter im Osten, woher sie stammten, vielleicht etwas armseliger, aber ohne Luftangriffe.«[61] Damit spielte Moltke auf die öffentliche Reaktion auf die alliierte Luftoffensive an, die diese als Vergeltung für den »Judenmord« wertete, eine bemerkenswerte Verkehrung der Goebbels'schen Propaganda, die sie als »jüdische Mordaktion« hinstellte.

Aber auch Angehörige der Führungsschicht, nicht zuletzt Moltke selbst, hatten beträchtliche Schwierigkeiten, das Dickicht der Gerüchte zu durchstoßen und zu klaren Informationen über den sich vollziehenden Holocaust zu gelangen. Selbst politisch sensible und gut informierte Angehörige der alten Elite besaßen keine klare Kenntnis des Vernichtungsprozesses, wie nicht zuletzt das Beispiel der Bewegung des 20. Juli 1944 beweist.[62] Die Mischung von bewußter Verdrängung, die an der Spitze des Regimes begann, und Gewöhnung an moralische Indifferenz bewirkte, daß es weder im Offizierskorps noch bei den konservativen Funktionseliten zu ernstlichen Protesten gegen die Judenvernichtung kam. Das Halbdunkel, in dem sich der Vernichtungsprozeß abspielte, tat ein übriges.

Andererseits spricht vieles dafür, daß die Genozidpolitik weitgehend auf Ablehnung bei der reichsdeutschen Bevölkerung stieß. In einer vertraulichen Information der Parteikanzlei vom 9. Oktober 1942 – also nachdem die Vernichtungspolitik bereits sehr weit fortgeschritten war – wandte sich Martin Bormann an die Gauleiter mit der Anweisung, die um sich greifende Gerüchtebildung abzufangen und Erörterungen über »sehr scharfe Maßnahmen« gegen die Juden zu kanalisieren, und gab die nachstehende Sprachregelung aus: »Beginnend mit dem Reichsgebiet und überleitend auf die übrigen in die Endlösung einbezogenen Länder werden die Juden laufend in große, zum Teil vorhandene, zum Teil noch zu errichtende Lager transportiert, von wo aus sie entweder zur Arbeit eingesetzt oder noch weiter in den Osten transportiert werden.« Es läge in der »Natur der Sache«, hieß es abschließend, daß »diese teilweise sehr schwierigen Probleme« »nur mit rücksichtsloser Härte gelöst werden können.«[63] Im Sommer 1943 sah sich die Parteikanzlei hingegen gezwungen, diese relativ offene Sprache zurückzunehmen, und erteilte die Anweisung, bei der öffentlichen Behandlung der »Judenfrage« »jede Erörterung einer künftigen Gesamtlösung« zu unterlassen und sich auf die Feststellung zu beschränken, daß die Juden »zum Arbeitseinsatz im Osten« abtransportiert würden.[64] Überdies befürchtete Bormann nicht zu Unrecht, daß bei der nachwachsenden Generation das Verständnis für das Vorgehen gegen die Juden zurückginge, und folgerte daraus, daß unverzüglich gehandelt werden müsse.[65]

Das trotz aller antisemitischen Indoktrination rückläufige Interesse an der »Judenfrage« hing auch damit zusammen, daß die soziale Segregierung der Juden alle Berührungsflächen zur »arischen« Bevölkerung beseitigte und die Juden im öffentlichen Bewußtsein zurücktraten. Eine Vielzahl von Faktoren trug dazu bei, die Sensibilität in der Öffentlichkeit gegenüber der Behandlung der Juden zu neutralisieren. Die weit gestreuten materiellen Vorteile fast aller Bevölkerungsgruppen aus der Enteignung jüdischen Vermögens liefen auf eine Art Kollektivbestechung hinaus. Die Zivilverwaltung aller Stufen wirkte mit einem bürokratischen Perfektionismus ohnegleichen an der Erfassung, Diskriminierung und Enteignung der jüdischen Mitbürger mit und befaßte sich insbesondere mit der Verwertung des Vermögens der Deportierten. Nur wenige Deutsche brachten den Mut und die Entschlossenheit auf, verfolgte jüdische Bürger zu unterstützen oder vor dem Zugriff der Gestapo zu verstecken. Gleichwohl überlebten allein in der Reichshauptstadt annähernd 2000 Juden im Untergrund, mehr als das beispielsweise in den Niederlanden der Fall war.[66] Die erfolgreichen Proteste in der Berliner Rosenstraße im Februar 1943, bei denen viele Hundert in »privilegierter Mischehe« lebende Bürger gegen die Deportation ihrer Partner protestierten, stellten eine solche Ausnahme dar, allerdings waren hier die Erfolgschancen größer, weil Hitler zur Trennung der »Mischehen« nicht sein Plazet gegeben hatte und die SS daher zu vorsichtigerem Vorgehen gezwungen war.[67]

Am Ende steht die Frage nach den Opfern und den Rettern. Entgegen der antisemitischen Doktrinen war das in viele Richtungen und Gruppen zersplitterte Judentum auf die Vernichtungspolitik des Regimes nicht vorbereitet, und es gab, trotz heroischer Bemühungen in den einzelnen Ghettoaufständen, nicht die geringste Chance für erfolgreiche Widerstandsaktionen. Die westeuropäischen Juden wurden zunächst in Lager verbracht, wodurch sie aus dem Blickfeld der Mehrheitsbevölkerung gerieten. Fast überall gelang es dem NS-Regime, sich auf kollaborierende Gruppen zu stützen und den verbreiteten Antibolschewismus auch in den besetzten Gebieten auf die Mühlen der Judenverfolgung zu lenken. Die totale Isolierung der Opfer führte sie, wie das Schicksal von Anne Frank beispielhaft zeigt, in die Namenlosigkeit. Nach der Deportation verlor sich jede Spur von ihr.

Daß der »Holocaust« in die Wirklichkeit umgesetzt werden konnte, entzieht sich einer einfachen Erklärung. Die Entfesselung der Gewalt im Krieg, die extreme Brutalisierung, die Gewöhnung an das Massensterben, alles dies stellten Voraussetzungen dafür dar, daß die ideologische Projektion Hitlers und seiner fanatischen Gefolgschaft reale Gestalt annehmen konnte. Daß der ideologische Vorsatz jenes ungeheure Gewicht erhielt, hing nicht zuletzt mit der Vernetzung zusammen, die einerseits mit dem Antibolschewismus bestand und sich andererseits mit den starken autochthonen antisemitischen Strömungen in Ostmittel-, Ost- und Südosteuropa ergab. Die Triebkraft der Verfolgung speiste sich zugleich aus der spezifisch faschistischen Struktur des Regimes, die eine kumulative Radikalisierung mit einer Selektion der »negativen Weltanschauungselemente« (Martin Broszat) kombinierte.[68]

Indem das Regime und dessen Vollstrecker immer neue Zwangslagen schufen, die aus der Verfolgung, Unterdrückung und Verschleppung der Juden notwendig hervorgingen, suchten sie einen Ausweg in immer radikaleren Maßnahmen gegen die jüdische Bevölkerung, die von der Enteignung, Ghettoisierung, Deportation über die Vernichtung derjenigen, die als nicht arbeitsfähig galten, bis zur unterschiedslosen Ermordung reichten. Diese sukzessive, gleichwohl einzelne Stufen aufweisende Entwicklung vollzog sich bis in den Sommer 1942, ohne daß eindeutige Handlungsanweisungen der Zentrale vorhanden waren. Sie ließ vielmehr den Tätern vor Ort bewußt freie Hand und forderte von ihnen keine Rechenschaft.[69]

Die Grenzenlosigkeit des Terrors, der sich gegen jedermann richtete, der Juden half oder der Grausamkeit der Verfolger entgegentrat, kam hinzu, um einer vergleichsweise begrenzten Zahl von Vollstreckern, die im Osten freie Hand zu unbegrenzter Gewaltausübung erhielten, die Möglichkeit zu einem Amoklauf ohnegleichen zu verschaffen.[70] Das entsprach der politischen Struktur des Systems, die es kleinen fanatisierten Minderheiten, welche um die Gunst des Diktators buhlten, erlaubte, die Mehrheit ihrem Willen zu unterwerfen, zumal diese teils durch nachwirkende antisemitische Vorurteile, teils durch indirekte Bestechung, vor allem aber aus moralischer Gleichgültigkeit heraus den Judenmord und dessen Vorstufen passiv hinnahm. Das setzte jedoch zugleich den Einfluß bürokratisch-autoritärer Strukturen voraus, die es möglich machten, daß der Judenmord sich in einer unglaublichen Perfektion gleichsam selbsttätig vollzog und in den seltensten Fällen Proteste oder Widerstände auslöste. Das Mordhandwerk wurde hinter der Fassade einer weithin amoralischen Sachlichkeit und unter Ausschaltung sogar der analogmoralischen Hemmungen betrieben, und gerade darin liegt das bleibende Menetekel der »Banalität des Bösen«. Die vorgetäuschten Sachzwänge erlaubten es, breiteste Funktionsgruppen, auch nicht-deutsche Mitwirkende, einzubeziehen.

In der Tat hätte es darum gehen müssen, den Anfängen zu wehren, der Diskriminierung der jüdischen Nachbarn, der schrittweise vollzogenen Entrechtung und Enteignung entgegenzutreten, nicht erst der Deportation der inzwischen sozial von der Mehrheitsbevölkerung abgetrennten Juden, die daher von den meisten Deutschen passiv aufgenommen wurde. Unter den Bedingungen des fortgeschrittenen Krieges waren jedoch Protest und Widerstand, die es vereinzelt gab, weitgehend aussichtslos, obwohl gerade die christlichen Kirchen mehr hätten tun können und müssen.[71] Auch das westliche Ausland erwies sich als unfähig, gegen die sich abzeichnende Radikalisierung der Judenverfolgung entschieden einzutreten und die »Endlösungspolitik« schon in ihrer Entstehungsphase öffentlich zu brandmarken. All das ist Wunschdenken. Auch die westliche Welt war überfordert, dem unerhörten und in seiner grausamen Dimensionierung unfaßbar scheinenden Geschehen in die Speichen zu fallen.[72]

Kapitel 10

Ausblick

Die vorliegende Darstellung hat die Verfolgung der Juden bis zum Sommer 1942 zum Gegenstand, als das Ziel, die »Endlösung der Judenfrage« im gesamteuropäischen Maßstab durchzuführen, in die Tat umgesetzt wurde. Himmlers Anweisung vom 19. Juli 1942, daß das Generalgouvernement bis Jahresende von Juden befreit sein müsse, symbolisiert diese Wende zur europäischen »Endlösung«, die nunmehr von den Vollstreckern systematisch vorangetrieben wurde. In unserer Analyse ging es in erster Linie darum, diesen Entwicklungsprozeß am Beispiel zentraler Problemfelder exemplarisch nachzuzeichnen und die Bedingungen zu schildern, unter denen Entrechtung und Enteignung, soziale Diskriminierung und erzwungene Emigration der Juden in systematisch betriebene Deportation und schließlich in planmäßig vorangetriebenen Massenmord umschlugen.

Die Denkmöglichkeit der Vernichtung und deren konkrete Umsetzung waren nicht durch eine einfache Kausalität verknüpft. Die entscheidenden Entwicklungsschübe, die von dem Abbau der bis dahin bestehenden Hemmungsfaktoren gegen die Ausführung des Verbrechens begleitet waren, blieben an konkrete politische Konstellationen gebunden und beruhten auf dem Handeln verantwortlicher Individuen. Die Geschichte des Holocaust stellt daher keine *black box* dar, die sich einer historischen Analyse entzieht, so unvorstellbar die damit verknüpften Verbrechen und die grausamen Schicksale der Opfer auch sein mögen.

Die Ermordung der europäischen Juden entsprang keinem von vornherein festliegenden Konzept, das von Hitler und seinen Satrapen stufenweise in die Realität umgesetzt worden wäre, sondern stand am Ende eines komplexen und widersprüchlichen politischen Prozesses, dessen Richtung von den rassenpolitischen Wahnvorstellungen der NSDAP vorgegeben wurde, der aber damit keinesfalls teleologisch determiniert war. Innerhalb der nationalsozialistischen Führungselite bestand Übereinstimmung, daß alles getan werden müsse, um Deutschland »judenfrei« zu machen und die Juden aus dem deutschen Herrschaftsbereich hinauszudrängen. Aber welcher Weg dorthin beschritten werden sollte, war keineswegs klar vorgezeichnet. Karl Schleunes hat im Hinblick darauf von der »twisted Road to Auschwitz« gesprochen. In der Tat befolgte die NS-Führung auch bei der Verfolgung der Juden eine Taktik des »Trial and Error«. Bis zur Entfesselung des Zweiten Weltkrieges gab es zu der Forcierung der Auswanderung des jüdischen Bevölkerungsteils keine Alternative, wobei die dabei verfolgten Methoden nicht selten kontraproduktiv waren. Die Annexion oder Unterwerfung von Gebieten mit einem hohen Anteil an jüdischer Bevölkerung, insbesondere die Auflösung Polens, ließen diese Strategie als obsolet erscheinen.

Zwar war nach der Zerschlagung des polnischen Staates innerhalb der NS-Führung die Vorstellung verbreitet, die im Generalgouvernement zusammengefaßten polnischen Restgebiete zur Abschiebung der Juden zu benützen. Aber sie trat in dem Maße zurück, in dem sich Hans Frank mit der Zielsetzung durchzusetzen vermochte, das Generalgouvernement zum Nebenland des Reiches zu machen und auf mittlere Sicht zu germanisieren. Das entsprach der für die Politik des Dritten Reiches kennzeichnenden Übersteigerung der jeweils verfolgten Ziele. Die Schaffung des Generalgouvernements schien jedoch Raum für die Pläne zu schaffen, im östlichen Polen oder im Distrikt Lublin ein jüdisches Reservat zu errichten und dadurch eine zumindest mittelfristige Lösung der mitteleuropäischen »Judenfrage« herbeizuführen. Wie der Ausgang des Nisko-Projekts zeigen sollte, das maßgeblich von Adolf Eichmann vorangetrieben wurde, zerschlugen sich diese und weitere Planungen an den einander entgegenstehenden Interessen der beteiligten Instanzen und den Mobilmachungsvorbereitungen für den Ostfeldzug. Umgekehrt proportional zu den Realisierungsmöglichkeiten kam es zu einer ständigen Ausweitung der vorgesehenen Abschiebungsräume, und sie trugen auch deshalb den Keim des Scheiterns in sich.

Nach dem Sieg über Frankreich schien das zunächst vom Auswärtigen Amt vorgeschlagene Madagaskar-Projekt den ersehnten Ausweg zu bieten, doch rückte die Realisierung dieses von Heydrich ernsthaft verfolgten Vorhabens in weite Ferne, als Großbritannien Hitlers fragwürdige Friedensofferte zurückwies. Der Überfall auf die Sowjetunion erneuerte statt dessen die Chance, die territoriale Lösung im Osten doch durchzusetzen, nun in dem außerhalb der projektierten Reichskommissariate liegenden Eismeergebiet, das ein dem SD unterstelltes Protektorat bilden sollte. Die einander übersteigernden geographischen Planungen korrespondierten mit der wachsenden Zahl von Juden, die im deutschen Herrschaftsbereich ansässig waren.

Für Heydrichs Strategie zur »Lösung der Judenfrage« war die ständige Ambivalenz zwischen Nah- und Fernplänen, die einander kontinuierlich ablösten, bestimmend. Sie wurden von der durch die Abkommen mit der Sowjetunion selbst geschaffenen Zwangslage vorangetrieben, die volksdeutschen Umsiedler aus dem Baltikum, aus Wolhynien und Bessarabien im Warthegau und in Westpreußen anzusiedeln und die dort ansässige polnische und jüdische Bevölkerung auszuweisen. Himmlers frühzeitig aufgegriffenes Ziel der Germanisierung weiter Teile der Sowjetunion, das sich in den verschiedenen Entwürfen des »Generalplans Ost« niederschlug, die von immer weiter ausgreifenden territorialen Ambitionen geprägt waren, erwies sich dabei als Motor, die Abschiebung und schließlich die Vernichtung der jüdischen Bevölkerung zu forcieren. Die Ostsiedlungspläne spiegelten den zunehmenden Realitätsverlust im Denken der NS-Bürokratie, welche die Verschiebung ganzer Völker und vieler Millionen Menschen als machbares politisches Vorhaben betrachtete. Dem gegenüber erschien die Ausrottung der Juden als drittrangig.

Von der von Himmler forcierten Ostpolitik ging daher eine nicht zu übersehende Schubwirkung auf die Verfolgung der Juden im ostmitteleuropäischen Raum aus, wobei die ursprünglich im Vordergrund stehende Auswanderung zurücktrat und schließlich im Oktober 1941 definitiv untersagt wurde. Mit der Vernichtungspolitik der Einsatzgruppen in den besetzten Gebieten der Sowjetunion und den sich daran anschließenden Massakern gegen das polnische Judentum ergab sich seit dem Spätsommer 1941 eine neue Stufe der Verfolgung, die in der Ermordung der gesamten einheimischen jüdischen Bevölkerung, nicht nur der männlichen Erwachsenen, bestand. Sie vollzog sich noch unter dem Vorbehalt einer zu einem späteren Zeitpunkt zu realisierenden territorialen »Endlösung«. Mit dem Fortgang des Ostkrieges fielen jedoch das Nah- und das Fernziel zusammen, ohne daß es dazu einer förmlichen Neubestimmung der nunmehr eingeschlagenen Vernichtungsstrategie bedurft hätte.

Fragt man nach den Faktoren, die zur Durchsetzung der »Endlösung der Judenfrage« geführt haben, trifft man auf zwei grundsätzliche Problemkomplexe. Der erste bezieht sich auf den paradox anmutenden Tatbestand, daß die Politik der physischen Vernichtung des Judentums in einem Lande unternommen wurde, in dem antisemitische Einstellungen zwar virulent waren, aber die völkisch-rassistische Spielart des Antisemitismus sich auf relativ kleine Randgruppen beschränkte und selbst innerhalb der NSDAP zunächst nur eine begrenzte aktive Anhängerschaft besaß. Die Entstehung des Holocaust kann daher nicht einfach als Konsequenz antisemitischer Strömungen in der deutschen Gesellschaft seit dem 19. Jahrhundert begriffen werden, so wenig das Gewicht des ideologischen Faktors namentlich für die engeren Eliten des NS-Systems übersehen werden darf.

Jeder Erklärungsversuch des Holocaust muß die nahezu unaufhebbar erscheinende Spannung in den Blick nehmen, die zwischen der Ausgangslage vor dem Aufstieg der NS-Massenbewegung, für den der Rassenantisemitismus schwerlich einen dominanten Faktor bildete, und der seit dem Spätherbst 1941 eingetretenen Konstellation liegt, in der sich bei den engeren NS-Eliten ein Konsens über die Vernichtung des europäischen Judentums herausbildete. Der rassisch-völkische Antisemitismus besaß für die NS-Bewegung und insbesondere für deren Führungsschicht konstitutive Bedeutung, während die Masse der Parteimitglieder und Anhänger ebenso wie die Bevölkerung sich eher indifferent verhielten. Jedoch ergab sich aus dem namentlich in der Oberschicht virulenten, auf Dissimilation gerichteten Antisemitismus eine Disposition zur Akzeptanz von antijüdischen Teilzielen des Regimes. Es bedurfte jedoch erst einer vollständigen sozialen Trennung des jüdischen Volksteils von der Mehrheitsbevölkerung, um die Verfolgung, die in der Ausraubung, Verarmung, Entrechtung und Pariaisierung einen ersten Höhepunkt erreichte, voranzutreiben und die Öffentlichkeit gegenüber dem Schicksal der jüdischen Mitbürger zu immunisieren. Dazu trat eine stillschweigende Bereicherung der einzelnen an dem geraubten jüdischen Vermögen.

Der zweite zentrale Problemkomplex bezieht sich auf die Umsetzung der auf Extermination drängenden antisemitischen Ideologie des Regimes, die durch die pausenlose Indoktrination der Goebbelschen Propagandaoffensive weiter verstärkt wurde, in unmittelbares politisches Handeln. Denn die Vernichtungsparole konnte nicht selbsttätig in Massenmord umschlagen, sondern es mußte sich die »politische Form« erst herauskristallisieren, in der sich die zuvor utopisch erscheinende Ermordung von Millionen von Menschen in die Tat umsetzen ließ. Dazu bedurfte es der allmählichen Anpassung der Funktionseliten an den Vernichtungsantisemitismus einer engen nationalsozialistischen Minderheit. Schließlich schuf der Krieg gegen die Sowjetunion die psychologischen Voraussetzungen für die Eskalation des Verbrechens.

Der gerade auf dem Gebiet der Rassenpolitik hervortretende Prozeß kumulativer Radikalisierung war in Verbindung mit den Vorgängen der »Reichskristallnacht« schon vor dem Übergang des Regimes zur außenpolitischen Aggression hervorgetreten. Seit der Entfesselung des Zweiten Weltkrieges spielten außenpolitische Rücksichtnahmen für das Vorgehen gegen das Judentum kaum eine Rolle mehr. Zugleich bewirkten die Niederlage Polens und die Besetzung weiter Teile der westlichen Sowjetunion im Sommer 1941, durch die zugleich die Zahl der im deutschen Herrschaftsbereich lebenden Juden mehr als verzehnfacht wurde, eine Verlagerung des Schwerpunktes der antijüdischen Politik in den ostmitteleuropäischen Raum. Die Tätigkeit der Einsatzgruppen der SS in den besetzten sowjetischen Gebieten hatte ursprünglich nicht primär der Verfolgung der jüdischen Einwohner gegolten. Sie weitete sich jedoch schon im August 1941 zu deren zunehmend systematisch betriebenen Liquidierung aus, die schon wenige Wochen später zur Auslöschung ganzer jüdischer Gemeinden und zur Schaffung »judenfreier« Räume führen sollte. Diese erste Phase des Holocaust, die als Vorwegnahme künftiger Austreibungs- und Vernichtungsschritte entfesselt worden war, forderte bis Anfang 1942 mehr als eine halbe Million Opfer.

Der Ostkrieg und die mit ihm verbundene, von deutscher Seite von vornherein einkalkulierte Brutalisierung der Kriegsführung verstärkte die Freisetzung extrem antisemitischer Bestrebungen in den Randzonen des Sowjetstaates, die sich in von deutscher Seite geförderten Pogromen entlud, und die Schubkraft, die von der Umsiedlungspolitik und dem von Himmler in Gang gebrachten Ostsiedlungsvorhaben ausging, standen in enger Wechselwirkung miteinander und schufen das politische und psychologische Klima, in dem die letzten Hemmungen der Verfolger gegen die Entfesselung extremer Gewalt entfielen und der Übergang zur systematischen Vernichtung erfolgen konnte. Ostgalizien und der Distrikt von Lublin, damit die seit dem Frühjahr 1942 so bezeichnete »Aktion Reinhard«, besaßen eine entscheidende katalysatorische Funktion für diese Eskalation des Terrors.

Die Fiktion der »Vernichtung durch Arbeit« und die sie flankierende Liquidierung der als nicht arbeitsfähig geltenden Juden setzten den Prozeß der systematischen Ermordung der jüdischen Bevölkerung in Gang, und die Einschaltung des Personals der T4-Aktion, die Verwendung von Gaswagen und Vergasungseinrichtungen, schließlich die Errichtung der ersten Vernichtungslager seit Ende 1941 machten ihn technisch möglich. Damit war der Rubikon zur unterschiedslosen Ausrottung der indigenen jüdischen Bevölkerung überschritten. Gewiß hatten die Zentrale und in erster Linie Heinrich Himmler diesen Eskalationsprozeß aktiv unterstützt, aber die Anregungen und Initiativen dazu gingen weitgehend von den örtlichen Machthabern aus, die freilich von den Berliner Stellen, vor allem dem Reichssicherheitshauptamt, zu ihren Vernichtungsvorhaben konsequent ermutigt wurden. Es war dafür bezeichnend, daß die Aufgabe Adolf Eichmanns nach dem vorläufigen Stop der Deportationen in das Generalgouvernement und dem Verbot weiterer jüdischer Auswanderung in erster Linie darin bestand, die Funktionsfähigkeit und Tötungskapazität der entstehenden Vernichtungszentren im Osten auszuloten.

Während sich in den besetzten Gebieten der Sowjetunion wie im Generalgouvernement, dem Ostgalizien zugeschlagen worden war, bereits eine Politik der vollendeten Tatsachen durchsetzte, blieb in den Berliner Zentralen noch die Vorstellung vorherrschend, erst nach dem Ende des Krieges oder doch des Sowjetfeldzuges mit der »Gesamtlösung der europäischen Judenfrage« zu beginnen, um deren Vorbereitungen sich insbesondere Reinhard Heydrich und sein zentraler Judenreferent Adolf Eichmann seit dem Frühjahr 1941 bemühten. Auch die auf den 20. Januar 1942 verschobene Wannseekonferenz ging von dieser langfristigen Perspektive aus, und noch Wochen danach artikulierte Heydrich die Vision, die elf Millionen europäischer Juden im deutschen Machtbereich in die Eismeerregion zu deportieren, wo sie, zusammen mit tschechischen Aufsehern, einen zweiten Archipel Gulag, dies wohl noch unter weit trostloseren Verhältnissen, hätten bilden sollen.

Der Wendepunkt lag wohl schon im Oktober und November 1941, als sich abzeichnete, daß der Sieg über die Sowjetunion vor dem Wintereinbruch nicht mehr erreicht werden würde und man sich insofern mit vorläufigen Vernichtungsschritten in Ostmitteleuropa begnügen mußte. Die Eskalation wurde zugleich durch den Hitler aufgedrängten Entschluß nachhaltig verstärkt, einen Teil der Juden im Altreich und im Protektorat Böhmen und Mähren noch vor der Zerschlagung der Sowjetunion in die osteuropäischen Ghettos zu deportieren, um sie zu einem späteren Zeitpunkt weiter nach Osten abzuschieben. In den Augen der Vollstrecker gelangten, zumal angesichts der ausbleibenden strategischen militärischen Erfolge gegen die Sowjetunion, Nahziel und Fernziel immer mehr zur Deckung.

Angesichts dieses Szenarios ist die in der Forschung geführte Debatte, wann der entscheidende Befehl des Diktators zur Ingangsetzung der europäischen »Endlösung« erfolgt sei, ob schon im Frühjahr, in dessen Unterredungen mit Heinrich Himmler im September oder am 12. Dezember 1941 nach der deutschen Kriegserklärung an die USA, von nachgeordneter Bedeutung, so wenig zu bestreiten ist, daß die einzelnen Vernichtungsschritte auf Hitlers Billigung stießen und »des Führers Wunsch« erfüllten. Hitler war der unerläßliche ideologische Motor der Vernichtungspolitik, aber die konkrete Handlungsinitiative lag bei den Vollstreckern der »Endlösung«, die in dem Maße, in dem parallele politische Vorhaben im Trommelfeuer widerstreitender Interessengruppen lagen und infolge des Mangels notwendiger Ressourcen liegenblieben, sich der Realisierung des chimärischen Ziels, die rassische Homogenität innerhalb des deutschen Herrschaftsraumes um jeden Preis zu erzwingen, um so intensiver widmeten.

Um die Mechanik der eskalierenden Vernichtungspolitik darzustellen, ist der Rekurs auf die jeweiligen Willensäußerungen Hitlers wenig ergiebig. Daß sich die Implementierung der Shoah nicht ohne die Zustimmung, ja die Anfeuerung durch Hitlers extreme Vernichtungsdiskurse, die von der Propaganda in einen pragmatischen Kontext umgesetzt wurden, vollziehen konnte, steht außer Frage. Diese standen jedoch ebenso wie die Teilgenehmigungen von Vernichtungsschritten in einem visionären Kontext, und es ist daher zweifelhaft, ob sich Hitler über die realen Folgen seiner Vernichtungsdiskurse Rechenschaft abgelegt hat, wenngleich es an Information im einzelnen nicht fehlte. Die Neigung, die moralischen Implikationen systematisch zu verdrängen und die konkreten Vernichtungsschritte nur in futuristischen Ankündigungen in der engeren Umgebung wie gegenüber der Öffentlichkeit zum Ausdruck zu bringen, stellte andererseits einen der psychologischen Mechanismen dar, ohne die die konkrete Umsetzung des Vernichtungsprogramms schwerlich denkbar gewesen wäre. Die Hervorhebung der Verantwortung des Diktators für die Verbrechen ersetzt jedoch nicht die Analyse des Prozesses, der zu ihnen führte und der zum wenigsten auf konkrete Initiativen und Anweisungen Hitlers zurückzuführen war. Zwar ist jüngsthin erneut der Versuch gemacht worden, Hitlers »Kontrolle über den gesamten Vernichtungsprozeß« nachzuweisen[1], aber die dahinter stehende Bestrebung, einer Leugnung des Holocaust entgegenzutreten, tendiert dazu, die durchaus eigenständige und kriminelle Aktion der beteiligten Eliten in- und außerhalb des engeren Vernichtungsapparates zu verdunkeln.

Die Frage nach dem Verhältnis zwischen ideologischen und strukturellen Faktoren, die dem Konflikt zwischen Funktionalisten und Intentionalisten zugrunde lag, stellt sich im Licht der jüngeren Forschung nicht mehr mit der ihr ursprünglich anhaftenden Ausschließlichkeit. Einerseits haben neuere Forschungen, die sich primär dem Profil der Täter und deren Mentalität zuwandten, ein detailliertes Bild ihres ideologischen und professionellen Profils gezeichnet und die Funktion herausgearbeitet, die den in aller Regel extremen und unverrückbaren antisemitischen Einstellungen der engeren Tätergruppe zukam, welche sich mit einer zutiefst kriminellen Energie verbanden. Andererseits lieferten der Apparat der Höheren SS- und Polizeiführer und des SD und deren ausgeprägter Esprit de Corps den bürokratischen Rückhalt, um die Vernichtungspolitik auch unter aussichtslosen militärischen und politischen Bedingungen mit akribischer Perfektion und emotionsloser Routine bis zum bitteren Ende fortzusetzen. Dieser Effekt verstärkte sich in den besetzten Ostgebieten, in denen die einzelnen Funktionsträger aufeinander angewiesen waren und eine für das Regime sonst untypische Kooperation an den Tag legten.

Die konkrete Implementierung der »Endlösung« nach dem Juli 1942 geht jedoch über den Gegenstandsbereich unserer Studie hinaus, die darauf beschränkt ist, den Durchbruch zur umfassenden Deportation des Judentums aus dem gesamten Einflußbereich der NS-Politik in Europa in die Vernichtungslager nachzuzeichnen. Die Abschiebung auch der west- und südeuropäischen Juden in die osteuropäischen Vernichtungszentren war schwerlich allein darin begründet, daß die Mordaktionen so vor der Öffentlichkeit weitgehend abgeschirmt werden konnten, sondern hängt mit dem Faktum zusammen, daß die Massenvernichtung dort erfunden und zuerst in großem Stil praktiziert worden ist. Darin verbarg sich der irrationale Kern einer nach außen hin so ausgeprägt rational erscheinenden Vernichtungspolitik, die sich auch nach innen der Tarnvokabel einer »Umsiedlung nach Osten« bediente.

Als generelles Fazit ist festzuhalten, daß die Vernichtungspolitik gegen das europäische Judentum gerade wegen der Gewohnheit des NS-Regimes, politische Schlüsselentscheidungen unter

Umgehung der zuständigen Regierungsorgane und in informellem Rahmen zu fällen, ohne größere Reibungen hat durchgesetzt werden können. Denn sie wären sicherlich dann aufgetreten, wenn eine eindeutige Befehlsgebung vorgelegen hätte. Systemkonforme Opposition oder entgegenstehende militärische Interessen konnten sich unter diesen Bedingungen nicht wirksam artikulieren, und das gilt in anderer Weise auch für die Widerstandsbewegung des 20. Juli, die erst vergleichsweise spät auf die sich vollziehende »Endlösung« reagierte.[2] Insofern stellte die institutionelle Verwilderung des NS-Regimes eine notwendige Bedingung für die grenzenlose Eskalation der Gewalt und des Verbrechens und für die Vernichtung des Judentums dar, doch sollte darüber die erschreckende Komplizenschaft gerade der Eliten in Verwaltung, Justiz, Wehrmacht und Auswärtigem Dienst nicht übersehen werden. Daß dieser Effekt von der NS-Führung einkalkuliert wurde, geht aus Hitlers Vorliebe für die sich in den besetzten Gebieten Osteuropas herausbildende skrupel- und bindungslose Herrschaftselite hervor, die nicht länger in den Normen des tradierten Gesetzesstaates dachte.

Der politische Prozeß, der von den Anfängen der Judenverfolgung bis zu der systematischen Ausrottung des europäischen Judentums seit dem Sommer 1942 reichte, war weder zwangsläufig noch von vornherein determiniert. Er bestand in der Umsetzung einer ideologisch geprägten, zunächst utopisch erscheinenden Vision in konkretes politisches Handeln. Was die Größenordnung des Verbrechens angeht, war die Vernichtung des europäischen Judentums einzigartig, aber die Gewalt- und Terrorpolitik des Regimes richtete sich gegen andere rassische und ethnische Gruppen gleichermaßen. Mit Recht hat man davon gesprochen, daß die Judenvernichtung nur die »Spitze des Eisbergs« dargestellt hat und daß, wäre die militärische Niederlage nicht eingetreten, die Strategen der Ostraumpolitik nicht gezögert hätten, viele Millionen Menschen im Zuge der geplanten Zwangsumsiedlung direkt oder indirekt zu ermorden.[3]

Daß von diesem Vorhaben die Genozidpolitik gegen die Juden in vollem Umfang und mit einer Zähigkeit ohnegleichen zu Ende geführt wurde, ging nicht zuletzt auf die Schwerkraft und ideologische Indoktrination der daran beteiligten bürokratischen Apparate zurück, die wiederum von der für das Regime prägenden Dynamik »kumulativer Radikalisierung« profitierten. Andererseits bildeten tradierte antisemitische Einstellungen vor allem in den Funktionseliten einen unentbehrlichen Hintergrund für die Umsetzung des Vernichtungsprogramms, obwohl ein »eliminatorischer Antisemitismus«, wie ihn Daniel Goldhagen als Kennzeichen der deutschen politischen Kultur postuliert hat,[4] nur bei marginalen Randgruppen anzutreffen war.

Die unerläßliche Vorbedingung der Ermordung des europäischen Judentums bestand in der sozialen Segregation und Stigmatisierung des jüdischen Bevölkerungsteils, nicht nur in Deutschland, sondern auch in den okkupierten Gebieten. Erst die Trennung von der Mehrheitsbevölkerung machte es möglich, die Verfolgung ohne größere Widerstände durchzusetzen. Im Reich überwog Gleichgültigkeit gegenüber dem Schicksal der jüdischen Mitbürger, während in den südost- und ostmitteleuropäischen Ländern der traditionelle Antisemitismus das Werk der Verfolger wesentlich erleichterte. Zugleich aber bedurfte es einer systematischen ideologischen Indoktrinierung und einer zunehmenden Abstumpfung gegenüber politischer Gewalt und Terror, die jedoch die Geheimhaltung des Holocaust nicht überflüssig machten.

Damit waren wichtige Vorbedingungen für die Entstehung eines politischen Milieus geschaffen, in dem die Ermordung der Juden zu einem selbstverständlichen Programm und zur alltäglichen Praxis werden konnte. Der Krieg hat zu dieser Entwicklung durch die Gewöhnung an Brutalität und die Rechtfertigung der Gewalt entscheidend beigetragen, aber auch die Tatsache, daß die Ermordung der Juden Bestandteil der gigantischen »Lebensraum«-Projekte war.

Das rassenantisemitische Ideenkonglomerat, das für sich selbst keinerlei Originalität gegenüber dem völkischen Antisemitismus des 19. Jahrhunderts aufwies, verdichtete sich in der Zwangsvorstellung, daß nur durch die vollständige »Ausmerzung« des jüdischen Elements und die Schaffung rassischer Homogenität die Widerstandskraft der Nation gewährleistet sei, um die als »schicksalhaft« deklarierten Belastungen des Krieges durchzustehen. Zugleich ergab sich eine kumulative Radikalisierung gerade im Bereich der »Judenfrage«, für die die Rivalität zwischen den nationalsozialistischen Potentaten eine wesentliche Antriebskraft darstellte. Von seinen inneren Voraussetzungen her war das NS-Regime unfähig, in der Verfolgung der jüdischen Bevölkerung einen »Endpunkt« zu setzen oder eine Kompromißlinie einzuhalten. Von vornherein erblickte der radikale Parteiflügel in Konzessionen an die Ministerialbürokratie, die ein gemäßigtes Vorgehen sicherstellen wollte, nur vorläufige Schritte. Dafür war bezeichnend, daß die Judendefinition der »Nürnberger Gesetze« bis in den Untergang des NS-Regimes hinein von der Parteikanzlei wie von dem Reichssicherheitshauptamt Himmlers systematisch bekämpft wurden. Insofern lief die perverse Logik des Regimes darauf hinaus, die Vernichtung der jüdischen Bevölkerung zu betreiben, nachdem die Zwangsauswanderung der Juden wie die Reservatsprojekte gescheitert waren.

In unserer Darstellung ist dieser Prozeß bis zu dem Zeitpunkt geschildert, von dem an die Durchsetzung der »Endlösung« irreversibel geworden war und sich deren »politische Form«, die Deportation und anschließende Liquidierung, herausgebildet hatte. Danach hatten die Eichmanns freie Hand, um den Deportations- und Vernichtungsprozeß, der nunmehr einen selbstläufigen Charakter annahm, mit bürokratischer Perfektion zum Abschluß zu bringen. Die Judenvernichtung fungierte von nun an in den Köpfen der Satrapen und der Vollstrecker als Kompensation für die militärischen, politischen und psychologischen Rückschläge, die das Regime in den letzten Kriegsjahren erschütterten. Diese Sehweise oszillierte zwischen dem Bewußtsein, wenigstens diese Frage »gelöst« zu haben, und der bis zum Zusammenbruch anhaltenden Selbstsuggestion, durch die Erreichung der totalen ethnischen und rassischen Homogenität der Nation die innere Festigkeit geschaffen zu haben, die sie unbesiegbar machte.[5]

Adolf Hitler spielte in diesem Prozeß die Rolle des Antreibers und des Scharfmachers, ohne sich durch eine eindeutige Befehlsgebung vor der Nachwelt zu binden. Die Träger des Vernichtungsprozesses beriefen sich regelmäßig auf Anweisungen »von höchster Stelle«. Die wiederkehrenden Versuche, ihr verbrecherisches Handeln dergestalt zu legitimieren, können ihre unmittelbare Verantwortung für das Geschehen nicht verdecken. Mit dem Fortschreiten der Forschung tritt immer klarer hervor, daß die Eskalation des Verbrechens in aller Regel von den Vollstrekkern vor Ort ausging, wie das zentrale Beispiel der Rolle Odilo Globocniks zu zeigen vermag. Das Menetekel dieses Geschehens ist nicht zuletzt darin zu erblicken, daß die übergroße Mehrheit der Bevölkerung sich den gegen die Juden und andere Verfolgte gerichteten Gewalt- und Terrormaßnahmen nicht widersetzte oder nicht zu widersetzen wagte. Daher kann sich die deutsche Nation als ganzes von dem Vorwurf gestufter Komplizenschaft an dem Menschheitsverbrechen der Shoah nicht freisprechen.

Nachwort

Die vorliegende Darstellung beruht zum wenigsten auf eigenen Forschungen. Sie stützt sich über weite Strecken auf die Ergebnisse der jüngeren Forschung, von denen neben den unverzichtbaren Publikationen von Christopher Browning vor allem die Werke von Götz Aly, Saul Friedländer und Peter Longerich sowie nicht zuletzt die grundlegenden Analysen von Dieter Pohl und Thomas Sandkühler zu zählen sind. Der Versuch, die komplexen Geschehnisse, die zur Entfesselung des Holocaust führten, in einer knappen Form zusammenzufassen, geht auch auf Vorträge zurück, die ich 1999/2000 als Senior Research Fellow im US Holocaust Memorial Museum in Washington gehalten habe. Ich bedanke mich an dieser Stelle für die Einladung, dort während eines akademischen Jahres tätig zu sein, und für die Anregungen und Hilfen, die ich von den Mitarbeitern der Forschungsabteilung erhalten habe.

Zugleich verdanke ich Professor Arno Mayer (Princeton) wertvolle Anregungen für die Endfassung des Manuskripts, Professor Kees Gispen (Oxford, Mississippi) hilfreiche Kritik. Vor allem aber waren mir die begleitenden kritischen Ratschläge und die Hilfen bei der Drucklegung von Frau Dr. Irmtrud Wojak, Stellvertretende Direktorin des Fritz Bauer Instituts in Frankfurt am Main, unentbehrlich. Ich bedanke mich bei Frau Brigitte Hellmann und Frau Dr. Andrea Wörle von der dtv-Redaktion für Geduld und Hilfe bei der Drucklegung des Manuskripts. Sachliche Unterstützung und wertvolle Kritik verdanke ich auch Professor Dr. Norbert Frei und Dr. Hans Woller, die diese Arbeit angeregt haben.

Anmerkungen

Auschwitz, 17. Juli 1942

1 S. Der Dienstkalender Heinrich Himmlers 1941/42, bearb. von Peter Witte u. a., Hamburg 1999, S. 491 ff.

2 Martin Broszat (Hrsg.), Kommandant in Auschwitz. Biographische Aufzeichnungen, Stuttgart 1958, S. 176 ff.

3 Dienstkalender, S. 496; vgl. Richard Breitman, Heinrich Himmler. Der Architekt der »Endlösung«, Zürich [3]2000, S. 337 ff.; Himmler an Krüger am 19. 7. 1942, NO-5574, abgedruckt bei Peter Longerich (Hrsg.), Die Ermordung der europäischen Juden, München 1989, S. 201.

4 S. Longerich, Die Ermordung der europäischen Juden, S. 504 ff.

5 Ebd., S. 509 f.

6 Vgl. Jan Erik Schulte, Zwangsarbeit und Vernichtung: Das Wirtschaftsimperium der SS. Oswald Pohl und das SS-Wirtschafts-Verwaltungs-Hauptamt 1933–1945, Paderborn 2001, S. 386 ff.

Kapitel 1

1 Die wichtigsten Arbeiten zu diesem Komplex sind: Helmut Berding, Moderner Antisemitismus in Deutschland, Frankfurt/M. 1988; Hermann Greive, Geschichte des modernen Antisemitismus in Deutschland, Darmstadt 1988; Peter Pulzer, Die Entstehung des politischen Antisemitismus in Deutschland und Österreich, Darmstadt 1987.

2 S. Walter Boehlich, Der Berliner Antisemitismusstreit, Frankfurt/Main 1988, S. 210 ff. und Nachwort S. 264 f.

3 S. Richard S. Levy, The Downfall of the Anti-Semitic Political Parties in Imperial Germany, New Haven/London 1975.

4 S. Wilhelm Mommsen (Hrsg.), Deutsche Parteiprogramme, München [3]1960, S. 78 f.

5 S. Shulamit Volkov, Jüdisches Leben und Antisemitismus im 19. und 20. Jahrhundert, München 1990, S. 210–217; dies., Antisemitismus als kultureller Code, München [2]2000, S. 13 ff.

6 S. Uriel Tal, Christians and Jews in Germany. Religion, Politics and Ideology in the Second Reich 1870–1914, Ithaka/London 1975, S. 75 ff.; Hermann Greiwe, Theologie und Ideologie. Katholizismus und Judentum in Deutschland und Österreich 1918–1935, Heidelberg 1969.

7 Überblick bei George L. Mosse, The Crisis of German Ideology. Intellectual Origins of the Third Reich, Neuaufl. New York 1998, S. 93 ff. und 131 ff. Vgl. die Arbeit von Veit Veltzke, Vom Patron zum Paladin. Wagner-Vereinigungen im Kaiserreich von der Reichsgründung bis zur Jahrhundertwende (= Bochumer Historische Studien/Neuere Geschichte 5), Bochum 1987.

[8] S. Volker Ullrich, »Drückeberger«. Die Judenzählung im Ersten Weltkrieg, in: Julius H. Schoeps/Joachim Schlör (Hrsg.), Antisemitismus. Vorurteile und Mythen, Frankfurt/M. o. J. (1975).

[9] Heinz Hagenlücke, Die Deutsche Vaterlandspartei, Düsseldorf 1998, S. 346 f. und 410.

[10] S. Uwe Lohalm, Völkischer Radikalismus, Geschichte des Deutschvölkischen Schutz- und Trutz-Bundes 1919–1923, Hamburg 1970, S. 52 ff.

[11] Wilhelm Mommsen, Deutsche Parteiprogramme, S. 538.

[12] Vgl. Heidrun Holzbach, Das »System« Hugenberg. Die Organisation bürgerlicher Sammlungspolitik vor dem Aufstieg der NSDAP, München 1981, S. 159.

[13] Manfred Weißbecker, Deutschvölkische Freiheitspartei (DVFP) 1922–1933, in: Lexikon zur Parteiengeschichte, Bd. 2, Leipzig 1984, S. 550–58.

[14] S. die Schilderung bei Werner Maser, Der Sturm auf die Republik. Frühgeschichte der NSDAP, Sonderausg. Düsseldorf 1994, S. 269 ff.

[15] Mommsen, Parteiprogramme, S. 548.

[16] S. Maser, ebd., S. 205 f.

[17] Brigitte Hamann, Hitlers Wien. Lehrjahre eines Diktators, 7. Aufl. München 1997, S. 502.

[18] S. Harold J. Gordon, Hitlerputsch 1923. Machtkampf in Bayern 1923–1924, Frankfurt/M. 1971, S. 235 ff.; Hans Mommsen, Adolf Hitler und der 9. November 1923, in: Johannes Willms (Hrsg.), Der 9. November. Fünf Essays zur deutschen Geschichte, München 1994, S. 33–48, S. 91–94.

[19] Vgl. Wolfgang Horn, Führerideologie und Parteiorganisation in der NSDAP (1919–1933), Düsseldorf 1972, S. 278 ff.

[20] Zur Wahlentwicklung s. Jürgen W. Falter, Wahlen und Wählerverhalten unter besonderer Berücksichtigung des Aufstiegs der NSDAP nach 1928, in: Karl D. Bracher u. a. (Hrsg.), Die Weimarer Republik 1918–1933. Politik, Wirtschaft, Gesellschaft, Bonn ^{2}1988; vgl. ders., Hitlers Wähler, München 1991.

[21] Vgl. Dietrich Orlow, The History of the Nazi Party 1919–1933, Pittsburgh 1969, S. 118 f. sowie Peter Stachura, Der kritische Wendepunkt? Die NSDAP und die Reichstagswahlen vom 20. Mai 1928, in: VfZ 26 (1978), S. 66–99.

[22] So Daniel Goldhagen, Hitlers willige Vollstrecker. Ganz gewöhnliche Deutsche und der Holocaust, Berlin 1996, S. 111 ff.

[23] S. Dirk Walter, Antisemitische Kriminalität und Gewalt. Judenfeindschaft in der Weimarer Republik, Bonn 1999, S. 151 f.; Trude Maurer, Ostjuden in Deutschland 1918–1933, Hamburg 1986, S. 329 ff.

[24] Vgl. Ulrich Herbert, »Generation der Sachlichkeit«. Die völkische Studentenbewegung der frühen zwanziger Jahre in Deutschland, in: Frank

Bajohr u. a. (Hrsg.), Zivilisation und Barbarei. Die widersprüchlichen Potentiale der Moderne, Marburg 1991, S. 135 ff.

25 Ebd.

26 Zit. nach Donald L. Niewyk, The Jews in Weimar Germany, Baton Rouge 1980, S. 55.

27 Abgedruckt in Albrecht Erich Günther, Was wir vom Nationalsozialismus erwarten, Heilbronn 1932; vgl. Iris Hamel, Völkischer Verband und nationale Gewerkschaft. Der Deutschnationale Handlungsgehilfenverband (DHV) 1893–1933, Frankfurt/M. 1967, S. 164 f.

28 Carl von Ossietzky, Antisemiten, in: Die Weltbühne 28. Jg., Nr. 29 vom 19. 7. 1932, S. 96.

29 Vgl. Louis Dupeux, Der Kulturantisemitismus von Wilhelm Stapel, in: Kurt Nowak/Gérard Raulet (Hrsg.), Protestantismus und Antisemitismus in der Weimarer Republik, Frankfurt/New York 1994, S. 172, 175 f.

30 Larry E. Jones, Catholic Conservatives in the Weimar Republic: The Politics of the Rhenish-Westphalian Aristocracy, 1918–1933, in: German History 18 (2000), S. 60–85. Vgl. auch Olaf Blaschke, ›Wider die Herrschaft des modern-jüdischen Geistes‹: Der Katholizismus zwischen traditionalem Antijudaismus und modernem Antisemitismus, in: Wilfried Loth (Hrsg.), Deutscher Katholizismus im Umbruch zur Moderne, Stuttgart 1991, S. 236–261.

31 Vgl. zum agrarischen Antisemitismus Heinz Reif, Antisemitismus in den Agrarverbänden Ostelbiens während der Weimarer Republik, in: Ders. (Hrsg.), Ostelbische Agrargesellschaft im Kaiserreich und in der Weimarer Republik, Berlin 1994, S. 401 ff.; Eckart Conze, Von deutschem Adel. Die Grafen Bernstorff im zwanzigsten Jahrhundert, Stuttgart 2000, S. 162 f.; vgl. Iris Freifrau v. Hoyungen, Adel in der Weimarer Republik. Die rechtliche und soziale Situation des reichsdeutschen Adels 1918–1933, Limburg 1992.

32 S. Anthony Kauders, Legally Citizens: Jewish Exclusion from the Weimar Polity, in: Wolfgang Benz/Arnold Paucker/Peter Pulzer (Hrsg.), Jüdisches Leben in der Weimarer Republik, Tübingen 1998, S. 170 f.; ders., German Politics and the Jews. Düsseldorf and Nuremberg 1910–1933, Oxford 1996, S. 184 f., S. 190.

33 Vgl. Walter, Antisemitische Kriminalität, S. 229 f., S. 235.

34 Ebd., S. 211–216.

35 Uwe D. Adam, Judenpolitik im Dritten Reich, Düsseldorf 1972, S. 28 ff.

36 Vgl. Niewyk, The Jews in Germany, S. 88 f.

37 Diesem Urteil von George L. Mosse, Die deutsche Rechte, in: Werner E. Mosse (Hrsg.), Entscheidungsjahr 1932. Zur Judenfrage in der Endphase der Weimarer Republik, Tübingen 1966, S. 237, ist ausdrücklich zuzustimmen.

[38] Maurer, Ostjuden in Deutschland, S. 476.
[39] Ossietzky, Antisemiten, s. Anm. 28.
[40] Kurt Nowak, Evangelische Kirche und Weimarer Republik. Zum politischen Weg des deutschen Protestantismus zwischen 1918 und 1922, 2. Aufl., Göttingen 1988, S. 246 ff.; Berding, Moderner Antisemitismus, S. 222 f.
[41] Werner Jochmann, Gesellschaftskrise und Judenfeindschaft in Deutschland, Hamburg 1986, S. 192.

Kapitel 2
[1] S. Wolfgang Horn, Führerideologie und Parteiorganisation, S. 224 ff.
[2] S. Bradley F. Smith, Heinrich Himmler. Sein Weg in den deutschen Faschismus, München 1979, S. 211, 213. S. auch Josef Ackermann, Heinrich Himmler als Ideologe, Göttingen 1970 sowie Mosse, The Crisis of German Ideology, S. 116–120.
[3] Peter H. Merkl, Political Violence under the Swastika. 581 Early Nazis, Princeton 1975.
[4] Ebd., S. 453 f.
[5] Ebd., S. 499 f.
[6] S. Gerhard Paul, Aufstand der Bilder. Die NS-Propaganda vor 1933, Bonn 1990, S. 92, S. 239; Zdenek Zofka, Between Bauernbund and National Socialism. The Political Orientation of the Peasants in the Final Phase of the Weimar Republic, in: Tom Childers, The Formation of the Nazi Constituency, 1919–1933, London 1986, S. 57 f.; allerdings scheint dies nicht für den ›Völkischen Beobachter‹ gegolten zu haben, der mitunter von der Sprachregelung abgewichen sein dürfte. Vgl. Niewyk, The Jews in Weimar Germany, S. 45 sowie David A. Hackett, The Nazi Party in the Reichstag Election of 1930, Madison, Wisconsin 1971, S. 283 ff. und 290 f.
[7] William Sheridan Allen, The Nazi Seizure of Power. The Experience of a Single German Town 1922–1945. Revised ed., New York 1984, S. 84.
[8] S. Geoffry Pridham, Hitler's Rise to Power. The Nazi Movement in Bavaria, 1923–1933, S. 237 f., 243; Jeremy Noakes, The Nazi Party in Lower Saxony 1921–1933, Oxford 1971, S. 209 f.
[9] Vgl. Allen, The Nazi Seizure of Power, S. 84: »Northeimers were drawn to anti-semitism, because they were drawn to Nazism, not the other way around.«
[10] Vgl. L. W. Bondy, Racketeers of Hatred. J. Streicher and the Jew-Baiters's International, London 1946, S. 45 f.; Ian Kershaw, The Persecution of the Jews and German Popular Opinion in the Third Reich, in: Leo Baeck-Year Book 26 (1981), S. 273.
[11] So gelangt Ian Kershaw für den Zeitraum von 1935 bis 1938 zu der Schluß-

folgerung: »The Jewish Question was almost totally irrelevant to the formation of public opinion among the vast majority of the German people«, ebd., S. 269. Vgl. Sopade vom 16. 10. 1935, A 21 f.

12 Ebd., S. 274 sowie Sopade vom 11. 2. 1936, A 20 f.

13 S. Michael Kater, The Nazi Party. A Social Profile of Members and Leaders 1919–1945, Cambridge 1983, S. 193 f.

14 Ebd., S. 162 ff., 167 f.

15 S. M. I. Gurtein/Morris Janowitz, Trends in the Wehrmacht-Morale, in: Public Opinion Quarterly 10 (1946), S. 78–84.

16 Anweisung der Parteikanzlei vom Oktober 1942, abgedr. bei Hans Adolf Jacobsen, 1939–1945. Der Zweite Weltkrieg in Chronik und Dokumenten, Darmstadt 1961, S. 584 f.; vgl. Marlis G. Steinert, Hitlers Krieg und die Deutschen. Stimmung und Haltung der deutschen Bevölkerung im Zweiten Weltkrieg, Düsseldorf 1970, S. 252 f.

17 S. Frank Bajohr, »Arisierung« in Hamburg. Die Verdrängung der jüdischen Unternehmer 1933–1945 (= Hamburger Beiträge zur Sozial- und Zeitgeschichte 35), Hamburg 1998, S. 345 f.

18 S. Ian Kershaw, The Persecution of the Jews, S. 287; vgl. ders., Der Hitler-Mythos. Führerkult und Volksmeinung, Stuttgart 1999, S. 279 ff.

19 S. Werner Jochmann, Struktur und Funktion des deutschen Antisemitismus, in: Werner E. Mosse/Arnold Paucker (Hrsg.), Juden im Wilheminischen Deutschland 1890–1914 (= Schriftenreihe des Leo Baeck-Instituts 33), Tübingen 1976, S. 389–477.

20 Siehe S. 156; vgl. Hans Mommsen, Aufstieg und Untergang der Weimarer Republik, Berlin 1998, S. 298 f.

21 Kershaw, The Persecution of the Jews, S. 286 f.

22 Hans Mommsen, Beamtentum im Dritten Reich, Stuttgart 1966, S. 68 ff.

23 Kershaw, The Persecution of the Jews, S. 288.

24 S. vor allem Dieter Rebentisch, Führerstaat und Verwaltung im Zweiten Weltkrieg. Verfassungsentwicklung und Verwaltungspolitik 1939–1945, Stuttgart 1989, S. 69 f., 72 ff.

25 Chefbesprechung im Reichswirtschaftsministerium vom 20. 8. 1935, in: Hans Mommsen/Susanne Willems (Hrsg.), Herrschaftsalltag im Dritten Reich. Studien und Texte, Düsseldorf 1988, S. 444.

26 Martin Broszat, Soziale Motivation und Führer-Bindung des Nationalsozialismus, in: Ders., Nach Hitler. Der schwierige Umgang mit unserer Geschichte, München 1988, S. 28.

27 So die Interpretation von Karl Dietrich Bracher: Stufen totalitärer Gleichschaltung. Die Befestigung der nationalsozialistischen Herrschaft 1933/34, in: Wolfgang Michalka (Hrsg.), Die nationalsozialistische Machtergreifung, Paderborn 1984, S. 13–28.

28 Vgl. Hans Mommsen, Die Funktion des Antisemitismus im Dritten

Reich, in: Dirk Blasius/Dan Diner (Hrsg.), Zerbrochene Geschichte. Leben und Selbstverständnis der Juden in Deutschland, Frankfurt/M. 1991, S. 166 f.

29 Sir Horace Rumboldt an Sir John Simon am 11. 5. 1933, ADAP. Serie D, Bd. 5 (1933).

30 Zitiert nach Saul Friedländer, Das Dritte Reich und die Juden, Bd. 1: Die Jahre der Verfolgung 1933–1939, München 1998, S. 83; Messersmith an Cordell Hull am 1. 11. 1933, ADAP. Serie D, Bd. 2 (1933), S. 362.

31 Broszat, Soziale Motivation, S. 32 f.

32 Friedländer, Das Dritte Reich und die Juden, S. 86 f.

33 Vgl. Jürgen Matthäus, »Warum wird über das Judentum geschult?« Die ideologische Vorbereitung der deutschen Polizei auf den Holocaust, in: Gerhard Paul/Klaus-Michael Mallmann (Hrsg.), Die Gestapo im Zweiten Weltkrieg. »Heimatfront« und besetztes Europa, Darmstadt 2000, S. 100–124, insb. S. 114 ff.; vgl. Holger Berschel, Polizeiroutiniers und Judenverfolgung. Die Bearbeitung von ›Judenangelegenheiten‹ in der Stapo-Stelle Düsseldorf, ebd., S. 164 ff.

34 S. Ulrich Herbert, Weltanschauungseliten. Ideologische Legitimation und politische Praxis der Führungsgruppe der nationalsozialistischen Sicherheitspolizei, in: Potsdamer Bulletin für zeitgeschichtliche Studien 9 (1997), Potsdam 1997, S. 4–18 sowie Michael Wildt, Die Judenpolitik des SD, 1935–1939, München 1995.

Kapitel 3

1 S. Günter Neliba, Der Legalist des Unrechtsstaates Wilhelm Frick. Eine politische Biographie, Paderborn 1992, S. 203.

2 S. Peter Longerich, Politik der Vernichtung. Eine Gesamtdarstellung der nationalsozialistischen Judenverfolgung, München 1998, S. 102.

3 Die Tagebücher von Joseph Goebbels. Sämtliche Fragmente. Hrsg. von Elke Fröhlich, T. I, Bd. 2, München 1987, S. 512.

4 Neliba, Der Legalist des Unrechtsstaates, S. 151.

5 Ehegesundheitsgesetz vom 18. 10. 1935, RGBl. I, S. 1246; vgl. Neliba, Legalist des Unrechtsstaates, S. 216.

6 S. Bernhard Lösener, Als Rassereferent im Reichsministerium des Innern, in: VfZ 9 (1961), S. 264 ff. sowie die kritische Bewertung der Erinnerungen von Lösener bei Cornelia Essner, Das System der »Nürnberger Gesetze« (1933–1945) oder der verwaltete Rassismus, demnächst Münster 2002, Mskrpt. S. 118 ff. sowie Wilhelm Lenz, Die Handakten von Bernhard Lösener, »Rassereferent« im Reichsministerium des Innern, in: Klaus Oldenhage u.a. (Hrsg.), Archiv und Geschichte. Festschrift für Friedrich Kahlenberg, Düsseldorf 2000, S. 684–699.

7 Vgl. Lothar Gruchmann, »Blutschutzgesetz« und Justiz. Zur Entstehung

und Auswirkung des »Nürnberger Gesetzes« vom 15. September 1935, in: VfZ 31 (1983), S. 419.

8 Ebd., S. 422.

9 Ebd., S. 429 f. sowie Werner T. Angress, Die Judenfrage im Spiegel amtlicher Berichte 1935, in: Ursula Büttner (Hrsg.), Das Unrechtsregime. Internationale Forschung über den Nationalsozialismus, Bd. 2, Hamburg 1986.

10 Jeremy Noakes, Wohin gehören die Judenmischlinge? Die Entstehung der ersten Durchführungsverordnungen zu den »Nürnberger Gesetzen«, in: Büttner, Das Unrechtsregime, S. 71.

11 Neliba, Legalist des Unrechtsstaates, S. 202 f.

12 Ebd., S. 70 f.

13 Vgl. Gruchmann, »Blutschutzgesetz«, S. 429 ff.

14 Vgl. Essner, Das System der »Nürnberger Gesetze«, S. 15 ff. und 152 ff.; Neliba, Legalist des Unrechtsstaates, S. 200.

15 Ebd., S. 199.

16 Essner, Das System der »Nürnberger Gesetze«, Mskr. S. 89 f.

17 Neliba, Der Legalist des Unrechtsstaates, S. 200.

18 Ebd., S. 206. In Abweichung vom Bericht Löseners muß von einer aktiven Mitwirkung Fricks bei den Entwurfsarbeiten gesprochen werden.

19 S. Essner, Das System der »Nürnberger Gesetze«, S. 184.

20 Noakes, Judenmischlinge, S. 86.

21 Erste Verordnung zum Reichsbürgergesetz vom 14. 11. 1935, RGBl I, S. 1333; Erste Verordnung zur Ausführung des Blutschutzgesetzes vom 14. 11. 1935, RGBl. I, S. 1334.

22 S. Jutta Wietog, Volkszählungen unter dem Nationalsozialismus (= Schriften zur Wirtschafts- und Sozialgeschichte, Bd. 66), Berlin 2001, S. 79f., S. 157.

23 Goebbels Reden 1932–1945, hrsg. von Helmut Heiber, Düsseldorf 1971/72, S. 249. Goebbels-Tagebücher I, Bd. 2, München 1987, S. 540; am 1. Oktober hatte er im Zusammenhang mit der erwähnten Führerbesprechung notiert: »Judenfrage noch immer nicht entschieden. Wir debattieren lange darüber, aber der Führer ist noch unschlüssig«, ebd., S. 520.

24 Reichsparteitag der Ehre, 8.–14. 9. 1936 München, München ²1936, S. 153.

25 Der Verlag des Kommentars von Hans Globke zu den »Nürnberger Gesetzen« kündigte eine entsprechende Ergänzung an, die jedoch nicht erschien.

26 Longerich, Politik der Vernichtung, S. 115.

27 S. ebd., S. 106 ff.; abweichend David Bankier, Die öffentliche Meinung im NS-Staat. Die »Endlösung« und die Deutschen. Eine Berichtigung, Berlin 1995, S. 111; vgl. Ian Kershaw, Popular Opinion, S. 185.

28 Adam, Judenpolitik, S. 165.

29 Ebd., S. 187.

[30] Ebd., S. 186.
[31] Vgl. ebd., S. 293.
[32] Ebd., S. 294 sowie Hans Mommsen, Aufgabenkreis und Verantwortlichkeit des StS der Reichskanzlei Dr. Wilhelm Kritzinger, in: Gutachten des Instituts für Zeitgeschichte, Bd. II, Stuttgart 1966, S. 381 ff.
[33] Adam, Judenpolitik, S. 299 f.
[34] S. ebd., S. 300 f.
[35] Ebd., S. 330 sowie Essner, Das System der »Nürnberger Gesetze«, S. 530 f.
[36] Adam, Judenpolitik, S. 184 f., 196.
[37] Vgl. Essner, Das System der »Nürnberger Gesetze«, S. 421 f.
[38] S. Niederschrift über die »Wannseekonferenz« (20. 1. 1942), in: P. Longerich (Hrsg.), Die Ermordung der europäischen Juden, München 1989, S. 91; Adam, Judenpolitik, S. 323.
[39] Götz Aly, »Endlösung«. Völkerverschiebung und der Mord an den europäischen Juden, Frankfurt/M. 1995, S. 270.
[40] S. Adam, Judenpolitik, S. 329, Anm. 132.
[41] Ebd.
[42] S. die umfassende Analyse bei Essner, Das System der »Nürnberger Gesetze«, S. 518 ff.
[43] Ebd., S. 421.
[44] Max Domarus (Hrsg.), Hitler. Reden und Proklamationen 1932–1945, Bd. I, 2. Halbbd., München 1965, S. 537.
[45] Ebd.

Kapitel 4

1 S. die Darstellung von Heinz Höhne, Die Zeit der Illusionen. Hitler und die Anfänge des Dritten Reiches 1933–1936, Düsseldorf 1991, S. 78 f.
2 Goebbels-Tagebücher T. I, Bd. 2., München 1987, S. 398, Aufzeichnungen vom 26. und 27. März; Höhne, Die Zeit der Illusionen, S. 87 f.
3 Ebd., S. 88.
4 Goebbels-Tagebücher T. I, Bd. 2, München 1987, S. 400, Aufzeichnung vom 31. März 1933; S. Edwin Black, The Transfer Agreement. The Untold Story of the Secret Agreement between the Third Reich and Jewish Palestine, New York 1984, S. 80 ff.; vgl. Ministerbesprechung vom 29. 3. 1933, Nr. 78 sowie vom 31. 3., Nr. 80, S. 276 f., Akten der Reichskanzlei der NSDAP. Die Regierung Hitler 1933–1938, T. I, Bd. 1, Boppard 1983, S. 271 und S. 276 f.
5 Ebd., S. 91 f.; vgl. auch Black, Transfer Agreement, S. 85 ff.
6 Vgl. Adam, Judenpolitik, S. 65 f.
7 Ebd., S. 64.
8 Avraham Barkai, Vom Boykott zur »Entjudung«. Der wirtschaftliche Existenzkampf der Juden im Dritten Reich 1933–1943, Frankfurt 1987, S. 41.

9 Ebd., S. 39.
10 S. Joseph Walk, Das Sonderrecht für Juden im NS-Staat, Karlsruhe 1991, S. 52 f., 55.
11 Höhne, Die Zeit der Illusionen, S. 117.
12 Akten der Reichskanzlei: Die Regierung Hitler, Teil I, Bd. 1, S. 631; vgl. Barkai, Vom Boykott zur »Entjudung«, S. 63.
13 Ebd.
14 S. Albert Fischer, Hjalmar Schacht und Deutschlands Judenfrage. Der »Wirtschaftsdiktator« und die Vertreibung der Juden aus der deutschen Wirtschaft, Köln 1995, sowie Willi A. Boelcke, Die deutsche Wirtschaft 1930–1945, Düsseldorf 1983, S. 10.
15 S. Frank Bajohr, »Arisierung« in Hamburg. Die Verdrängung der jüdischen Unternehmer 1933–1945, Hamburg [2]1988, S. 64; Barkai, Vom Boykott zur »Entjudung«, S. 65 ff.
16 S. Frank Bajohr, Verfolgung aus gesellschaftsgeschichtlicher Perspektive. Die wirtschaftliche Existenzvernichtung der Juden und die deutsche Gesellschaft, in: Geschichte und Gesellschaft 26 (2000), S. 634 f.
17 S. die eindrucksvolle zusammenfassende Schilderung bei Barkai, Vom Boykott zur »Entjudung«, S. 74 ff.
18 Ebd., S. 76 ff.
19 Ebd., S. 71 f.; s. die detaillierte Schilderung bei Friedländer, Das Dritte Reich und die Juden, S. 156 ff.
20 Schreiben Schachts an Frick vom 7. Juli 1938, zit. nach Helmut Genschel, Die Verdrängung der Juden aus der Wirtschaft im Dritten Reich, Göttingen 1966, S. 169.
21 Ebd., S. 105 ff.
22 Barkai, Vom Boykott zur »Entjudung«, S. 71.
23 Ebd.
24 Zit. nach Fischer, Hjalmar Schacht und Deutschlands »Judenfrage«, S. 214.
25 Vgl. Friedländer, Das Dritte Reich und die Juden, S. 197 f.
26 Barkai, Vom Boykott zur »Entjudung«, S. 123 ff.
27 Avraham Barkai, Die deutschen Unternehmen und die Judenpolitik im »Dritten Reich«, in: Ursula Büttner (Hrsg.), Die Deutschen und die Judenverfolgung im Dritten Reich, Hamburg 1992, S. 207–229. Vgl. auch Harold James, Die Deutsche Bank und die »Arisierung«, München 2001, S. 38 f.
28 Frank Bajohr, »Arisierung« als gesellschaftlicher Prozeß. Verhalten, Strategien und Handlungsspielräume jüdischer Eigentümer und »arischer« Erwerber, in: »Arisierung« im Nationalsozialismus (= Jahrbuch zur Geschichte und Wirkung des Holocaust), hrsg. im Auftrag des Fritz Bauer Instituts von Irmtrud Wojak und Peter Hayes, Frankfurt/Main 2000, S. 24 f.

[29] S. Dieter Ziegler, Die Verdrängung der Juden aus der Dresdner Bank 1933–1938, in: VfZ 47 (1999), S. 187–216.

[30] Vgl. Peter Hayes, Big Business and »Arianization« in Germany, 1933–1939, in: Jahrbuch für Antisemitismusforschung 3 (1994), S. 261 f.; vgl. ders. Die »Arisierungen« der Degussa AG. Geschichte und Bilanz, in: »Arisierung« im Nationalsozialismus, S. 89 f.

[31] Avraham Barkai, Die »stillen Teilhaber« des NS-Regimes, in: Lothar Gall/Manfred Pohl (Hrsg.), Unternehmen im Nationalsozialismus, München 1998, S. 117–120.

[32] Bajohr, »Arisierung« als gesellschaftlicher Prozeß, S. 27.

[33] Vgl. die Rede von Rudolf Heß auf dem Reichsparteitag in Nürnberg am 16. 9. 1935 (BA Potsdam NS 26/vorl. 1183).

[34] Höhne, Die Zeit der Illusionen, S. 85.

[35] Genschel, Die Verdrängung der Juden, S. 99 ff.

[36] Vgl. Gerhard Kratzsch, Der Gauwirtschaftsapparat der NSDAP. Menschenführung – »Arisierung« – Wehrwirtschaft im Gau Westfalen-Süd, Münster 1989, S. 150 ff.

[37] Chefbesprechung vom 20. 8. 1935 im RWM (BA, R18/5513).

[38] Schreiben des RMdI an den BVP vom 29. 4. 1938; s. Adam, Judenpolitik, S. 176 und 181 sowie Genschel, Die Verdrängung der Juden, S. 152; Neliba, Der Legalist des Unrechtsstaates, S. 228 f.

[39] Dazu im einzelnen Genschel, Die Verdrängung der Juden, S. 151.

[40] Zitiert nach ebd. S. 157.

[41] Ebd., S. 159.

[42] Dazu im einzelnen Bajohr, »Arisierung« in Hamburg, S. 308 ff.

[43] Genschel, Die Verdrängung der Juden, S. 140 ff.; Bajohr, Vom Boykott zur »Entjudung«, S. 312; vgl. Jörg Wollenberg, Enteignung des »raffenden« durch das »schaffende« Kapital. Zur Arisierung am Beispiel von Nürnberg, in: Ders. (Hrsg.), »Niemand war dabei und keiner hat's gewußt«. Die deutsche Öffentlichkeit und die Judenverfolgung 1933–1945, München 1989, S. 158–187, S. 263–267.

[44] Im einzelnen siehe Genschel, Die Verdrängung der Juden, S. 240 ff.

[45] Bajohr, »Arisierung« in Hamburg, S. 344 f.

[46] S. die Übersicht bei Walk, Sonderrecht, S. 254 ff.

[47] S. Wolf W. Gruner, Der geschlossene Arbeitseinsatz deutscher Juden. Zur Zwangsarbeit als Element der Verfolgung 1938 bis 1943, Berlin 1997.

[48] S. Gerald D. Feldman, Die Allianz und die deutsche Versicherungswirtschaft 1933–1945, München 2001, S. 244 ff. und 262 f.

[49] Susanne Heim / Götz Aly, Staatliche Ordnung und »organische Lösung«. Die Rede Hermann Görings »über die Judenfrage« vom 6. Dezember 1938, in: Jahrbuch für Antisemitismusforschung 2 (1993), S. 400 f., auch S. 391 f.

50 Ebd., S. 383 f.
51 Ebd., S. 384; vgl. Wolf W. Gruner, Die Grundstücke der »Reichsfeinde«. Zur »Arisierung« von Immobilien durch Städte und Gemeinden 1938–1945, in: »Arisierung« im Nationalsozialismus, S. 125–156. Kratzsch, Gauwirtschaftsberater, S. 182 und 184.
52 Longerich, Politik der Vernichtung, S. 216.
53 Genschel, Verdrängung der Juden, S. 196 f.
54 RGBl. I (1940), S. 891.
55 Barkai, Vom Boykott zur »Entjudung«, S. 146.
56 S. Susanne Willems, Stadtmodernisierung, Wohnungsmarkt und Judenverfolgung in Berlin 1938 bis 1943, Diss. Phil. Bochum 1999.
57 S. Bajohr, »Arisierung« in Hamburg, S. 331 ff.; Wolfgang Dreßen, Betrifft: »Aktion 3«. Deutsche verwerten jüdische Nachbarn, Berlin 1998, vor allem S. 45 ff. sowie Dokumentenanhang.
58 Bajohr, Verfolgung aus gesellschaftlicher Perspektive, S. 651.

Kapitel 5

1 S. Hajo Bennet, Sportpolitik im Dritten Reich, Schorndorf 1978; Friedrich Bohlen, Die XI. Olympischen Spiele 1936. Instrument der innen- und außenpolitischen Propaganda und Legitimierung des faschistischen Regimes, Köln 1979.
2 Zu Wilhelm Gustloff s. Adam, Judenpolitik im Dritten Reich, S. 153 f.
3 S. Hans Mommsen, Der nationalsozialistische Polizeistaat und die Judenverfolgung von 1938, in: VfZ 12 (1962), S. 68 ff.
4 Michael Wildt, Die Judenpolitik des SD 1935–1937. Eine Dokumentation (=Schriftenreihe der Vierteljahreshefte für Zeitgeschichte 71), München 1995, S. 99.
5 Dazu Wildt in seiner Einleitung, ebd., S. 21 f. sowie Longerich, Politik der Vernichtung, S. 85 ff.
6 S. Gerhard Botz, Nationalsozialismus in Wien. Machtübernahme und Herrschaftssicherung 1938/39, Buchloe [3]1988.
7 Vgl. Karl Schleunes, The Twisted Road to Auschwitz, Illinois [2]1990, S. 229.
8 S. Hans Safrian, Acceleration of Expropriation and Expulsion: The Impact of the »Vienna Model« on Anti-Jewish Policy in Nazi Germany 1938, in: Holocaust and Genocide Studies, vol. 14, 2000.
9 Vgl. Longerich, Politik der Vernichtung, S. 168 f.
10 Safrian, Acceleration.
11 Barkai, Der wirtschaftliche Existenzkampf der Juden, S. 165.
12 Vgl. Ulf Lükemann, Der Reichschatzmeister der NSDAP. Ein Beitrag zur inneren Parteistruktur, Berlin 1963.
13 Zu Streicher s. Karl Höffkes, Julius Streicher, Gauleiter des Gaues Fran-

ken, in: Ders., Hitlers politische Generale, 2. Aufl. 1997, S. 337–343, S. 193; sowie Helmuth Genschel, Die Verdrängung der Juden aus der Wirtschaft, S. 240 ff.

14 Zit. nach Longerich, Politik der Vernichtung, S. 168.

15 Barkai, Der wirtschaftliche Existenzkampf, S. 158; Genschel, Die Verdrängung der Juden aus der Wirtschaft, S. 247.

16 Longerich, Politik der Vernichtung, S. 174 sowie Wildt, Judenpolitik des SD, S. 55 f.

17 Goebbels, Tagebücher T. I, Bd. 5, S. 355; Goebbels schob nun alle Schuld auf Helldorf, meinte aber, daß »diese Art von Volksjustiz doch auch wieder ihr Gutes gehabt« hätte.

18 Longerich, Politik der Vernichtung, S. 179 f.

19 Ebd., S. 181.

20 Ebd., S. 182.

21 S. ebd., S. 193 f.

22 Ebd., S. 190; Longerich verweist auf die interne SD-Berichterstattung, die das provozierende Verhalten der Juden während der Sudetenkrise als Anlaß für die »antijüdische Kampagne« bezeichnete.

23 Trude Maurer, Abschiebung und Attentat. Die Ausweisung der polnischen Juden und der Vorwand für die »Kristallnacht«, in: Walter H. Pehle (Hrsg.), Der Judenpogrom 1938. Von der »Reichskristallnacht« zum Völkermord, Frankfurt 1988, S. 59 ff.

24 Ebd., S. 67 f.

25 Vgl. die Interpretation bei Hans-Jürgen Döscher, »Reichskristallnacht«. Die Novemberpogrome 1938, München ^{3}2000, S. 168 ff. im Zusammenhang mit dem Abbruch des ursprünglich intendierten Schauprozesses durch das Regime (S. 165 f.). Danach hätten homosexuelle Beziehungen zwischen vom Rath und Grynszpan und die mögliche Erpressung des Diplomaten zur Beschaffung einer Einreisegenehmigung für Grynszpan eine Rolle gespielt.

26 Bericht des Münchner Polizeipräsidenten von Eberstein, abgedr. bei Döscher, »Reichskristallnacht«, S. 93.

27 Ebd., S. 88.

28 Vgl. Dieter Obst, »Reichskristallnacht«. Ursachen und Verlauf des antisemitischen Pogroms vom November 1938, Frankfurt 1991, S. 81. Obst bezweifelt die Interpretation von Hermann Graml, Der 9. November 1938: »Reichskristallnacht«, Bonn 1958, S. 25, wonach eine eindeutige Absprache erfolgt sei. Neuerdings dazu Graml, »Reichskristallnacht«. Antisemitismus und Judenverfolgung im Dritten Reich, München 1988, S. 17 ff.

29 S. Wilhelm Treue (Hrsg.), Rede Hitlers vor der deutschen Presse (10. November 1938), in: VfZ 6 (1958), S. 175–191.

30 Obst, »Reichskristallnacht«, S. 65 ff. Obst hält es für möglich, daß erst diese Vorfälle Goebbels zur Intensivierung der antijüdischen Pressekampagne veranlaßt haben (S. 71).

31 So wurden am 10. November vielfach HJ-Einheiten und Schulklassen zur Teilnahme an den Aktionen aufgehetzt, doch stieß dies allenthalben auf Ablehnung. Vgl. Obst, »Reichskristallnacht«, S. 267 ff.

32 In den NS-Quellen findet sich gelegentlich der Ausdruck »Juden-Aktion«.

33 Vgl. William S. Allen, Die deutsche Öffentlichkeit und die »Reichskristallnacht«: Konflikte zwischen Werthierarchie und Propaganda im Dritten Reich, in: Detlev Peukert/Jürgen Reulecke (Hrsg.), Die Reihen fest geschlossen. Beiträge zur Geschichte des Alltags unterm Nationalsozialismus, Wuppertal 1981, S. 401 ff.

34 Abgedruckt bei Anselm Faust, Die Kristallnacht im Rheinland. Dokumente zum Judenpogrom im November 1938, Düsseldorf 1987, S. 58 ff. Zur Interpretation vgl. Obst, »Reichskristallnacht«, S. 84 f., dort auch die weitere Literatur.

35 Vgl. ebd., S. 82 f.

36 Affidavit Luitpold Schallermeier, International Military Tribunal: Der Prozeß gegen die Hauptkriegsverbrecher vor dem Internationalen Militärgerichtshof, Bd. 42 (1949), S. 512.

37 S. die Nachweise bei Obst, »Reichskristallnacht«, S. 88.

38 Affidavit Schallermeier, S. 512 f., s. Anm. 36.

39 Aussage Göring, IMT Bd. 9, S. 313 f.

40 Goebbels Tagebücher, T. I, Bd. 6, S. 182. Aufzeichnung vom 11. 11. 1938.

41 Zitiert nach Obst, »Reichskristallnacht«, S. 93.

42 Völkischer Beobachter vom 11. November 1938, S. 1; Abdruck des Aufrufs des Reichsministers Goebbels an die Bevölkerung vom 10. 11. bei Faust, Kristallnacht, S. 66.

43 S. Obst, »Reichskristallnacht«, S. 94 f.

44 Goebbels Tagebücher, T. I, Bd. 3, S. 532.

45 Ebd., S. 533.

46 Ebd., S. 536.

47 S. oben S. 96 ff.

48 Schnellbrief Heydrichs an Göring vom 11. November 1938, IMT XXXII, S. 1 f.; Dok. 3058-PS. Abgedruckt bei Faust, Kristallnacht, S. 71.

49 Göring in der Besprechung im Reichsluftfahrtministerium vom 12. November, IMT 1816-PS.

50 Beispiele bei Obst, »Reichskristallnacht«, S. 194 ff.

51 Peter Loewenberg, The Kristallnacht as Public Degradation Ritual, in: Leo Baeck Yearbook 32 (1987), S. 323.

52 S. Obst, »Reichskristallnacht«, S. 243 ff., 175 ff.

[53] Vgl. dazu und zum folgenden die grundlegende Darstellung von Lothar Gruchmann, Justiz im Dritten Reich 1933–1940. Anpassung und Unterwerfung in der Ära Gürtner (= Quellen und Darstellungen zur Zeitgeschichte 28), München 1988, S. 487 ff.

[54] S. das Fernschreiben Heydrichs an die Staatspolizeistellen etc. vom 10. 11. 1938, abgedruckt bei Faust, Kristallnacht im Rheinland, S. 65 f.

[55] Vgl. Longerich, Politik der Vernichtung, S. 200 f.

[56] Dazu gehört auch das Paradox, daß sich für dieses – aus der Sicht der Partei – »Nichtereignis« alsbald die Gegnerbezeichnung »Reichskristallnacht« durchsetzte.

[57] Übersicht bei Walk, Ausnahmerecht gegen Juden, S. 254 ff.

[58] Vgl. unten S. 93 sowie Yehuda Bauer, Freikauf von Juden, Frankfurt/M. ²1996, S. 52 ff.

[59] So Longerich, Politik der Vernichtung, S. 202.

[60] Ebd., S. 204.; vgl. Kershaw, Public Opinion, S. 260 ff.

[61] Das räumt auch Longerich, Politik der Vernichtung, S. 206 ein.

Kapitel 6

1 S. 1816-PS, IMT XVIII, S. 499 ff.

2 ›Schwarzes Korps‹, 24. 11. 1938; vgl. Longerich, Politik der Vernichtung, S. 220.

3 Domarus, Hitler. Reden und Proklamationen 1932–1945, Bd. II/1, S. 1058. Eine ähnliche Äußerung findet sich 1931: »Sollte es trotz unseres gerechten Vorgehens zu kriegerischen Auseinandersetzungen kommen, weil das Weltjudentum das Rad der Geschichte zurückdrehen möchte, dann wird es von diesem Rad zermalmt«; s. John Lukacs, Hitler. Geschichte und Geschichtsschreibung, München 1997, S. 109. Vgl. Hans Mommsen, Hitler's Reichstag Speech of 30 January 1939, in: History & Memory, Vol. 9 (1997), S. 147–161.

4 Vgl. dazu im einzelnen H. G. Adler, Der verwaltete Mensch. Studien zur Deportation der Juden aus Deutschland, Tübingen 1974, S. 9 ff.; Ralph Weingarten, Die Hilfeleistung der westlichen Welt bei der Endlösung der deutschen Judenfrage. Das »Intergovernmental Committee on Political Refugees« (IGC) 1938–1939, Bern-Frankfurt 1981, S. 124 ff. Vgl. ferner Magnus Brechtken, »Madagaskar für die Juden«. Antisemitische Idee und politische Praxis 1885–1945, München 1998, S. 193 f.

5 S. Schreiben Keitels an StdF vom 27. 9. 1938, in: IMG XXV, S. 484 f. sowie Sopade-Berichte, Bd. V (1938), S. 1062–1071.

6 Herbert A. Strauss, Jewish Emigration from Germany. Nazi Policies and Jewish Responses, Part I, in: Leo Baeck Year Book XXV (1980), S. 326.

7 Christopher R. Browning, Referat Deutschland. Jewish Policy and the

German Foreign Office (1933–1940), in: Yad Vashem Studies XII (1978), S. 37–77.

8 S. Aufzeichnung von Clodius, Ha.Pol., vom 27.1.1938, in: ADAP, Serie D, Bd. V, Nr. 579, S. 659 ff. sowie Randvermerk von Weizsäcker.

9 Vgl. David Yisraeli, The Third Reich and the Transfer Agreement, in: Journal for Central European History 6 (1971), S. 142; Werner Feilchenfeld/Dolf Michaelis/Ludwig Pinner, Havaara-Transfer nach Palästina und Einwanderung deutscher Juden 1933–1939, Tübingen 1972, S. 79 ff.

10 ADAP, Serie D., Bd.V, Nr. 654 f., S. 767 ff. und 774 ff. sowie Weingarten, Hilfeleistung, S. 132 ff.

11 S. ebd., S. 139 f. sowie Rolf Vogel, Ein Stempel hat gefehlt. Dokumente zur Emigration deutscher Juden, München 1977, S. 234 ff.

12 NG-2586; vgl. Helmut Krausnick, Judenverfolgung, in: Hans Buchheim/ Martin Broszat / Hans-Adolf Jacobsen / Helmut Krausnick, Anatomie des SS-Staates, München [7]2000, S. 594 f.

13 ADAP, Serie D, Bd. V, Nr. 665, S. 786 ff.

14 Vgl. Adam, Judenpolitik, S. 230 ff. Die Errichtung der Reichszentrale ging auf einen Vorschlag Heydrichs vom 15.11.1938 zurück; vgl. Vogel, Ein Stempel, Nr. 90, S. 290.

15 Vgl. Karl Schleunes, The Twisted Road, S. 184 ff.

16 Bruno Blau, Das Ausnahmerecht für die Juden in Deutschland 1933–1945, Düsseldorf 1954, S. 9 f.

17 S. Irmtrud Wojak, Eichmanns Memoiren. Ein kritischer Essay, Frankfurt/M. 2001, S. 116 f.

18 Martin Broszat, Soziale Motivation und Führer-Bindung des Nationalsozialismus, S. 28.

19 S. Rolf Gruner, Der geschlossene Arbeitseinsatz deutscher Juden. Zur Zwangsarbeit als Element der Verfolgung 1938–1943, Berlin 1997 sowie Dieter Maier, Arbeitseinsatz und Deportation. Die Mitwirkung der Arbeitsverwaltung bei der nationalsozialistischen Judenverfolgung 1938–1945, Berlin 1994.

20 Victor Klemperer, Ich will Zeugnis ablegen bis zum letzten. Tagebücher 1933–1941, Berlin [2]1995.

21 Abgedruckt bei Werner Röhr (Hrsg.), Die faschistische Okkupationspolitik in Polen (1939–1945), Köln 1989, S. 120 ff. sowie PS-3363.

22 PS-2852, IMT XXXI, S. 230; vgl. Longerich, Politik der Vernichtung, S. 252 f.

23 Zitiert nach ebd., S. 254 f.

24 Das politische Tagebuch Alfred Rosenbergs aus den Jahren 1934/1935 und 1939/49, hrsg. von Hans-Günther Seraphim, Göttingen 1956, S. 81. Vgl. Longerich, Politik der Vernichtung, S. 255.

25 S. Helmut Krausnick/Hans-Heinrich Wilhelm, Die Truppe des Weltan-

schauungskrieges. Die Einsatzgruppen der Sicherheitspolizei und des SD 1938–1942, Stuttgart 1981, S. 70.

26 S. die Schilderung bei Hans Safrian, Eichmann und seine Gehilfen, Wien 1993, S. 73 f.

27 Ebd., S. 78 ff.

28 S. die entsprechenden Äußerungen Hitlers vom 1. 10. 1939 gegenüber Keitel (PS-864, IMT XXVI, S. 377 f.).

29 S. Longerich, Politik der Vernichtung, S. 260 f.

30 S. Adler, Der verwaltete Mensch, S. 128; vgl. Wojak, Eichmanns Memoiren, S. 108 f.; Michael Wildt, Radikalisierung und Selbstradikalisierung. Die Geburt des Reichssicherheitshauptamts aus dem Geist des völkischen Massenmords, in: Paul/Mallmann, Die Gestapo im Zweiten Weltkrieg, S. 25 f.

31 Vgl. Wojak, Eichmanns Memoiren, S. 115 ff.

32 Aly, Völkerverschiebung, S. 114 ff.

33 Ebd., S. 125.

34 S. Röhr, Die faschistische Okkupationspolitik, S. 135 f.

35 NO-5586; vgl. dazu im einzelnen Aly, Völkerverschiebung, S. 4 ff.; s. auch Adler, Der verwaltete Mensch, S. 109 f.

36 Aly, Völkerverschiebung, S. 70 f.

37 S. ebd., S. 130.

38 Ebd, S. 67; vgl. Röhr, Faschistische Okkupationspolitik, S. 154 ff.

39 Aly, Völkerverschiebung, S. 97 f.; Longerich, Politik der Vernichtung, S. 267.

40 Vgl. Longerich, Politik der Vernichtung, S. 268 f.

41 Hans Jansen, Der Madagaskar-Plan. Die beabsichtigte Deportation der deutschen Juden nach Madagaskar, München 1997, S. 327.

42 Schreiben Danneckers an Rademacher vom 15. 8. 1940, abgedruckt ebd., S. 341 f.; s. Aly, Völkerverschiebung, S. 132.

43 Ebd., S. 198.

44 Aufzeichnung Hewels in ADAP, Serie D, Bd. VIII, S. 714 ff. ; vgl. Aly, Völkerverschiebung, S. 114.

45 S. Jansen, Madagaskar-Plan, S. 320 f.; die Hypothese Jansens, Himmlers Denkschrift »über die Behandlung der Fremdvölkischen im Osten« hätte bereits Madagaskar im Auge gehabt, ist nicht zwingend (ebd., S. 317); vgl. ferner Magnus Brechtken, »Madagaskar für die Juden«. Antisemitische Idee und politische Praxis 1885–1945, München 1998, S. 228 ff.

46 Ebd., S. 273 ff.

47 Vgl. Leni Yahil, Madagascar. Phantom of the Solution for the Jewish Question, in: Bela Vago/George L. Mosse (Hrsg.), Jews and non-Jews in Eastern Europe 1918–1945, New York 1974, S. 315–374; s. a. Richard Breitman, Architekt der »Endlösung«, S. 191 f.

48 Aly, Völkerverschiebung, S. 134.

[49] Jansen, Madagaskar-Plan, S. 340 ff.
[50] Brechtken, »Madagaskar für die Juden«, S. 234 f.
[51] Jansen, Madagaskar-Plan, S. 326 f.; Andreas Hillgruber (Hrsg.), Staatsmänner und Diplomaten bei Hitler, Frankfurt/M. 1967, S. 534 f.
[52] Goebbels, Tagebücher Bd. I/4, Aufzeichnung vom 17. 8. 1940, S. 284.
[53] Longerich, Politik der Vernichtung, S. 282 f.
[54] Das Diensttagebuch des Deutschen Generalgouverneurs, S. 252.
[55] Jansen, Madagaskar-Plan, S. 360 ff. ; der späteren Aufzeichnung von Engel zufolge erwähnte Hitler den Madagaskar-Plan am 2. Februar 1941 in einer Unterredung mit Keitel, Bormann, Hewel, Ley und Speer (Heeresadjutant bei Hitler 1938–1943. Die Aufzeichnungen des Majors Engel, hrsg. von Hildegard von Kotze, Stuttgart 1974, S. 94 f.).
[56] Zit. nach Brechtken, »Madagaskar für die Juden«, S. 279; vgl. auch Rademacher an Woermann vom 24.2., ebd., S. 280.
[57] S. Gerhard Eisenblätter, Grundlinien der Politik des Reichs gegenüber dem Generalgouvernement 1939–1945, Diss. phil. Frankfurt/M. 1969, S. 187 f.
[58] Ebd., S. 192 f.
[59] Aly, Völkerverschiebung, S. 269; vgl. Jansen, Madagaskar-Plan, S. 383 f.
[60] Aly, Völkerverschiebung, S. 271 f.; Jansen, Madagaskar-Plan, S. 384.

Kapitel 7

[1] S. Karl Heinz Roth, »Generalplan Ost« – »Gesamtplan Ost«. Forschungsstand, Quellenprobleme, neue Ergebnisse, in: Mechthild Rössler/Sabine Schleichermacher (Hrsg.), Der »Generalplan Ost«. Hauptlinien der nationalsozialistischen Planungs- und Vernichtungspolitik, Berlin 1993, S. 59 f.
[2] Ein Überblick bei Klaus-Michael Mallmann, Menschenjagd und Massenmord. Das neue Instrument der Einsatzgruppen und Kommandos 1938–1945, in: Gerhard Paul und ders. (Hrsg.), Die Gestapo im Zweiten Weltkrieg. Heimatfront und besetztes Europa, Darmstadt 2000, S. 295 ff.
[3] Vgl. Gerhard Eisenblätter, Grundlinien, S. 31 ff.; Krausnick/Wilhelm, Die Truppe des Weltanschauungskrieges, S. 80 ff.
[4] Richtlinien auf Sondergebieten zur Weisung Nr. 21 vom 13. 3. 1941, abgedr. in: Buchheim u.a. (Hrsg.), Anatomie des SS-Staates, S. 478 ff.
[5] Ebd., S. 479.
[6] Generaloberst Halder, Kriegstagebuch Bd. II, bearb. von H. A. Jacobsen, Stuttgart 1963, S. 337.
[7] S. Peter Steinkamp, Die Haltung der Hitlergegner Wilhelm Ritter von Leeb und Generaloberst Erich Hoepner zur verbrecherischen Kriegsführung bei der Heeresgruppe Nord in der Sowjetunion 1941, in: Gerd R. Ueberschär (Hrsg.), NS-Verbrechen und der militärische Widerstand gegen Hitler, Darmstadt 2000, S. 47–61; der Befehl Hoepners ebd., S. 62.

[8] Abgedruckt in: Buchheim u. a. (Hrsg,), Anatomie des SS-Staates, S. 493 ff.
[9] S. Mallmann, Menschenjagd und Massenmord, S. 303.
[10] S. die Analyse von Mallmann, Die Türöffner der »Endlösung«, in: Paul/Mallmann (Hrsg.), Die Gestapo im Zweiten Weltkrieg, S. 455 ff.
[11] S. Jürgen Matthäus, Ausbildungsziel Judenmord? Zum Stellenwert der »weltanschaulichen Erziehung« von SS und Polizei im Rahmen der »Endlösung«, in: ZfG 47 (1999), S. 667–699. Konrad Kwiet, Erziehung zum Mord. Zwei Beispiele zur Kontinuität der deutschen »Endlösung der Judenfrage«, in: Michael Grüttner/Rüdiger Hachtmann/Heinz-Gerhard Haupt (Hrsg.), Geschichte und Emanzipation. Festschrift für Reinhard Rürup, Frankfurt/M.1999, S. 435–457.
[12] Mallmann, Türöffner, S. 460 f.
[13] S. Longerich, Politik der Vernichtung, S. 304 f.
[14] Mallmann, Türöffner, S. 450.
[15] Ders., Menschenjagd und Massenmord, S. 310 ff.
[16] Ebd., S. 310 f.
[17] Christopher R. Browning, Der Weg zur »Endlösung«. Entscheidungen und Täter, Bonn 1998, S. 87 f.
[18] Longerich, Politik der Vernichtung, S. 306 ff.
[19] Mallmann, Türöffner, S. 43 ff; vgl. Ralf Ogorreck, Die Einsatzgruppen und die »Genesis der Endlösung«, Berlin 1996, S. 47 f.
[20] Ebd., S. 314 ff.
[21] Longerich, Vernichtungspolitik, S. 315.
[22] S. ebd., S. 319 f.; Mallmann, Türöffner, S. 438 ff.; Browning, Der Weg zur »Endlösung«, S. 86 f.; Alfred Streim, Zur Eröffnung des allgemeinen Judenvernichtungsbefehls gegenüber den Einsatzgruppen, in: Eberhard Jäckel/Jürgen Rohwer (Hrsg.), Der Mord an den Juden im Zweiten Weltkrieg, Stuttgart 1985, S. 107–119.
[23] S. Hannes Heer, Die Logik des Vernichtungskrieges. Wehrmacht und Partisanenkampf, in: Ders./Klaus Naumann (Hrsg.), Vernichtungskrieg. Verbrechen der Wehrmacht 1941–1944, Hamburg 1995, S. 104–138; s.a. Matthew Cooper, The Phantom War. The German Struggle Against Soviet Partisans 1941–1944, London 1979, S. 17 ff.
[24] Mallmann, Türöffner, S. 447.
[25] Browning, Der Weg zur »Endlösung«, S. 88 f.; allerdings weist Christian Gerlach, Die Einsatzgruppe B, in: Peter Klein (Hrsg.), Die Einsatzgruppen in der besetzten Sowjetunion 1941/42. Die Tätigkeits- und Lageberichte des Chefs der Sicherheitspolizei und des SD, Berlin 1997, S. 57 darauf hin, daß diese Angabe so nicht zutreffen kann, da Nebe nach dem 15. August, dem Zusammentreffen mit Himmler, von rückläufigen Liquidierungsziffern berichtete.
[26] S. ebd., S. 90. Abdruck des Schreibens von Stahlecker vom 6. 8. 1941 bei

Hans Mommsen/Susanne Willems (Hrsg.), Herrschaftsalltag im Dritten Reich, Düsseldorf 1988, S. 467 ff.

27 Vgl. Browning, Der Weg zur »Endlösung«, S. 110. Browning spricht von einer »cover story«.

28 Longerich, Politik der Vernichtung, S. 396.

29 Zit. nach Wolfgang Benz/Konrad Kwiet/Jürgen Matthäus (Hrsg.), Einsatz im »Reichskommissariat Ostland«. Dokumente zum Völkermord im Baltikum und Weißrußland 1941–1944, Berlin 1998, S. 46 ff.; vgl. Browning, Der Weg zur »Endlösung«, S. 85 f.

30 S. Browning, S. 86 f. und 95; Browning bezieht sich auf Hitlers Äußerungen in einer Besprechung mit Göring, Lammers und Rosenberg vom 16. Juli 1941 über die ostpolitischen Ziele (IMG XXXIIX, S. 86–94); vgl. Breitman, Der Architekt der »Endlösung«, S. 262 ff.; Philippe Burrin, Hitler und die Juden. Die Entscheidung für den Völkermord, Frankfurt/M. 2000, S. 142 ff.

31 Christoph Dieckmann, Der Krieg und die Ermordung der litauischen Juden, in: Ulrich Herbert (Hrsg.), Nationalsozialistische Vernichtungspolitik 1939–1945, Frankfurt/M. 1998, S. 326 f.

32 Aktenvermerk vom 16. Juli 1941, IMT 38, S. 86–92.

33 OKH, Ergänzung zur Weisung 33 vom 23. 7. 41, IMT 34, S. 259.

34 S. Ian Kershaw, Hitler 1936–1945, München 2000, S. 638 f.; Browning, Der Weg zur »Endlösung«, S. 86 f. sowie Michael Burleigh, Die Zeit des Nationalsozialismus, Frankfurt/M. 2000, S. 707 f.

35 S. Longerich, Politik der Vernichtung, S. 568.

36 Ebd., S. 371.

37 Vgl. Klaus-Michael Mallmann, Der qualitative Sprung im Vernichtungsprozeß. Das Massaker von Kamenetz-Podolsk Ende August 1944, in: Jahrbuch für Antisemitismusforschung 10 (2001), S. 239–264.

38 Ebd., S. 378.

39 Helmuth Groscurth, Tagebücher eines Abwehroffiziers 1938–1940, hrsg. von Helmut Krausnick und Harold Deutsch, Stuttgart 1970, S. 534 ff.; vgl. Christian Streit, Angehörige des militärischen Widerstands und der Genozid an den Juden im Südabschnitt der Ostfront, in: Gerd R. Ueberschär, NS-Verbrechen und der militärische Widerstand gegen Hitler, Darmstadt 2000, S. 96 ff.

40 So Longerich, Politik der Vernichtung, S. 417.

41 Ebd., S. 407.

42 S. Breitman, Architekt der »Endlösung«, S. 280 ff.; Raul Hilberg, Die Vernichtung der europäischen Juden. Die Gesamtgeschichte des Holocaust, Berlin 1982, S. 236.

43 Ebd. S. 237 f.

44 S. Ulrich Herbert, Vernichtungspolitik. Neue Antworten und Fragen

zur Geschichte des Holocaust, in: Ders (Hrsg.), Vernichtungspolitik, S. 59 f.

[45] S. die Darstellung von Thomas Sandkühler, »Endlösung« in Galizien. Der Judenmord in Ostpolen und die Rettungsinitiativen von Berthold Beitz 1941–1944, Bonn 1996, S. 388 ff.

[46] Vgl. vor allem Ulrich Herbert, Neue Antworten und Fragen, S. 56.

Kapitel 8

[1] Thomas Sandkühler, »Endlösung« in Galizien, S. 110 f.

[2] Vgl. ebd., S. 66 f.

[3] Diensttagebuch, S. 413.

[4] Im einzelnen s. Bogdan Musial, Die deutsche Zivilverwaltung und Judenverfolgung im Generalgouvernement. Eine Fallstudie zum Distrikt Lublin 1939–1944, Wiesbaden 1999, S. 124 ff.

[5] S. ebd., S. 146 ff.

[6] Ebd., S. 159 f.; Sandkühler, »Endlösung« in Galizien, S. 155 ff.

[7] Vgl. ebd., S. 123 f.

[8] Ebd., S. 126 f.

[9] Pohl, Nationalsozialistische Judenverfolgung, S. 150 ff.

[10] Ebd., S. 151.

[11] S. Richard Breitman, Architekt der »Endlösung«, S. 264 ff.

[12] S. Karl Heinz Roth, »Generalplan Ost« – »Gesamtplan Ost«. Forschungsstand, Quellenprobleme, neue Ergebnisse, in: Mechthild Rössler u. a. (Hrsg.), Der »Generalplan Ost«. Hauptlinien der nationalsozialistischen Planungs- und Vernichtungspolitik, Berlin 1993, S. 60 f.

[13] S. Jan Erik Schulte, Zwangsarbeit und Vernichtung, Das Wirtschaftsimperium der SS. Oswald Pohl und das SS-Wirtschafts- und Verwaltungshauptamt, Paderborn 2001, S. 263 ff.

[14] Sandkühler, »Endlösung« in Galizien, S. 142.

[15] Ebd., S. 148.

[16] Ebd., S. 142.

[17] Pohl, Nationalsozialistische Judenverfolgung, S. 355

[18] Sandkühler, »Endlösung« in Galizien, S. 181 ff.; s. auch Pohl, Nationalsozialistische Judenverfolgung, S. 170 f.

[19] Ebd., S. 338.

[20] Sandkühler, »Endlösung« in Galizien, S. 144 ff.

[21] Zit. nach ebd., S. 134.

[22] Ebd., S. 137 f.

[23] Zit. nach Musial, Deutsche Zivilverwaltung, S. 203 f.

[24] Dienstkalender, S. 233; vgl. Peter Witte, Zwei Entscheidungen in der ›Endlösung der Judenfrage‹. Deportationen nach Lodz und Vernichtung in Chelmno, in: Theresienstädter Studien und Dokumente, Prag 1995, S. 61.

Der von Musial, Deutsche Zivilverwaltung, S. 205 postulierte Zusammenhang mit Hitlers angeblichem Befehl zur Implementierung der europäischen »Endlösung« ist wenig wahrscheinlich.

25 Die Vermutung, daß die Aktion ursprünglich nach Staatssekretär Fritz Reinhardt im Reichsfinanzministerium benannt worden sei, für die der Umstand spricht, daß Heydrich nicht befaßt war, muß offen bleiben. S. Hermann Weiß, Offener Brief an Wolfgang Benz wegen Reinhard(t), in: Hermann Graml u. a. (Hrsg.), Vorurteil und Rassenhaß. Antisemitismus in den faschistischen Bewegungen Europas. Festschrift für Wolfgang Benz, Berlin 2001, S. 443–450; sowie Bertrand Perz/Thomas Sandkühler, Auschwitz und die »Aktion Reinhard« 1942–45, in: Zeitgeschichte 26 (1999), S. 283–316.

26 Musial, Deutsche Zivilverwaltung, S. 196 f.; Musial vertritt die Auffassung, daß die in der Besprechung erörterte Abschiebung einiger Tausend Juden »über den Bug« eine Tarnvokabel für die physische Vernichtung darstellte. Vgl. Longerich, Politik der Vernichtung, S. 453.

27 Ebd., S. 455; Irmtrud Wojak, Eichmanns Memoiren, Frankfurt/M. 2001, S. 181 ff. Diese grundlegende Studie, die auf einer sorgfältigen Auswertung der Niederschriften Eichmanns und vor allem der auf Tonbändern vorliegenden Teile der Sassen-Interviews beruht, korrigiert das bislang vorherrschende Eichmann-Bild in weitem Umfang.

28 So Longerich, Politik der Vernichtung, S. 455.

29 Ebd., S. 182 und 456.

30 S. H.-G. Adler, Theresienstadt 1941–1945. Das Antlitz einer Zwangsgemeinschaft, Tübingen [2]1960, S. 172 ff.

31 Im einzelnen Christopher Browning, Die nationalsozialistische Ghettoisierungspolitik in Polen 1939–1941, in: Ders., Der Weg zur »Endlösung«, S. 50 ff.

32 S. Hitlers Politisches Testament, abgedruckt bei Domarus, Hitler, Reden und Proklamationen, Bd. II/2, S. 2237.

33 Abgedruckt bei Longerich, Die Ermordung der europäischen Juden, S. 74 f.

34 Goebbels Tagebücher, Teil II, Diktate 1941–1945, Bd. 1, Juli-September 1941, München 1996, Eintragung vom 19. 8. 1941, S. 266.

35 Abgedruckt bei Longerich, Die Ermordung der europäischen Juden, S. 157; vgl. ebd., S. 430.

36 Goebbels Tagebücher, Teil II, Bd. 1, Eintragung vom 24. 9. 1941, S. 480 f.

37 Himmler an Greiser vom 18. 9. 1941, in: Longerich, Die Ermordung der europäischen Juden, S. 54.

38 Zit. nach Longerich, Vernichtungspolitik, S. 431; vgl. Christian Gerlach, Krieg, Ernährung, Völkermord. Forschungen zur deutschen Vernichtungspolitik im Zweiten Weltkrieg, Hamburg 1998, S. 121 ff.

39 S. Browning, Der Weg zur »Endlösung«, S. 120 ff.
40 S. Wojak, Eichmanns Memoiren, S. 170 ff.
41 S. Buchheim u. a. (Hrsg.), Anatomie des SS-Staates, Bd. 2, S. 235 ff.; s. Sandkühler, »Endlösung« in Galizien, S. 135 f.
42 S. Aly, »Endlösung«, S. 342 ff.; Christian Gerlach, The Failure of the Plan for an SS-Extermination Camp in Mogilev, Belorussia, in: Holocaust and Genocide Studies 11 (1997), H. 1, S. 60–78.
43 Longerich, Politik der Vernichtung, S. 452; Schreiben Greisers vom 1. Mai 1942, abgedruckt in: Longerich (Hrsg.), Die Ermordung der europäischen Juden, S. 194 f.
44 Longerich, Politik der Vernichtung, S. 463.
45 Dienstkalender, S. 277; vgl. Gerald Fleming, Hitler und die Endlösung, Frankfurt 1987, S. 88 f.
46 Vgl. zu den Vorgängen Gerlach, Krieg, Ernährung, Judenmord, S. 94 ff.
47 Vgl. Peter Klein, Die Erlaubnis zum grenzenlosen Massenmord – Das Schicksal der Berliner Juden und die Rolle der Einsatzgruppen, in: Rolf-Dieter Müller und Hans-Erich Volkmann (Hrsg.), Die Wehrmacht. Mythos und Realität, München 1999, S. 923 ff. Die Nachricht von den Morden in Riga nahm der Pressereferent im RmdI, Lösener, zum Anlaß, um seine Versetzung nachzusuchen, da er sich persönlich nicht zum Henker machen wolle (Vermerk vom 26. 12. 1941; abgedruckt bei Lenz, Handakten, S. 698).
48 Goebbels Tagebücher, Teil I, Bd. 3, S. 561; vgl. Musial, Deutsche Zivilverwaltung, S. 231.
49 Gerlach, Krieg, Ernährung, Völkermord, S. 99 ff.
50 D. Scheffler/W. Scheffler, Theresienstadt – eine tödliche Täuschung, Berlin 1992.
51 Longerich, Politik der Vernichtung, S. 464.
52 S. unten S. 160 ff.
53 Die Rede Heydrichs vom 4. 2. 1942 in Prag, abgedruckt bei Miroslav Kárný u. a. (Hrsg.), Protectorátní politika Reinharda Heydricha, Praha 1991, Dok. Nr. 61, S. 212–224.
54 Sandkühler, »Endlösung« in Galizien, S. 173.
55 S. oben, S. 8 f.
56 Breitman, Architekt der »Endlösung«, S. 325 ff.
57 Abgedruckt bei Longerich, Die Ermordung der europäischen Juden, S. 201 f.; vgl. Sandkühler, »Endlösung« der Judenfrage, S. 177.
58 Vgl. Musial, Deutsche Zivilverwaltung, S. 276 f.
59 S. die zusammenfassende Studie von Dieter Pohl, Die Ermordung der Juden im Generalgouvernement, in: Herbert, Nationalsozialistische Vernichtungspolitik, S. 105 ff.
60 Musial, Die deutsche Zivilverwaltung, S. 309 ff.

61 Breitman, Der Architekt der »Endlösung«, S. 19 ff.
62 Pohl, Die Ermordung, S. 106.
63 Zum Vorstehenden s. Bogdan Musial, Die Judenvernichtung und die Zivilverwaltung im Generalgouvernement, S. 325 ff.
64 S. die vorzügliche Analyse von Dieter Pohl, Schauplatz Ukraine: Der Massenmord an den Juden im Militärverwaltungsgebiet und im Reichskommissariat 1941–1943, in: Norbert Frei / Sybille Steinbacher/Bernd C. Wagner (Hrsg.), Ausbeutung, Vernichtung, Öffentlichkeit. Neue Studien zur nationalsozialistischen Lagerpolitik, München 2000, S. 135–144.
65 S. Christian Gerlach, Deutsche Wirtschaftsinteressen, Besatzungspolitik und der Mord an den Juden in Weißrußland, 1941–1943, in: Herbert, Nationalsozialistische Vernichtungspolitik, S. 263–290.
66 Zit. nach Augenzeugenberichte zu den Massenvergasungen. Der Gersteinbericht, in: VfZ 1 (1953), S. 189; vgl. Musial, Deutsche Zivilverwaltung, S. 234 f.
67 Pohl, Nationalsozialistische Judenverfolgung, S. 427 f.
68 Götz Aly/Susanne Heim, Vordenker der Vernichtung. Auschwitz und die deutschen Pläne für eine neue europäische Ordnung, Hamburg 1991, S. 188 f. sprechen vom »Lebensgefühl des Herrenmenschentums«, das sich im Osten herausgebildet habe.
69 S. Pohl, Die Ermordung der Juden im Generalgouvernement, S. 108 f.
70 Ebd., S. 109 f. sowie Sandkühler, »Endlösung« der Judenfrage, S. 414 ff.
71 Vgl. die eindrucksvolle Skizze der Bedingungen jüdischen Widerstands bei Yehuda Bauer, Die dunkle Seite der Geschichte. Die Shoah in historischer Sicht, Frankfurt 2001, S. 153 ff.
72 S. demnächst auch die Untersuchung von Wendy Lower (Washington) über die deutsche Besatzungspolitik in der Ukraine.
73 Vgl. Jehuda Bauer, Der unbewaffnete jüdische Widerstand gegen die NS-Herrschaft in Osteuropa, in: Graml, Vorurteil, Rassenhaß, Antisemitismus, S. 331–346.
74 Vgl. Pohl, Nationalsozialistische Judenverfolgung, S. 405 und 408; Sandkühler, Judenpolitik und Judenmord im Distrikt Galizien, in: Herbert, Nationalsozialistische Vernichtungspolitik, S. 146 f.

Kapitel 9
1 S. Longerich, Die Ermordung der europäischen Juden, S. 78.
2 Ebd., S. 78
3 S. Gerlach, Krieg, Ernährung, Völkermord, S. 112. Er schreibt die Statistik Eichmann zu.
4 Vgl. Wojak, Eichmanns Memoiren, S. 167 ff.; Hans Safrian, Eichmann und seine Gehilfen, S. 112, 119 ff.
5 Zit. nach Burrin, Hitler und die Juden, S. 138.

6 Goebbels Tagebücher, T. II, Bd. 1, S. 480 f.; die Rede Heydrichs in Kárný, Protektorátní politika Reinharda Heydricha, S. 220; s. Aly, »Endlösung«, S. 274.

7 Typisch dafür war die Stellungnahme Franks vom 16. 12. 1941, Diensttagebuch, S. 458: »außergewöhnlich schädliche Fresser«.

8 Ebd., S. 120 f.

9 Musial, Deutsche Zivilverwaltung, S. 204 f. sowie S. 198.

10 Vgl. Pohl, Die Ermordung der Juden, S. 113 f.

11 S. die Positionen von Fleming, Breitman, Browning etc.; s. den Überblick bei Christopher Browning, Der Weg zur »Endlösung«, S. 70 ff.

12 So argumentiert Gerlach, Krieg, Ernährung, Völkermord, S. 156 f., gelangt aber dann auf S. 162 f. zu einer konträren Schlußfolgerung.

13 Goebbels Tagebücher, Teil II, Bd. 2, Oktober-Dezember 1941, Eintragung vom 13. 12. 1941, S. 498 f. Die »Judenfrage« spielte in dieser Rede, in der die militärische Lage im Mittelpunkt stand, eine untergeordnete Rolle.

14 S. Martin Moll, Steuerungsinstrument im Ämterchaos? Die Tagungen der Reichs- und Gauleiter der NSDAP, in: VfZ 49 (2001), S. 239 ff.

15 S. Gerlach, Krieg, Ernährung, Völkermord, S. 117 f.; ders., The Wannsee Conference, the Fate of German Jews, and Hitler's Decision in principle to exterminate all European Jews, in: Journal of Modern History 70 (1998), S. 759–812 sowie Die Wannsee-Konferenz und das Schicksal der deutschen Juden, in: Werkstatt Geschichte 6 (1997), H. 18, S. 7–44. Es ist problematisch, von späteren Äußerungen zurückzuschließen, wie es Gerlach in Krieg, Ernährung, Völkermord, Anm. 118 und 122, tut.

16 Abgedruckt bei Hans-Heinrich Wilhelm, Rassenpolitik und Kriegsführung, Passau 1991, S. 131 f.

17 Vgl. Adolf Hitler. Monologe im Führerhauptquartier 1941–1944. Die Aufzeichnungen Heinrich Heims, hrsg. von Werner Jochmann, Hamburg 1980, S. 90 f.

18 S. Dieter Rebentisch, Führerstaat und Verwaltung im Zweiten Weltkrieg, Wiesbaden 1989, S. 374 f.; s. Kurt Pätzold/E.Schwarz, Tagesordnung Judenmord. Die Wannsee-Konferenz am 20. Januar 1942, Berlin 1992, S. 38 ff.; Mark Roseman, Die Wannsee-Konferenz. Wie die NS-Bürokratie den Holocaust organisierte, Berlin 2002, S. 95 ff.

19 S. Bernhard Lösener, Rassenreferent im Dritten Reich, in: Walter Strauß (Hrsg.), Das Reichsministerium des Innern und die Judengesetzgebung, in: VfZ 9 (1961), S. 297 ff.; s. auch Beate Mayer, »Jüdische Mischlinge«. Rassenpolitik und Verfolgungserfahrung 1939–1945, Hamburg 1999, S. 97 ff.

20 Adam, Judenpolitik im Dritten Reich, S. 322 ff.; übrigens war auch Reichsjustizminister Schlegelberger ein erklärter Gegner gesetzlicher Eingriffe in die Mischehen; s. ebd., S. 324 f.; vgl. Roseman, Die Wannsee-Konferenz,

S. 139 ff.; über die fortgesetzten Bemühungen der Parteikanzlei, Mischlinge und Halbjuden in die Vernichtung einzubeziehen s. zusammenfassend Peter Longerich, Hitlers Stellvertreter. Führung der Partei und Kontrolle des Staatsapparates durch den Stab Heß und die Parteikanzlei Bormann, München 1992, S. 223 ff.

21 S. Gerlach, Krieg, Ernährung, Völkermord, S. 139.

22 Longerich, Die Ermordung der europäischen Juden, S. 85 f.

23 Ebd., S. 87.

24 S. Goebbels Tagebücher, Teil II, Bd. 2, Eintragung vom 18. 12. 1941, S. 534: »Die Juden sollen alle nach dem Osten abgeschoben werden. Was dort aus ihnen wird, kann uns nicht sehr interessieren.«

25 Zit. nach Gerlach, Krieg, Ernährung, Völkermord, S. 142.

26 S. ebd., S. 143, Anm. 189 und 190 sowie Pätzold/Schwarz, Tagesordnung, S. 79.

27 Longerich, Die Ermordung der europäischen Juden, S. 91 f.

28 S. Götz Aly/Karl Heinz Roth, Die restlose Erfassung, Berlin 1984, S. 23 ff; Jutta Wietog, Volkszählungen unter dem Nationalsozialismus, S. 230 ff.; Breitmann, Architekt der »Endlösung«, S. 342 f.

29 S. Ansprache Hitlers vor Generalen und Offizieren vom 26. Mai 1944 im Platterhof, in: Militärgeschichtliche Mitteilungen 2 (1986), S. 141–161.

30 Vgl. Mommsen, Hitler's Reichstag Speech of 30 January 1939, S. 147–161.

31 Diensttagebuch Hans Frank, S. 583; vgl. Albert Speer, Der Sklavenstaat. Meine Auseinandersetzungen mit der SS, Stuttgart 1981, S. 373 f., wonach Frank in der Unterredung mit Hitler diese Frage nicht anzusprechen wagte.

32 S. Bradley F. Smith/Agnes F. Peterson (Hrsg.), Heinrich Himmler. Geheimreden 1933–1945 und andere Ansprachen, Berlin 1974, S. 169 f.

33 S. Charles Spector, »Action 1005« – Effacing the Murder of Millions, in: Holocaust and Genocide Studies 5 (1990), S. 157–173.

34 Adam, Judenpolitik im Dritten Reich, S. 286 ff.

35 S. ebd., S. 301 f.

36 S. Diemut Mayer, »Fremdvölkische im Dritten Reich«, Boppard 1981, S. 127.

37 Aktennotiz von der Hand StS Roland Freislers, 21. November 1941. Lammers teilte weiter mit, er »werde aber auf alle Fälle dafür besorgt sein, daß nicht durch einen überraschenden Vorstoß von anderer Stelle ohne sein Wissen grundsätzliche Entscheidungen gefällt werden« (BA R 22/52, Bl. 153). Es fällt auf, daß eine materielle Erwähnung der »Endlösung« vermieden wurde.

38 Gerlach, Krieg, Ernährung, Völkermord, S. 151 f.

39 Longerich, Ermordung der europäischen Juden, S. 166.

40 Ebd., S. 167 f.; Besprechung vom 9. 3. 1942.

41 Im einzelnen analysiert bei Longerich, Politik der Vernichtung, S. 485 ff.
42 Fernschreiben Himmlers an den Inspekteur der Konzentrationslager, Glücks, vom 26. 1. 1942; s. Adler, Der verwaltete Mensch, S. 193.
43 S. Wojak, Eichmanns Memoiren, S. 185 ff.
44 S. Ahlrich Meyer, Die deutsche Besatzung in Frankreich 1940–1944. Widerstandsbekämpfung und Judenverfolgung, Darmstadt 2000, S. 73 f.
45 Longerich, Politik der Vernichtung, S. 495 f.
46 S. Danuta Czech, Kalendarium der Ereignisse im Konzentrationslager Auschwitz-Birkenau. 1939–1945, Reinbek 1989.
47 So mit Recht Pohl, Nationalsozialistische Judenverfolgung, S. 404 f.
48 S. die sorgfältige Schilderung bei Longerich, Politik der Vernichtung, S. 483–503, 517–532, 540–565 sowie bei Christian Gerlach/Götz Aly, Das letzte Kapitel. Der Mord an den ungarischen Juden, Stuttgart/München 2002, S. 344–374.
49 Aly, Völkerverschiebung, S. 237 ff.
50 S. Wolfgang Benz (Hrsg.), Dimension des Völkermords. Die Zahl der jüdischen Opfer des Nationalsozialismus, München 1991, S. 17.
51 Mit Recht weist Bankier, Die öffentliche Meinung im Hitler-Staat, S. 46 f. auf die »psychologische Überdehnung« hin, die durch die Gewöhnung an riesige Opferzahlen im Ostkrieg eintrat.
52 Vgl. ebd., S. 154 ff.
53 Ebd., S. 202 ff.
54 S. Hans Mommsen, Was haben die Deutschen vom Völkermord an den Juden gewußt?, in: Walter H. Pehle (Hrsg.), Der Judenpogrom 1938. Von der »Reichskristallnacht« zum Völkermord, Frankfurt/M. 1988, S. 188 ff.
55 Ebd., S. 219.
56 Das übersieht Hans-Heinrich Wilhelm, Wie geheim war die »Endlösung«, in: Wolfgang Benz. Miscellanea. Festschrift für Helmut Krausnick, München 1980, S. 131–148 sowie Robert Gellately, Hingeschaut und weggesehen. Hitler und sein Volk, Stuttgart/München 2002, S. 208 ff.
57 Vgl. Mommsen/Willems, Herrschaftsalltag im Dritten Reich, S. 404 f.
58 Vgl. Raul Hilberg, Täter, Opfer, Zuschauer. Die Vernichtung der Juden 1933–1945, Frankfurt/M. 1992, S. 53 ff. und S. 66 ff.
59 Stellungnahme des Leiters der Einsatzgruppe C, Max Thomas, vom 19. 11. 1941; zit. nach Dieter Pohl, Schauplatz Ukraine: Der Massenmord an den Juden, in: Norbert Frei / Sybille Steinacher / Bernd C. Wagner (Hrsg.), Ausbeutung, Vernichtung, Öffentlichkeit. Neue Studien zur nationalsozialistischen Lagerpolitik, München 2000, S. 153 f.
60 Frank Bajohr, Parvenus und Profiteure. Korruption in der NS-Zeit, Frankfurt 2001, S. 125 ff., 133.
61 Michael Balfour/Julian Frisby/Freya von Moltke, Helmuth James von Moltke 1907–1945. Anwalt der Zukunft, Stuttgart 1995, S. 327 f.

62 S. Hans Mommsen, Der Widerstand gegen Hitler und die nationalsozialistische Judenverfolgung, in: ders., Alternative zu Hitler. Studien zur Geschichte des deutschen Widerstandes, München 2000, S. 396.

63 Longerich, Ermordung der europäischen Juden, S. 433 f.

64 Hans Adolf Jacobsen, 1939–1945. Der Zweite Weltkrieg in Chronik und Dokumenten, Darmstadt 1961, S. 257; vgl. Marlis Steinert, Hitlers Krieg und die Deutschen. Stimmung und Haltung der deutschen Bevölkerung im Zweiten Weltkrieg, Wien 1978, S. 252 f.

65 S. ebd., S. 253.

66 Vgl. Konrad Kwiet/Helmut Eschwege, Selbstbehauptung und Widerstand. Deutsche Juden im Kampf um Existenz und Menschenwürde 1933–1945, Hamburg 1984, S. 150 f.; Leonhard Gross, The Last Jews in Berlin, New York 1982.

67 Nathan Stoltzfus, Widerstand des Herzens. Der Aufstand der Berliner Frauen in der Rosenstraße – 1943, München 1999, S. 276 ff., 332 f.

68 Hans Mommsen, Der Nationalsozialismus. Kumulative Radikalisierung und Selbstzerstörung des Nationalsozialismus, in: Meyers Enzyklopädisches Lexikon, Bd. 16, Stuttgart 1976, S. 785–790; Martin Broszat, Genesis der Endlösung, in: ders., Der schwierige Umgang mit unserer Geschichte, S. 63. Vgl. Aly, Völkerverschiebung, S. 397 f., der den Begriff der »projektiven Konfliktüberwindung« einführt.

69 Vgl. auch ebd., S. 388 ff.

70 Vgl. Rebentisch, Führerstaat und Verwaltung, S. 309 und 326 sowie Hitler. Monologe im Führerhauptquartier, S. 50 f. sowie Henry Picker, Hitlers Tischgespräche im Führerhauptquartier, Stuttgart 1977, S. 62: »Es wird sich dann ein neuer Typ von Menschen herausschälen, richtige Herrennaturen, die man freilich im Westen nicht einsetzen kann: Vizekönige.«

71 S. den Überblick bei Hilberg, Täter, Opfer, Zuschauer, S. 285 ff.

72 S. die grundlegende Studie von Walter Laqueur, The Terrible Secret. Suppression of the Truth about Hitler's ›Final Solution‹, Boston 1980, S. 199 ff. sowie Martin Gilbert, Auschwitz und die Alliierten, München 1981.

Kapitel 10

1 S. Peter Longerich, Der ungeschriebene Befehl. Hitler und der Weg zur »Endlösung«, München 2001, der auf S. 18 f. die »Schlüsselrolle« Hitlers betont, sie aber zugleich relativiert.

2 Vgl. Hans Mommsen, Der Widerstand gegen Hitler und die nationalsozialistische Judenverfolgung, in: Ders., Alternative zu Hitler. Studien zur Geschichte des deutschen Widerstandes, München 2000, S. 384–415.

3 Vgl. Aly, »Endlösung«, S. 13.

4 Goldhagen, Hitlers willige Vollstrecker, S. 1 ff.

[5] Vgl. Hans Mommsen, Die Rückkehr zu den Ursprüngen – Betrachtungen zur inneren Auflösung des Dritten Reiches nach der Niederlage von Stalingrad, in: Ders., Von Weimar nach Auschwitz. Zur Geschichte Deutschlands in der Weltkriegsepoche, Stuttgart 1999, S. 321 ff.

Abkürzungen

ADAP	Akten zur Deutschen Auswärtigen Politik
BA	Bundesarchiv
BVP	Beauftragter für den Vierjahresplan
DAF	Deutsche Arbeitsfront
DAP	Deutsche Arbeiterpartei
DDP	Deutsche Demokratische Partei
DNVP	Deutschnationale Volkspartei
DVFP	Deutsch-Völkische Freiheitspartei
Gestapo	Geheime Staatspolizei
GPU	Staatliche politische Verwaltung (der sowjetischen Staatspolizei)
HJ	Hitlerjugend
HSSPF	Höherer SS- und Polizeiführer
IMG	Internationaler Militärgerichtshof, Nürnberg
NKWD	Volkskommissariat für Innere Angelegenheiten der UdSSR (sowjetischer Geheimdienst)
NSDAP	Nationalsozialistische Deutsche Arbeiterpartei
NS-HAGO	Nationalsozialistische Handwerks-, Handels- und Gewerbeorganisation
OKH	Oberkommando des Heeres
OKW	Oberkommando der Wehrmacht
OMGUS	Office of Military Government for Germany, U.S.
OSS	Office of Strategic Services
OUN	Organisation ukrainischer Nationalisten
RFSS	Reichsführer SS
RGBl	Reichsgesetzblatt
RKFV	Reichskommissar für die Festigung deutschen Volkstums
RMdI	Reichsministerium des Innern
RSHA	Reichssicherheitshauptamt
RWM	Reichswirtschaftsministerium
SA	Sturmabteilung
SD	Sicherheitsdienst der SS
SS	Schutzstaffel
SSPF	SS-Polizeiführer
VDSt	Verein Deutscher Studenten
VfZ	Vierteljahrshefte für Zeitgeschichte
z.B.V.	Zur besonderen Verwendung

Literatur

Ackermann, Josef, Heinrich Himmler als Ideologe, Göttingen 1970
Adam, Uwe D., Judenpolitik im Dritten Reich, Düsseldorf 1972
Adler, H. G., Der verwaltete Mensch. Studien zur Deportation der Juden aus Deutschland, Tübingen 1974
Akten der Reichskanzlei der NSDAP. Regierung Hitler 1933–1938, T. 1, Bd. 1, Boppard 1983
Akten zur Deutschen Auswärtigen Politik 1918–1945, Serie C (1933–1937), Serie D (1937–1941), Baden-Baden 1950–1970
Allen, William Sheridan, The Nazi Seizure of Power. The Experience of a Single German Town 1922–1945. Revised ed., New York 1984
Ders., Die deutsche Öffentlichkeit und die »Reichskristallnacht«: Konflikte zwischen Werthierarchie und Propaganda im Dritten Reich, in: Detlev Peukert/Jürgen Reulecke (Hrsg.), Die Reihen fast geschlossen. Beiträge zur Geschichte des Alltags unterm Nationalsozialismus, Wuppertal 1981, S. 401 ff.
Aly, Götz, »Endlösung«. Völkerverschiebung und der Mord an den europäischen Juden, Frankfurt/Main 1995
Ders. und Susanne Heim, Vordenker der Vernichtung. Auschwitz und die deutschen Pläne für eine neue europäische Ordnung, Hamburg 1991
Ders. und Karl Heinz Roth, Die restlose Erfassung, Berlin 1984
Ders. und Christian Gerlach, Das letzte Kapitel. Der Mord an den ungarischen Juden, Stuttgart/München 2002
Angress, Werner T., Die Judenfrage im Spiegel amtlicher Berichte 1935, in: Ursula Büttner (Hrsg.), Das Unrechtsregime. Internationale Forschung über den Nationalsozialismus, Bd. 2, Hamburg 1986
Ansprache Hitlers vor Generalen und Offizieren vom 26. Mai 1944 im Platterhof, in: Militärgeschichtliche Mitteilungen 2 (1986), S. 141–161
Augenzeugenberichte zu den Massenvergasungen. Der Gersteinbericht, in: VfZ 1 (1953)
Bajohr, Frank, »Arisierung« in Hamburg. Die Verdrängung der jüdischen Unternehmer 1933–1945 (= Hamburger Beiträge zur Sozial- und Zeitgeschichte 35), Hamburg 1998
Ders., Verfolgung aus gesellschaftsgeschichtlicher Perspektive. Die wirtschaftliche Existenzvernichtung der Juden und die deutsche Gesellschaft, in: Geschichte und Gesellschaft 26 (2000), S. 629–652
Ders., Parvenus und Profiteure. Korruption in der NS-Zeit, Frankfurt/Main 2001
Bankier, David, Die öffentliche Meinung im NS-Staat. Die »Endlösung« und die Deutschen. Eine Berichtigung, Berlin 1995
Barkai, Avraham, Vom Boykott zur »Entjudung«. Der wirtschaftliche Exi-

stenzkampf der Juden im Dritten Reich 1933–1943, Frankfurt/Main 1987
Ders., Deutsche Unternehmer und Judenpolitik im Dritten Reich, in: Ursula Büttner (Hrsg.), Die Deutschen und die Judenverfolgung im Dritten Reich, Hamburg 1992, S. 207–230
Ders., Der wirtschaftliche Existenzkampf der Juden im Dritten Reich 1933–1938, in: Arnold Paucker (Hrsg.): Die Juden im nationalsozialistischen Deutschland, Tübingen 1986, S. 153–166
Bauer, Yehuda, Die dunkle Seite der Geschichte. Die Shoah in historischer Sicht, Frankfurt/Main 2001
Benz, Wolfgang (Hrsg.), Dimension des Völkermords. Die Zahl der jüdischen Opfer des Nationalsozialismus, München 1991
Benz, Wolfgang/Konrad Kwiet/Jürgen Matthäus (Hrsg.), Einsatz im »Reichskommissariat Ostland«. Dokumente zum Völkermord im Baltikum und Weißrußland 1941–1944, Berlin 1998
Berding, Helmut, Moderner Antisemitismus in Deutschland, Frankfurt/Main 1988
Bernett, Hajo, Sportpolitik im Dritten Reich, Schorndorf 1978
Black, Edwin, The Transfer Agreement. The Untold Story of the Secret Agreement between the Third Reich and Jewish Palestine, New York 1984
Blaschke, Olaf, ›Wider die Herrschaft des modern-jüdischen Geistes‹: Der Katholizismus zwischen traditionalem Antijudaismus und modernem Antisemitismus, in: Wilfried Loth (Hrsg.), Deutscher Katholizismus im Umbruch zur Moderne, Stuttgart 1991, S. 236–61
Blau, Bruno, Das Ausnahmerecht für die Juden in Deutschland 1933–1945, Düsseldorf 1954
Boehlich, Walter, Der Berliner Antisemitismusstreit, Frankfurt/Main 1988
Bohlen, Friedrich, Die XI. Olympischen Spiele 1936. Instrument der innen- und außenpolitischen Propaganda und Legitimierung des faschistischen Regimes, Köln 1979
Bondy, L. W., Racketeers of Hatred. J. Streicher an the Jew-Baiters's International, London 1946
Botz, Gerhard, Wohnungspolitik und Judendeportation in Wien 1938–1940, Wien/Zürich ^{3}1968
Ders., Nationalsozialismus in Wien. Machtübernahme und Herrschaftssicherung 1938/39, Buchloe ^{3}1988
Bracher, Karl Dietrich, Stufen totalitärer Gleichschaltung: Die Befestigung der nationalsozialistischen Herrschaft 1933/34, in: Wolfgang Michalka (Hrsg.), Die nationalsozialistische Machtergreifung, Paderborn 1984
Brechtken, Magnus, »Madagaskar für die Juden«. Antisemitische Idee und politische Praxis 1885–1945, München 1998

Breitman, Richard, Heinrich Himmler. Der Architekt der »Endlösung«, 3. Aufl. Zürich 2000

Broszat, Martin (Hrsg.), Rudolf Höß, Kommandant in Auschwitz. Biographische Aufzeichnungen, Stuttgart 1958

Ders., Soziale Motivation und Führer-Bindung des Nationalsozialismus, in: ders.: Nach Hitler. Der schwierige Umgang mit unserer Geschichte, München 1988

Ders., Hitler und die Genesis der Endlösung, in: ders.: Der schwierige Umgang mit unserer Geschichte, München 1988

Browning, Christopher R., Der Weg zur »Endlösung«. Entscheidungen und Täter, Bonn 1998

Ders., Ganz normale Männer. Das Reserve-Polizeibataillon 101 und die »Endlösung« in Polen, Reinbek 1993

Ders., Referat Deutschland. Jewish Policy and the German Foreign Office (1933–1940), in: Yad Vashem Studies XII (1978), S. 37–77

Buchheim, Hans/Martin Broszat/Hans-Adolf Jacobsen/Helmut Krausnick, Anatomie des SS-Staates, München ⁷2000

Burleigh, Michael, Die Zeit des Nationalsozialismus, Frankfurt/Main 2000

Burrin, Philippe, Hitler und die Juden. Die Entscheidung für den Völkermord, Frankfurt/Main 1993

Childers, Tom, The Formation of the Nazi Constituency, 1919–1933, London 1986

Conze, Eckart, Von deutschem Adel. Die Grafen Bernstorff im zwanzigsten Jahrhundert, Stuttgart 2000

Czech, Danuta, Kalendarium der Ereignisse im Konzentrationslager Auschwitz-Birkenau. 1939–1945, Reinbek 1989

Dieckmann, Christoph, Der Krieg und die Ermordung der litauischen Juden, in: Ulrich Herbert (Hrsg.), Nationalsozialistische Vernichtungspolitik 1939–1945. Neue Forschungen und Kontroversen, Frankfurt/Main 1998, S. 292–329

Dienstkalender Heinrich Himmlers 1941/42, bearb. von Peter Witte u.a., Hamburg 1999

Döscher, Hans-Jürgen, »Reichskristallnacht«. Die Novemberpogrome 1938, München ³2000

Domarus, Max (Hrsg.), Hitler. Reden und Proklamationen 1932–1945, Bd. I, 2. Halbbd., München 1965

Dupeux, Louis, Der Kulturantisemitismus von Wilhelm Stapel, in: Kurt Nowak/Gérard Raulet (Hrsg.), Protestantismus und Antisemitismus in der Weimarer Republik, Frankfurt/New York 1994

Eisenblätter, Gerhard, Grundlinien der Politik des Reichs gegenüber dem Generalgouvernement 1939–1945, Diss. phil. Frankfurt/Main 1969

Essner, Cornelia, Die »Nürnberger Gesetze« oder die Verwaltung des Rassenwahns 1933–1945, Wien 2002
Falter, Jürgen W., Wahlen und Wählerverhalten unter besonderer Berücksichtigung des Aufstiegs der NSDAP nach 1928, in: Karl D. Bracher u.a. (Hrsg.), Die Weimarer Republik 1918–1933. Politik, Wirtschaft, Gesellschaft, Bonn [2]1988
Ders., Hitlers Wähler, München 1991
Faust, Anselm, Die Kristallnacht im Rheinland. Dokumente zum Judenpogrom im November 1938, Düsseldorf 1987
Feldman, Gerald D., Die Allianz und die deutsche Versicherungswirtschaft 1933–1945, München 2001
Feilchenfeld, Werner/Dolf Michaelis/Ludwig Pinner: Havaara-Transfer nach Palästina und Einwanderung deutscher Juden 1933–1939, Tübingen 1972
Fischer, Albert, Hjalmar Schacht und Deutschlands Judenfrage. Der »Wirtschaftsdiktator« und die Vertreibung der Juden aus der deutschen Wirtschaft, Köln 1995
Fleming, Gerald, Hitler und die Endlösung, Frankfurt/Main 1987
Friedländer, Saul, Das Dritte Reich und die Juden, Bd. 1: Die Jahre der Verfolgung 1933–1939, München 1998
Gellately, Robert, Hingeschaut und weggesehen. Hitler und sein Volk, Stuttgart/München 2002
Genschel, Helmut, Die Verdrängung der Juden aus der Wirtschaft im Dritten Reich, Göttingen 1966
Gerlach, Christian, Kalkulierte Morde. Die deutsche Wirtschafts- und Vernichtungspolitik in Weißrußland 1941 bis 1944, Hamburg 1999
Ders., Krieg, Ernährung, Völkermord. Forschungen zur deutschen Vernichtungspolitik im Zweiten Weltkrieg, Hamburg 1998
Ders., The Failure of the Plan for an SS-Extermination Camp in Mogilev, Belorussia, in: Holocaust and Genocide Studies 11 (1997), H. 1, S. 60–78
Ders., The Wannsee Conference, the Fate of German Jews, and Hitler's Decision in principle to exterminate all European Jews, in: Journal of Modern History 70 (1998), S. 759–812
Ders., Die Wannsee-Konferenz und das Schicksal der deutschen Juden, in: Werkstatt Geschichte 6 (1997), H. 18, S. 7–44
Ders., Deutsche Wirtschaftsinteressen, Besatzungspolitik und der Mord an den Juden in Weißrussland, 1941–1943, in: Herbert, Nationalsozialistische Vernichtungspolitik, S. 263–290
Gilbert, Martin, Auschwitz und die Alliierten, München 1981
Goebbels, Joseph, Reden 1932–1945, hrsg. von Helmut Heiber, Düsseldorf 1997

Goebbels, Joseph, Die Tagebücher von Joseph Goebbels. Sämtliche Fragmente, hrsg. von Elke Fröhlich, T. I, Bd. 2, München 1987
Ders., Die Tagebücher von Joseph Goebbels, T. II, Diktate 1941–1945, 15 Bde., München 1994 ff.
Goldhagen, Daniel, Hitlers willige Vollstrecker. Ganz gewöhnliche Deutsche und der Holocaust, Berlin 1996
Gordon, Harold J., Hitlerputsch 1923. Machtkampf in Bayern 1923–1924, Frankfurt/Main 1971
Graml, Hermann, Der 9. November 1938: »Reichskristallnacht«, Bonn 1958
Ders., Reichskristallnacht. Antisemitismus und Judenverfolgung im Dritten Reich, München 1988
Greive, Hermann, Geschichte des modernen Antisemitismus in Deutschland, Darmstadt 1988
Ders., Theologie und Ideologie. Katholizismus und Judentum in Deutschland und Österreich 1918–1935, Heidelberg 1969
Groscurth, Helmut, Tagebücher eines Abwehroffiziers 1938–1940, hrsg. von Helmut Krausnick u. a., Stuttgart 1980
Gross, Leonard, The Last Jews in Berlin, New York 1982
Gruchmann, Lothar, Justiz im Dritten Reich 1933–1940. Anpassung und Unterwerfung in der Ära Gürtner (= Quellen und Darstellungen zur Zeitgeschichte 28), München 1988; Neuaufl. 2002
Ders., »Blutschutzgesetz« und Justiz. Zur Entstehung und Auswirkung des »Nürnberger Gesetzes« vom 15. September 1935, in: VfZ 31 (1983), S. 418–442
Gruner, Wolf W., Der geschlossene Zwangseinsatz deutscher Juden. Zur Zwangsarbeit als Element der Verfolgung 1938 bis 1943, Berlin 1997
Ders., Die Grundstücke der »Reichsfeinde«. Zur »Arisierung« von Immobilien durch Städte und Gemeinden 1938–1945, in: Fritz Bauer Institut (Hrsg.), »Arisierung« im Nationalsozialismus, S. 125–156
Günther, Albrecht Erich, Was wir vom Nationalsozialismus erwarten, Heilbronn 1932
Gurtein, M. I./ Morris Janowitz, Trends in the Wehrmacht-Morale, in: Public Opinion Quarterly 10 (1946) S. 78–84
Hackett, David A., The Nazi Party in the Reichstag Election of 1930, Madison, Wisconsin 1971
Hagenlücke, Heinz, Die Deutsche Vaterlandspartei, Düsseldorf 1998
Halder, Franz, Generaloberst Halder, Kriegstagebuch. Tägliche Aufzeichnungen des Chefs des Generalstabs des Heeres 1939–1942, bearb. von Hans-Adolf Jacobsen in Verbindung mit Alfred Philippi, 3 Bde., Stuttgart 1963

Hamel, Iris, Völkischer Verband und nationale Gewerkschaft. Der Deutschnationale Handlungsgehilfenverband (DHV) 1893–1933, Frankfurt/Main 1967
Heer, Hannes, Die Logik des Vernichtungskrieges. Wehrmacht und Partisanenkampf, in: ders./Klaus Naumann (Hrsg.): Vernichtungskrieg. Verbrechen der Wehrmacht 1941–1944, Hamburg 1995, S. 104–138
Heeresadjutant bei Hitler 1938–1943. Die Aufzeichnungen des Majors Engel, hrsg. von Hildegard von Kotze, Stuttgart 1974
Heim, Susanne und Götz Aly, Staatliche Ordnung und »organische Lösung«. Die Rede Hermann Görings »über die Judenfrage« vom 6. Dezember 1938, in: Jahrbuch für Antisemitismusforschung, Bd. 2 (1993), S. 378–404
Herbert, Ulrich, »Generation der Sachlichkeit«. Die völkische Studentenbewegung der frühen zwanziger Jahre in Deutschland, in: Frank Bajohr u.a. (Hrsg.), Zivilisation und Barbarei. Die widersprüchlichen Potentiale der Moderne, Marburg 1991
Ders., Die deutsche Militärverwaltung in Paris und die Deportation der französischen Juden, in: Christian Jansen u. a. (Hrsg.), Von der Aufgabe der Freiheit. Politische Verantwortung und bürgerliche Gesellschaft im 19. und 20. Jahrhundert. Festschrift für Hans Mommsen, Berlin 1995, S. 437–450
Ders., Weltanschauungseliten. Ideologische Legitimation und politische Praxis der Führungsgruppe der nationalsozialistischen Sicherheitspolizei, in: Potsdamer Bulletin für zeitgeschichtliche Studien 9 (1997), Potsdam 1997, S. 4–18
Ders., Vernichtungspolitik. Neue Antworten und Fragen zur Geschichte des Holocaust, in: ders. (Hrsg.), Nationalsozialistische Vernichtungspolitik 1939–1945, Frankfurt/Main 1998, S. 9–66
Hilberg, Raul, Die Vernichtung der europäischen Juden. Die Gesamtgeschichte des Holocaust, Berlin 1982
Ders., Täter, Opfer, Zuschauer. Die Vernichtung der Juden 1933–1945, Bd. 1, Frankfurt/Main 1992
Hitler, Adolf, Monologe im Führerhauptquartier 1941–1944. Die Aufzeichnungen Heinrich Heims, hrsg. von Werner Jochmann, Hamburg 1980
Höffkes, Karl, Julius Streicher: Gauleiter des Gaues Franken, in: ders., Hitlers politische Generale, 2. überarb. Aufl., Tübingen 1998, S. 337–343
Holzbach, Heidrun, Das »System« Hugenberg. Die Organisation bürgerlicher Sammlungspolitik vor dem Aufstieg der NSDAP, München 1981
Horn, Wolfgang, Führerideologie und Parteiorganisation in der NSDAP (1919–1933), Düsseldorf 1972

Jacobsen, Hans Adolf, 1939–1945. Der Zweite Weltkrieg in Chronik und Dokumenten, Darmstadt 1961
Jansen, Hans, Der Madagaskar-Plan. Die beabsichtigte Deportation der europäischen Juden nach Madagaskar, München 1997
Jochmann, Werner, Struktur und Funktion des deutschen Antisemitismus, in: Werner E. Mosse/Arnold Paucker (Hrsg.), Juden im Wilhemischen Deutschland 1890–1914 (= Schriftenreihe des Leo Baeck-Instituts 33), Tübingen 1976, S. 389–477
Jones, Larry E., Catholic Conservatives in the Weimar Republic: The Politics of the Rhenish-Westphalian Aristocracy, 1918–1933, in: German History 18 (2000), S. 60–85
Kárný, Mirolav u. a. (Hrsg.): Protectorátní politika Reinharda Heydricha, Praha 1991
Kater, Michael, The Nazi Party. A Social Profile of Members and Leaders 1919–1945, Cambridge 1983
Kauders, Anthony, German Politics and the Jews: Duesseldorf and Nuremberg 1910–1933, Oxford 1996
Ders., Legally Citizens: Jewish Exclusion from the Weimar Polity, in: Wolfgang Benz/Arnold Paucker/Peter Pulzer (Hrsg.), Jüdisches Leben in der Weimarer Republik, Tübingen 1998, S. 170 f.
Kershaw, Ian, Hitler 1889–1936, München 1998
Ders., Hitler 1936–1945, München 2000
Ders., Der Hitler-Mythos. Führerkult und Volksmeinung, Stuttgart 1999
Ders., The Persecution of the Jews and German Popular Opinion in the Third Reich, in: Leo Baeck Year Book 26 (1981), S. 261–289
Ders., Antisemitismus und Volksmeinung. Reaktionen auf die Judenverfolgung, in: Bayern in der NS-Zeit, hrsg. von Martin Broszat und Elke Fröhlich, München 1979, S. 281–348.
Klein, Peter (Hrsg.), Die Einsatzgruppen in der besetzten Sowjetunion 1941/42. Die Tätigkeits- und Lageberichte des Chefs der Sicherheitspolizei und des SD, Berlin 1997
Krausnick, Helmut, Judenverfolgung, in: Hans Buchheim/Martin Broszat/Hans-Adolf Jacobsen/Helmut Krausnick, Anatomie des SS-Staates, München [7]2000, S. 547–678
Krausnick, Helmut und Hans-Heinrich Wilhelm, Die Truppe des Weltanschauungskrieges. Die Einsatzgruppen der Sicherheitspolizei und des SD 1938–1942, Stuttgart 1981
Kwiet, Konrad. Erziehung zum Mord. Zwei Beispiele zur Kontinuität der deutschen »Endlösung der Judenfrage«, in: Michael Grüttner/Rüdiger Hachtmann/Heinz-Gerhard Haupt (Hrsg.), Geschichte und Emanzipation. Festschrift für Reinhard Rürup, Frankfurt/Main 1999, S. 435–457
Ders./Helmut Eschwege, Selbstbehauptung und Widerstand. Deutsche

Juden im Kampf um Existenz und Menschenwürde 1933–1945, Hamburg 1984
Laqueur, Walter, The Terrible Secret. Suppression of the Truth about Hitler's ›Final Solution‹, Boston 1980
Lenz, Wilhelm, Die Handakten von Bernhard Wilhelm Lösener, »Rassereferent« im Reichsministerium des Innern, in: Klaus Oldenhage (Hrsg.), Archiv und Geschichte. Festschrift für Friedrich Kahlenberg, Düsseldorf 2000, S. 684–699
Levy, Richard S., The Downfall of the Anti-Semitic Political Parties in Imperial Germany, New Haven/London 1975
Lösener, Bernhard, Als Rassereferent im Reichsministerium des Innern, in: VfZ 9 (1961), S. 264–313.
Loewenberg, Peter, The Kristallnacht as Public Degradation Ritual, in: Leo Baeck Yearbook 32 (1987), S. 309–323
Lohalm, Uwe, Völkischer Radikalismus. Die Geschichte des Deutsch-Völkischen Schutz- und Trutzbundes. 1919–1923, Hamburg 1970
Longerich, Peter, Politik der Vernichtung. Eine Gesamtdarstellung der nationalsozialistischen Judenverfolgung, München 1998
Ders. (Hrsg.), Die Ermordung der europäischen Juden, München 1989
Ders., Vom Massenmord zur »Endlösung«. Die Erschießungen von jüdischen Zivilisten in den ersten Monaten des Ostfeldzuges, in: Bernd Wegner (Hrsg.), Zwei Wege nach Moskau. Vom Hitler-Stalin-Pakt zum »Unternehmen Barbarossa«, München 1991, S. 251–274
Ders., Der ungeschriebene Befehl. Hitler und der Weg zur »Endlösung«. München 2001
Lükemann, Ulf, Der Reichschatzmeister der NSDAP. Ein Beitrag zur inneren Parteistruktur, Berlin 1963
Maier, Dieter, Arbeitseinsatz und Deportation. Die Mitwirkung der Arbeitsverwaltung bei der nationalsozialistischen Judenverfolgung 1938–1945, Berlin 1994
Mallmann Klaus-Michael, Menschenjagd und Massenmord. Das neue Instrument der Einsatzgruppen und Kommandos 1938–1945, in: Gerhard Paul/ders. (Hrsg.), Die Gestapo im Zweiten Weltkrieg. Heimatfront und besetztes Europa, Darmstadt 2000, S. 291–316
Ders., Der qualitative Sprung im Vernichtungsprozeß. Das Massaker von Kamenetz-Podolsk Ende August 1944, in: Jahrbuch für Antisemitismusforschung 10 (2001), S. 239–264.
Maser, Werner, Der Sturm auf die Republik. Frühgeschichte der NSDAP, Sonderausgabe Düsseldorf 1994
Matthäus, Jürgen, Ausbildungsziel Judenmord? Zum Stellenwert der »weltanschaulichen Erziehung« von SS und Polizei im Rahmen der »Endlösung«, in: ZfG 47 (1999), S. 667–699

Ders., »Warum wird über das Judentum geschult?« Die ideologische Vorbereitung der deutschen Polizei auf den Holocaust, in: Paul/Mallmann, Die Gestapo im Zweiten Weltkrieg, S. 100–124
Maurer, Trude, Ostjuden in Deutschland 1918–1933, Hamburg 1986
Dies., Abschiebung und Attentat. Die Ausweisung der polnischen Juden und der Vorwand für die »Kristallnacht«, in: Walter H. Pehle (Hrsg.), Der Judenpogrom 1938. Von der »Reichskristallnacht« zum Völkermord, Frankfurt/Main 1988, S. 59 ff.
Mayer, Arno, Krieg als Kreuzzug. Das Deutsche Reich, Hitlers Wehrmacht und die »Endlösung«, Hamburg 1989
Mayer, Diemut, »Fremdvölkische« im »Dritten Reich«, Boppard 1981
Merkl, Peter H., Political Violence under the Swastika. 581 Early Nazis, Princeton 1975
Meyer, Alrich, Die deutsche Besatzung in Frankreich 1940–1944. Widerstandsbekämpfung und Judenverfolgung, Darmstadt 2000
Moll, Martin, Steuerungsinstrument im Ämterchaos? Die Tagungen der Reichs- und Gauleiter der NSDAP, in: VfZ 49 (2001), S. 239 ff.
Mommsen, Hans, Beamtentum im Dritten Reich, Stuttgart 1966
Ders., Von Weimar nach Auschwitz. Zur Geschichte Deutschlands in der Weltkriegsepoche. Stuttgart 1999
Ders., Die Funktion des Antisemitismus im Dritten Reich, in: Dirk Blasius/Dan Diner (Hrsg.), Zerbrochene Geschichte. Leben und Selbstverständnis der Juden in Deutschland, Frankfurt/Main ^{3}1993, S. 161–171
Ders., Der nationalsozialistische Polizeistaat und die Judenverfolgung von 1938, in: VfZ 10 (1962), S. 68–87
Ders., Hitler's Reichstag Speech of 30 January 1939, in: History & Memory, Passing into History: Nazism and the Holocaust beyond Memory, Vol. 9 (1997), S. 147–161.
Ders., Adolf Hitler und der 9. November 1923, in: Johannes Willms (Hrsg.): Der 9. November. Fünf Essays zur deutschen Geschichte, München 1994
Ders., Was haben die Deutschen vom Völkermord an den Juden gewußt?, in: Walter H. Pehle (Hrsg.), Der Judenpogrom 1938. Von der »Reichskristallnacht« zum Völkermord, Frankfurt/Main 1988, S. 188 ff.
Ders., Der Widerstand gegen Hitler und die nationalsozialistische Judenverfolgung, in: ders., Alternativen zu Hitler. Studien zur Geschichte des deutschen Widerstandes, München 2000
Ders. und Susanne Willems (Hrsg.), Herrschaftsalltag im Dritten Reich. Studien und Texte, Düsseldorf 1988
Mommsen, Wilhelm (Hrsg.), Deutsche Parteiprogramme, München ^{3}1960
Mosse, George L., The Crisis of German Ideology. Intellectual Origins of the Third Reich, Neuaufl. New York 1998

Mosse, Werner E. (Hrsg.), Entscheidungsjahr 1932. Zur Judenfrage in der Endphase der Weimarer Republik, Tübingen 1966
Müller-Claudius, Michael, Der Antisemitismus und das deutsche Verhängnis, Frankfurt/Main 1948
Musial, Bogdan, Die deutsche Zivilverwaltung und Judenverfolgung im Generalgouvernement. Eine Fallstudie zum Distrikt Lublin 1939–1944, Wiesbaden 1999
Neliba, Günter, Der Legalist des Unrechtsstaates Wilhelm Frick. Eine politische Biographie, Paderborn 1992
Noakes, Jeremy, The Nazi Party in Lower Saxony 1921–1933, Oxford 1971
Ders., Wohin gehören die Judenmischlinge? Die Entstehung der ersten Durchführungsverordnungen zu den »Nürnberger Gesetzen«, in: Ursula Büttner (Hrsg.), Das Unrechtsregime. Internationale Forschung über den Nationalsozialismus, Bd. 2., Hamburg 1986, S. 69–89
Nowak, Kurt, Evangelische Kirche und Weimarer Republik. Zum politischen Weg des deutschen Protestantismus zwischen 1918 und 1922, Göttingen ^{2}1988
Obst, Dieter, Reichskristallnacht. Ursachen und Verlauf des antisemitischen Pogroms vom November 1938, Frankfurt/Main 1991
Ogorreck, Ralf, Die Einsatzgruppen und die »Genesis der Endlösung«, Berlin 1996
Orlow, Dietrich, The History of the Nazi Party 1919–1933, Pittsburgh 1969
Ossietzky, Carl von, Antisemiten, in: Die Weltbühne, 28. Jg., Nr. 29 vom 19. Juli 1932
Pätzold, Kurt/E. Schwarz, Tagesordnung Judenmord. Die Wannsee-Konferenz am 20. Januar 1942, Berlin 1992
Paul, Gerhard, Aufstand der Bilder. Die NS-Propaganda vor 1933, Bonn 1990
Perz, Bertrand/Thomas Sandkühler, Auschwitz und die »Aktion Reinhard« 1942–45, in: Zeitgeschichte 26 (1999), S. 283–316
Pohl, Dieter, Holocaust. Die Ursachen, das Geschehen, die Folgen, Freiburg 2000
Ders., Nationalsozialistische Judenverfolgung in Ostgalizien 1941–1944, Frankfurt/Main 1993
Ders., Schauplatz Ukraine: Der Massenmord an den Juden im Militärverwaltungsgebiet und im Reichskommissariat 1941–1943, in: Norbert Frei/Sybille Steinacher/Bernd C. Wagner (Hrsg.), Ausbeutung, Vernichtung, Öffentlichkeit. Neue Studien zur nationalsozialistischen Lagerpolitik, München 2000, 135–174.
Ders., Die Ermordung der Juden im Generalgouvernement, in: Herbert, Nationalsozialistische Vernichtungspolitik, S. 98–121

Pridham, Geoffry, Hitler's Rise to Power. The Nazi Movement in Bavaria, 1923–1933, New York 1973
Pulzer, Peter, Die Entstehung des politischen Antisemitismus in Deutschland und Österreich, Darmstadt 1987
Rebentisch, Dieter, Führerstaat und Verwaltung im Zweiten Weltkrieg. Verfassungsentwicklung und Verwaltungspolitik 1939–1945, Stuttgart 1989
Reif, Heinz, Antisemitismus in den Agrarverbänden Ostelbiens während der Weimarer Republik, in: ders. (Hrsg.), Ostelbische Agrargesellschaft im Kaiserreich und in der Weimarer Republik, Berlin 1994, S. 401 ff.
Röhr, Werner (Hrsg.), Die faschistische Okkupationspolitik in Polen (1939–1945), Köln 1989
Das politische Tagebuch Alfred Rosenbergs aus den Jahren 1934/35 und 1939/40, hrsg. von Hans-Günther Seraphim, Göttingen 1956
Roseman, Mark, Die Wannsee-Konferenz. Wie die NS-Bürokratie den Holocaust organisierte, München 2002
Roth, Karl Heinz, »Generalplan Ost« – »Gesamtplan Ost«. Forschungsstand, Quellenprobleme, neue Ergebnisse, in: Mechthild Rössler / Sabine Schleichermacher (Hrsg.), Der »Generalplan Ost«. Hauptlinien der nationalsozialistischen Planungs- und Vernichtungspolitik, Berlin 1993, S. 25–117
Safrian, Hans, Eichmann und seine Gehilfen, Wien 1993
Ders., Acceleration of Expropriation and Expulsion: The Impact of the »Vienna Model« on Anti-Jewish Policy in Nazi Germany 1938, in: Holocaust and Genocide Studies, 2000
Sandkühler, Thomas, »Endlösung« in Galizien. Der Judenmord in Ostpolen und die Rettungsinitiative von Berthold Beitz 1941–1944, Bonn 1996
Scheffler, D. / Wolfgang Scheffler, Theresienstadt – eine tödliche Täuschung, Berlin 1992
Schleunes, Karl, The Twisted Road to Auschwitz, Illinois ²1990
Schüren, Ulrich, Der Volksentscheid zur Fürstenenteignung 1926, Düsseldorf 1978
Schulte, Jan Erik, Zwangsarbeit und Vernichtung: Das Wirtschaftsimperium der SS. Oswald Pohl und das SS-Wirtschafts-Verwaltungs-Hauptamt 1933–1945, Paderborn 2001
Smith, Bradley F., Heinrich Himmler. Sein Weg in den deutschen Faschismus, München 1979
Spector, Charles, »Action 1005« – Effacing the Murder of Millions, in: Holocaust and Genocide Studies 5 (1990), S. 157–173
Stachura, Peter, Der kritische Wendepunkt? Die NSDAP und die Reichstagswahlen vom 20. Mai 1928, in: VfZ 26 (1978), S. 66–99
Steinert, Marlis, Hitlers Krieg und die Deutschen. Stimmung und Haltung der deutschen Bevölkerung im Zweiten Weltkrieg, Wien 1978

Steinkamp, Peter, Die Haltung der Hitlergegner Wilhelm Ritter von Leeb und Generaloberst Erich Hoepner zur verbrecherischen Kriegsführung bei der Heeresgruppe Nord in der Sowjetunion 1941, in: Gerd R. Ueberschär (Hrsg.), NS-Verbrechen und der militärische Widerstand gegen Hitler, Darmstadt 2000, S. 47–61

Stoltzfus, Nathan, Widerstand des Herzens. Der Aufstand der Berliner Frauen in der Rosenstraße – 1943, München 1999

Strauss, Herbert A., Jewish Emigration from Germany. Nazi Policies and Jewish Responses, Part I, in: Leo Baeck Year Book 25 (1980), S. 313–361

Streim, Alfred, Zur Eröffnung des allgemeinen Judenvernichtungsbefehls gegenüber den Einsatzgruppen, in: Eberhard Jäckel/Jürgen Rohwer (Hrsg.), Der Mord an den Juden im Zweiten Weltkrieg, Stuttgart 1985, S. 107–119

Streit, Christian, Angehörige des militärischen Widerstands und der Genozid an den Juden im Südabschnitt der Ostfront, in: Gerd R. Ueberschär, NS-Verbrechen und der militärische Widerstand gegen Hitler, Darmstadt 2000, S. 96 ff.

Tal, Uriel, Christians and Jews in Germany. Religion, Politics and Ideology in the Second Reich 1870–1914, Ithaka/London 1975

Treue, Wilhelm (Hrsg.), Rede Hitlers vor der deutschen Presse (10. November 1938), in: VfZ 6 (1958), S. 175–191

Ulrich, Volker, »Drückeberger«. Die Judenzählung im ersten Weltkrieg, in: Julius H. Schoeps/Joachim Schlör (Hrsg.), Antisemitismus. Vorurteile und Mythen, Frankfurt/Main o. J. (1975)

Veltzke, Veit, Vom Patron zum Paladin. Wagner-Vereinigungen im Kaiserreich von der Reichsgründung bis zur Jahrhundertwende, Phil. Diss. Bochum 1986

Vogel, Rolf, Ein Stempel hat gefehlt. Dokumente zur Emigration deutscher Juden, München 1977

Volkov, Shulamit, Jüdisches Leben und Antisemitismus im 19. und 20. Jahrhundert, München 1990

Dies., Antisemitismus als kultureller Code, München 2001

Walk, Joseph, Das Sonderrecht für Juden im NS-Staat, Karlsruhe 1991

Walter, Dirk, Antisemitische Kriminalität und Gewalt. Judenfeindschaft in der Weimarer Republik, Bonn 1999

Weingarten, Ralph, Die Hilfeleistung der westlichen Welt bei der Endlösung der deutschen Judenfrage. Das »Intergovernmental Committee on Political Refugees« (IGC) 1938–1939, Bern, Frankfurt/Main 1981

Weiß, Hermann, Offener Brief an Wolfgang Benz wegen Reinhard(t), in: Hermann Graml u.a. (Hrsg.), Vorurteil und Rassenhaß. Antisemitismus in den faschistischen Bewegungen Europas, Festschrift für Wolfgang Benz, Berlin 2001, S. 443–450

Weißbecker, Manfred, Deutschvölkische Freiheitspartei (DVFP) 1922–1933, in: Lexikon zur Parteiengeschichte, Bd. 2, Leipzig 1984
Wietog, Jutta, Volkszählungen unter dem Nationalsozialismus (= Schriften zur Sozial- und Wirtschaftsgeschichte, Bd. 66), Berlin 2001
Wildt, Michael, Die Judenpolitik des SD 1935–1937. Eine Dokumentation (= Schriftenreihe der Vierteljahrshefte für Zeitgeschichte 71), München 1995
Ders., Radikalisierung und Selbstradikalisierung 1939. Die Geburt des Reichssicherheitshauptamtes aus dem Geist des völkischen Massenmords, in: Paul, Gerhard/Klaus-Michael Mallmann, Die Gestapo im Zweiten Weltkrieg, Darmstadt 2000, S. 11–41
Wilhelm, Hans-Heinrich, Rassenpolitik und Kriegsführung, Passau 1991
Ders., Wie geheim war die »Endlösung«, in: Wolfgang Benz (Hrsg.), Miscellanea. Festschrift für Helmut Krausnick, München 1980, S. 131–148
Willems, Susanne, Stadtmodernisierung, Wohnungsmarkt und Judenverfolgung in Berlin 1938 bis 1943, Phil. Diss. Bochum 1999.
Witte, Peter, Zwei Entscheidungen in der ›Endlösung der Judenfrage‹. Deportationen nach Lodz und Vernichtung in Chelmno, in: Theresienstädter Studien und Dokumente, Prag 1995
Wojak, Irmtrud, Eichmanns Memoiren. Ein kritischer Essay, Frankfurt/Main 2001
Dies. und Peter Hayes, »Arisierung« im Nationalsozialismus. Volksgemeinschaft, Raub und Gedächtnis, Frankfurt/Main 2000
Wollenberg Jörg, Enteignung des »raffenden« Kapitals durch das »schaffende« Kapital. Zur Arisierung am Beispiel von Nürnberg, in: Ders. (Hrsg.), »Niemand war dabei und keiner hat's gewußt«. Die deutsche Öffentlichkeit und die Judenverfolgung 1933–1945, München 1989, S. 158–187, S. 263–267
Yahil, Leni, Madagascar. Phantom of the Solution for the Jewish Question, in: Bela Vago/George Lachmann Mosse (Hrsg.), Jews and non-Jews in Eastern Europe 1918–1945, New York 1974, S. 315–334
Yisraeli, David, The Third Reich and the Transfer Agreement, in: Journal for Central European History 6 (1971)

Personenregister

Der Autor

Hans Mommsen ist emeritierter Professor an der Ruhr-Universität Bochum und lebt in Feldafing/Obb. Er ist durch zahlreiche Publikationen zur Geschichte der Weimarer Republik und des Dritten Reiches hervorgetreten. Zu seinen jüngsten Veröffentlichungen zählen: ›Von Weimar nach Auschwitz‹ (Stuttgart 1999) und ›Alternativen zu Hitler. Studien zur Geschichte des deutschen Widerstandes‹ (München 2000). Er war Fellow am Institute for Advanced Study in Princeton, New Jersey, am Wissenschaftskolleg zu Berlin, am St. Antony's College in Oxford und am U.S. Holocaust Memorial Museum in Washington D.C. und nahm zahlreiche ausländische Gastprofessuren wahr. Er bereitet eine Gesamtdarstellung der Geschichte des Dritten Reiches 1933–1945 vor.

20 Tage im 20. Jahrhundert

Herausgegeben von Norbert Frei, Klaus-Dietmar Henke und Hans Woller

20 Tagesereignisse aus den letzten hundert Jahren bilden den Ausgangspunkt für eine umfassende Darstellung der historischen, gesellschaftlichen und kulturellen Entwicklung vom Beginn des Jahrhunderts bis zum Ende des Jahrtausends. Als Ergebnis liegt damit eine Bilanz des 20. Jahrhunderts vor.

Volker R. Berghahn
Sarajewo, 28. Juni 1914
Der Untergang des alten Europa
dtv 30601

Dietrich Beyrau
Petersburg, 25. Oktober 1917
Die russische Revolution und der Aufstieg des Kommunismus
dtv 30602

Hans Woller
Rom, 28. Oktober 1922
Die faschistische Herausforderung
dtv 30603

Jürgen Osterhammel
Shanghai, 30. Mai 1925
Die chinesische Revolution
dtv 30604

Hans Mommsen
Auschwitz, 17. Juli 1942
Der Weg zur europäischen »Endlösung der Judenfrage«
dtv 30605

Jost Dülffer
Jalta, 4. Februar 1945
Der Zweite Weltkrieg und die Entstehung der bipolaren Welt
dtv 30606

Detlef Bald
Hiroshima, 6. August 1945
Die nukleare Bedrohung
dtv 30607

Dietmar Rothermund
Delhi, 15. August 1947
Das Ende kolonialer Herrschaft
dtv 30608

Franz Knipping
Rom, 25. März 1957
Die Einigung Europas
dtv 30609

Robert D. Johnson
Washington, 20. Januar 1961
Der amerikanische Traum
dtv 30610

Helmut Mejcher
Sinai, 5. Juni 1967
Krisenherd Naher und Mittlerer Osten
dtv 30611

Norbert Frei
Paris, 13. Mai 1968
Kulturprotest und Gesellschaftsreform
dtv 30612

Brigitte Röthlein
Mare Tranquillitatis, 20. Juli 1969
Die wissenschaftlich-technische Revolution
dtv 30613

Wilfried Loth
Helsinki, 1. August 1975
Entspannung und Abrüstung
dtv 30614

Harold James
Rambouillet, 15. November 1975
Die Globalisierung der Wirtschaft
dtv 30615

Mária Huber
Moskau, 10. März 1985
Die Auflösung des sowjetischen Imperiums
dtv 30616

Franz J. Brüggemeier
Tschernobyl, 26. April 1986
Die ökologische Herausforderung
dtv 30617

Klaus-Dietmar Henke
Berlin, 9. November 1989
Die deutsche Frage
dtv 30618

Walther L. Bernecker
Port Harcourt, 10. November 1995
Aufbruch und Elend in der Dritten Welt
dtv 30619

Michael Jeismann
Boston, 26. Dezember 2000
Schöne neue Welt: Erwartung und Erfahrung
dtv 30620